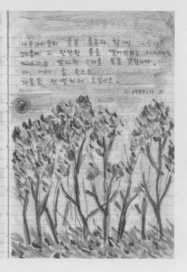

손수 쓴 일기와 생전에 쓰던 만년필(위)
공책에 쓴 시(아래)

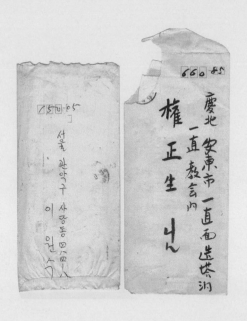

어린이 문학의 문장
— 한자말 ⑤

• 방송에 출연할 그런 절호의 기회를
빼앗겼다는 것이 얼마나 억울했는지. (→
썩 좋은)

• 아름이가 동생을 향해 묻고 있는
동안에도 미래는 나를 보며 의미심장한
미소를 짓고 있었다. (→동생을 보고. 동
생에게. 동생한테. →뜻 깊은 웃음을.)

• 빙그레 웃으며 식탁에 앉았다. (→밥상)

이원수, 권정생과 주고받은 편지(위)
'어린이 문학의 문장' 원고(아래)

내 어릴 적 동무들

내 어릴 적 동무들
모두가 멀리 가버렸네
눈감으면 그 얼굴 어제인 듯 이름까지 또렷한데

전화: 02) 738-2236
전송: 02) 738-2238
e-mail : dhgchon@hanmail.net

(8.18)

빛과 노래

석인 정 태진 선생 나신 100돌
강연회 / 추모식

◇ 때 : 2003년 8월 23일(토) 오전 11시
◇ 곳 : 애 한글회관 5층 강당
(서울 종로구 신문로1가 58-14)

(8.19)

사단법인 석인정태진선생기념사업회

이오덕 일기

1992~1998

4

나를 찾아 나는 가야 한다

이 일기는 아이들을 가르치는 일과 글쓰기로

평생의 삶을 다듬어 온 한 사람의 기록입니다.

벌레 소리

8월 19일 날씨: 맑음.

오늘도 해는 지고

밤이 와서

이제는 잠시라도 나를 찾아야 할 시간

불을 끄고

혼자 앉으면

열어젖힌 창밖에서

들려오는 벌레 소리……

오늘도 하루를 정신없이 보냈구나

내가 살아 있다는 것을 깨닫게 하고

내가 살아 있는 기쁨을 느끼게 하는

오늘 밤 저 벌레 소리……

아, 풀 속에서 노래하는 형제들이여.

나는 형제들에게 마음 한 가닥 보낼 길이 없구나.

나는 형제들에게 서툰 노래 한 마디 보낼 재간이 없구나.

너희들은 저렇게 아름다운 노래를 들려주는데!

차례

읽어 두기

1. 이 책에 실은 일기는 이오덕 선생님이 1962년부터 2003년에 돌아가실 때까지 마흔 두 해 동안 쓴 일기 가운데서 뽑았습니다.

2. 이오덕 선생님이 쓴 글을 그대로 살리기 위해 문법에 맞지 않는 표현만 바로잡았습니다. 선생님이 지금 맞춤법과 달리 띄어 써야 옳다고 여긴 '우리 말' '우리 나라' 같은 말은 살렸습니다. 선생님이 우리 말 바로 쓰기 운동을 확실하게 하기 전인 1980년대 중반까지는 선생님이 절대로 써서는 안 되는 말로 분류한 '~등' '~적' 같은 말을 가끔 썼습니다. 이것은 그대로 두었습니다. '국민학교'도 그대로 두었습니다.

3. 일기에서 이름, 지명, 책 제목 따위를 알아볼 수 없는 것이 있었습니다. ○○○로 표시하고 '알아볼 수 없음'이라고 했습니다.

4. 본문에 작은 글씨로 쓴 설명과 각주는 편집자가 붙였습니다.

5. 여는 시 '벌레 소리'는 이오덕 시집 《이 지구에 사람이 없다면 얼마나 얼마나 아름다운 지구가 될까?》(고인돌)에서 뽑았습니다.

6. 이 책에 실은 사진 가운데 일부는 〈뿌리깊은 나무〉 윤주심 기자가 찍은 사진입니다. 연락이 닿지 않아 허락을 받을 수 없었습니다. 이해해 주시면 좋겠습니다.

1부

1992년부터
1993년까지

1992년 1월 10일 금요일 맑음

10시에 치과에 갔다가 오는 길에 감자와 밤을 사 왔다. 치과에는 틀니 위쪽 것이 자꾸 움직여서 불안해서 갔던 것이다.

올 때 1단지로 건너서 오는데 어떤 할머니가 "우리 집에 좀 데려다 줘요" 했다. "집이 어딘가요?" 물으니 모른다 한다. 보니 옷은 집에서 입던 보통 옷이고, 신은 한쪽은 슬리퍼 모양의 신이고, 다른 한쪽은 두꺼운 양말 같은 것을 신었다. 집을 모르다니 이상하다, 어떻게 하나 하고 생각하다가 바로 1단지 관리 사무소가 보이기에 됐다 싶어 저기 갑시다, 하고 내가 앞장서서 관리 사무소에 가서 "저기 어떤 할머니가 집에 보내 달라고 하는데, 아마 정신이 좀 부실한 것 같아요. 금방 어느 아파트에서 나온 것 같은데 못 찾아가는 것 같으니 방송을 해서 할머니를 찾도록 해 주시오" 했다. 그러니까 사무실에 있던 사람이 밖

● 1986년 2월, 경북 성주군 대서국민학교 교장을 마지막으로 교직에서 정년 퇴임하고 경기도 과천으로 삶터를 옮긴다. 이때부터 1999년 8월에 충북 충주시 신니면 광월리 710번지 무너미로 이사 가기까지 과천에서 산다.

을 보더니 "아, 저 할머니 저 앞 406호에 있어요" 했다. "바로 저 동입니다" 하는 것이다. 바로 그 동 앞에서 못 찾아가다니 참 이상하다. 나가서 그 할머니한테 "이 아파트입니다. 이리 내려가세요" 하고 앞을 가리켰다. 그런데 그 할머니는 고맙다고 하지도 않고 계단을 내려가지도 않는다. 나는 할 수 없다 싶어 내 길을 왔다. 내 등 뒤에서 할머니 소리가 이번에는 좀 크게 들렸다. "우리 집에 데려다 줘요! 아저씨, 우리 집에……."

나는 오면서 생각 끝에, 아, 저 할머니가 바로 아파트에서 몸을 던져 죽는 노인들과 꼭 같은 사람이구나, 하고 깨달았다. 여기는 우리 집이 아니다. 자식이 있고, 며느리가 있고, 손자 손녀들도 있는지 모른다. 아마 있겠지. 먹을 것도 있겠지. 그러나 사람이 살 집은 없다. '우리 집'은 없다. 우리 집에 가고 싶다. 그 옛날 살던 그 집, 하늘이 있고 별이 있고, 살아 숨 쉬는 나무들과 짐승들과 벌레들이 있고, 이웃이 있고 사람들의 소리가 들리던 그곳에 가고 싶다. 그곳에 데려다 주세요…….

나는 아침 치과에 갈 때 노점 거리에서 처절한 울음을 우는 고양이 소리를 들었다. 올 때 플라타너스 가로수들이 아주 커다란 둥치가 뭉텅 베어져 처참한 모습으로 서 있는 것을 보고 이 도시가 얼마나 살벌한 곳인지를 새삼 생각하며 왔던 것이다. 나무도 짐승도 사람도 생명을 가진 모든 것이 갇히고 학살되는 도시! 내가 소설을 쓴다면 이 놀라운 도시 이야기를 쓰겠는데, 소설을 못 쓰는 것이 안타깝다.

오후에 창동 가서 오피스텔 관리비를 내고, 한길사에 가서 책 원고 나머지 다듬은 것을 주고 왔다. 머리말, 책 이름, 교정보는 일 들을 의논하고 왔다. 다음 주에도 또 바쁘고, 2월 중순까지 눈코 뜰 사이 없게 되었다.

1992년 1월 27일 월요일

오늘은 현대고등학교 학생 수련회에 가서 이야기를 해 주기로 약속한 날이다. 아침 8시 반에 그 학교 선생님 한 분이 찾아왔기에 나가니 승용차가 기다리고 있었다. 차를 타고 두 시간쯤 걸려서 닿은 곳은 남한강수련원. 11시부터 12시 반까지 학생들(120명쯤 됐을까)에게 '어떻게 살아갈까요?'란 제목으로 이야기해 주었다. 이 학생들은 가정은 모두 괜찮지만 생각이 그래도 제대로 되어 있어서 글쓰기 동아리라든가 사회봉사 동아리라든가 하는 좋은 동아리 활동에 참여하는 학생들로서, 방학 동안 대개 부모들의 반대를 무릅쓰고 온 학생들이라 했다. 내가 한 얘기는 "행복이란 자기가 하고 싶은 일을 열심히 하면서 살아가는 상태고 공부의 목적도 여기에 있다"고 한 것이다. 그런데 그렇게 내가 확신을 가지고 얘기했는데도 학생들이고 선생들이 그다지 공감하는 것 같지 않았다. 웬일일까? 이런 이야기는 지난날 다른 데 가서 얘기해도 모두(어른이고 아이고) 그랬다.

그런데 점심을 먹고 나서 선생님들과 애기를 나누는 동안에 깨달은 것이 있다. 아이들은 그렇게 하고 싶어 하는 것을 찾지 못한다고 해서 가만히 생각해 보니 삶의 태도를 그렇게 개인 중심으로 바로 세우려고 할 것이 아니라 사회 전체를 생각하는 데서 찾아내고 세워 가도록 해야겠다고 깨달았다. 그러니까 사람은 세상을 살아가는데 혼자서는 못 산다. 반드시 많은 사람들과 어울려 살아가야 한다. 그러니 살아가는 문제를 자기 혼자 해결하려고 해서는 안 되고 남의 문제도 함께 해결하도록, 곧 사회 전체 문제를 풀어 가는 데서 자기 문제도 풀도록 해야 되겠고, 그렇게 하는 수밖에 없다. 그러니 우리 사회 전체의 문제를 생각하는데 너무 깊이 사회체제 문제를 애기할 것까지 없고, 적어도 자유라든가, 평화라든가, 반독재라든가, 평등이라든가 하는 말로 나타낼 수 있는 어떤 바람직한 사회를 생각해 두고, 그런 사회를 이뤄 가는 데 나 한 사람이 이바지할 수 있는 일이 무엇인가를 생각해서 할 일을 찾아야 한다는 것. 이런 말을 해 주었더라면 좀 더 내 생각에 공감했을 것 아닌가 반성이 되었다.

  그래 선생님들에게 내가 못다 한 애기를 대강 해서 오후 토론 시간에 학생들의 토론을 그런 방향으로 끌어가도록 해 달라고 부탁하고 나왔다. 내가 그런 말을 했더니 선생님들도 그 말씀이 옳으니 그렇게 하겠다고 했다. 이래서 오늘 그곳에서 나도 배워 온 셈이 되었다.

  올 때 또 아침에 왔던 분의 차를 타고 압구정까지 와서 전철을 바꿔 타고 왔다.

집에 와서 한 시간 반쯤 신문을 보다가 한글문화원에 또 갔다. 오늘은 또 글쓰기회* 월례 강좌가 있는 날이다.

오늘은 나눔창작사(학원 교육을 하는 곳)에서 나온 자료를 가지고 얘기했다. 그곳 교사들이 아이들의 글을 잘못 지도하는 것을 거기서 나온 〈나눔터〉란 문집 가운데 씌어 있는 교사들의 지도 말을 가지고 비판해 보였는데, 참석자들도 "학원에서 아이들을 이렇게 지도하면 큰일 나겠다"고 모두 의견을 말했다. 처음 나온 어머니 한 분도 "아이들을 학원에 잘못 보내다가는 아이들 다 버리겠습니다"고 말했다.

마치고 저녁을 같이 먹고 헤어졌다.

1992년 3월 17일 화요일

오전에 한길사에 갔더니 《우리 글 바로 쓰기》 교정을 보는 문현숙 씨가 교정지를 가지고 고친 부분을 말해 주는데, 몇 군데 안 되어서 곧 마치고는 사계절에 갔다. 사계절에서는 김경택 씨가 일본 책 《교육 실천 기록教育實踐記錄》을 번역한 것을 주

* 한국글쓰기교육연구회. 삶을 가꾸는 글쓰기 교육을 연구, 실천하기 위해 이오덕이 중심이 되어 교사들이 1983년에 만든 단체다. 회보 〈참삶을 가꾸는 글쓰기〉를 펴냈다. 1995년에 우리 말 살리는 모임과 합쳐 한국글쓰기연구회로 이름을 바꾸어 활동하다 2004년에 다시 한국글쓰기교육연구회로 바꾸었다. 1995년부터 회보 〈우리 말과 삶을 가꾸는 글쓰기〉를 펴내고 있다.

면서 읽고 책을 소개하는 글 20~30장 정도 써 달라고 해서 할 수 없이 가져왔다. 그 책은 내가 한번 읽어 보고 싶었던 것이기는 하나, 요즘 또 이것저것 일이 생겨나 바빠서 참 난감한 생각이 들었던 것이다.

1시에 와서 빵을 먹고 점심으로 하고, 오후에는 우편물과 신문을 보고 하다가 그만 거의 다 가 버렸다. 아니, 참, 편지 한 통을 급히 써서 속달로 보낸 것이 있다. 속달우편물이 하나 왔는데 대전에 사는 어느 아이 어머니로, 자기 아이가 2학년인데, 새 담임선생이 날마다 아이 뺨을 때리고, 책을 집어 던지고 해서 할 수 없이 아이에게 편지를 써서 담임선생님께 드리도록 했더니, 그 담임선생님이 어머니를 만나 보자면서 오라고 하는데, 어떻게 했으면 좋겠는가 하면서 16~21일 사이에 만나도록 해 달라는 선생님의 요청이니 될 수 있는 대로 빨리 의견을 말해 달라는 내용이었다. 그래 급하다 싶어 서둘러 써서 우체국에 가서 속달로 부쳤던 것이다.

내 생각에 그 담임은 틀림없이 아이를 괴롭혀서 돈 봉투를 얻으려고 한 수작 같다. 절대로 돈 봉투를 주지 말고, 그곳 학부모회에 전화를 걸어서 어떻게 하면 좋은가 의논해 보라고 했다. 담임을 만나서 아이들을 그렇게 때리는 것은 좋지 않다고 타이르라고도 했다. 학부모회의 전화번호도 알려 주었다. 아무리 바빠도 이보다 더 급한 일은 없다는 생각이 들었던 것이다.

며칠 전에는 수원 있는 이계옥 씨가 이와 비슷한 얘기를 전화로 했고, 어제저녁에는 처음으로 학부모가 된 김종만 씨도 아이 때문에 고민하는 말을 했는데, 오늘 또 이런 전화를 받았다. 전국에서 이런 어머니들이 얼마나 많을까. 이런 아이들이 얼마나 많을까? 그런데도 지금 선거 싸움에서는 교육을 어떻게 하겠다는 말이 안 나온다. 참으로 기가 막힌다. 이 아이들은 어디 호소할 곳이 없다. 어머니한테 말해도 그 어머니들은 너무 힘이 없고, 대개의 경우 기껏해야 돈 봉투로 자기 아이만 지키려 한다. 그래서 돈 없는 사람이나 양심을 가진 사람의 아이들만 상처를 입는다. 이래 가지고 이 나라 앞날에 무슨 민주고 통일이고 희망이 있는가? 어제 김종만 씨 얘기 들으니 정치 운동, 문화 운동 하는 사람도 모두 자기 자식만 무사히 지키려고 이런 문제를 적당히 처리한다고 했다. 아, 이게 그저 암흑이다.

밤에 〈주간 조선〉 연재 원고 1회분을 겨우 썼다.

지금 12시 반이 되었다.

1992년 4월 9일 목요일

오전에 〈서울신문〉 기자가 와서 10시부터 두 시간 동안 이야기를 듣고 갔다. 이번에는 내 생각에 대해 자꾸 비판하거나 반대하는 이상한 질문을 해서 좀 화가 나기도 했는데, 내 생각을 들어 보려고 그러는 것 같기도 했지만 자꾸 답답한 소리를 해서 기분이 나빴던 것이다.

오후에는 한글문화원에 가서 송 선생을 만나 24일 강연 요지를 주고, 공병우 박사님께 책을 좀 전해 달라고 두 권을 주었다.

그러고 나서 학고재란 곳에 가서 제주 민중 항쟁 그림전을 보았다. 강요배 씨가 그린 것인데, 그림이 아주 좋았다. 무엇보다도 제주 도민들의 수난사를 그려서 모든 사람들에게 알리는 일이 참 귀중한 일이라 생각되었다. 그런데 사람 얼굴이 너무 차갑다는 느낌이 들었다. 표정이 어두운 것이야 이해하겠는데, 차갑게 느껴지는 것은 문제가 있다고 아니할 수 없다. 강요배 씨 화집을 한 권 사려고 했더니 그냥 기증한다고 하기에 찻값이나 하라고 돈을 5만 원 억지로 주고 나왔다. 그런 그림들을 돈 주고 살 사람이 별로 없을 텐데, 화가는 무엇을 먹고사나? 그런 그림을 한데 모아 제주도민 교육관이라도 마련해서 전시했으면 좋겠는데, 제주도에 4·3 교육관 같은 것이라도 지어 놓았는가 물어보니 그런 것 없다고 했다. 제주도의 수난사는 끝난 것이 아니라 아직도 계속되고 있는 것이다.

거기서 나와 7시부터 있는 신동엽 작가 기금 전달식 행사에 참석하려고 출판문화회관에 갔다. 이번에 받는 사람은 소설가 김하기 씨와 시인 곽재구 씨. 상금은 각 5백만 원씩. 신경림 씨가 심사 경과를 말하고, 고은 씨가 축사를 한 다음 두 사람이 인사말을 했다. 그런데 시인 곽 씨는 써 온 원고를 읽고, 소설가 김 씨는 그냥 말로 했다. 이 두 사람의 인사말이 언젠가도 시인과 소설가가 함께 상을 받고 인사말을 할 때와 똑같아 재미있다는 생각이 들었다. 소설가는 산문을 쓰니까 말로 하고, 시인은 말을 다듬는 기교를 부리니까 인사말도 입으로 하지 못하고 글로 하는가? 그럴는지 모른다. 아무튼 글을 써서 읽는 것은 재미가 없다는 것을 오늘 일에서도 잘 알 수 있었다.

마치고 차려 놓은 음식을 실컷 먹고 왔다.

1992년 4월 10일 금요일 비

법제처에 있는 신각철 씨가 오늘 11시에 꼭 와 달라는 부탁을 해서 갔다. 정부 종합 청사에 간 것은 처음이다. 12층까지 올라가는 엘리베이터가 초고속이었다. 법제처 전산실을 찾아가니, 밖에서 상상하던 것과는 달리 그 사무실이 좁고 책상 같은 것도 아주 실용으로 쓰는 헐한 것들이었다. 곧 정재도 선생도 와서, 신각철 씨(이분이 과장 직책이었던가)와 또 한 분, 아마 국장직에 있는 분 같았는데, 그분하고 같이 법제처 차장실에 들어가니 장명조 차장이 마중 나와 "이 교장 선생님,《이오덕 교육일기》잘 읽었습니다" 하고 반갑게 인사했다. 차장실은 좀 넓었지만 응접 의자 같은 것은 그저 시골 학교 교장실 정도였다.

차장실에서 한 시간 가까이 앉아 이야기하다가 청사 안에 있는 식당으로 가서 점심을 먹었다. 도가니탕을 먹었는데, 다 먹으니 눌은 밥이 든 숭늉이 한 그릇 들어오고, 그다음 과일을 먹고, 또 차를 마셨다. 그리고 나서 차장실에 옮겨 가서 또 커피를 마시니 배가 가득했다.

커피를 마시면서도 또 30분가량 주로 우리 말이 잘못되어 가는 문제를 두고 이야기했다. 그러고 나서 신각철 씨가 책을 가져왔는데, 〈법령 용어 정비—각계 의견 대비 자료집〉이란 커다란 책과 《법령 용어 순화 편람》과 《북한 법제 개요》 세 권이다. 두 권은 참고로 주는 것이고, 〈법령 용어 정비—각계 의견 대비 자료집〉 이것이 우리(정재도 선생과 나)한테 맡긴 일거리였다. 이것을 한 차례 보고 의견을 적어 달라는 부탁인데, 전체 낱말의 수가 약 2천 개쯤 되었다. 낱말마다 살펴서 의견이 다른 것은 적어야 하는 것이다. 늦어도 5월 20일까지라고 했다. 한창 바쁜 때 이걸 어찌하나? 이럴 줄 알았다면 못 한다고 안 오는 것인데, 별로 할 일이 없는 것처럼 말해서 왔던 것이다.

나올 때 교통비라면서 봉투를 주는 것을 받아 왔는데, 10만 원이었다.

오늘 종합 청사에 간 느낌으로는, 정부 청사에서 일하는 사람들이 나름대로 잘하려고 애쓰고 있구나 하는 느낌이 들었다. 그리고 그 차장이며 국장, 과장 들이 참 성실하다는 생각이 들었다.

그길로 창동에 가서 오피스텔 관리비를 내고 오다가 사당에서 그만 전동차 시렁 위에 우산을 두고 내렸다. 앉아서 졸다가 그렇게 된 것이다. 나오다가 생각나 되돌아가니 차 안에 들어가려는 직전에 문이 닫혔다. 어떻게 하나. 신문을 세고 있는 젊은이에게 물으니 그 차가 저쪽으로 가서 다시 이쪽 길로 나오는데, 다음에 오는 차 말고 그다음 차라고 했다. 그래서 기다렸다가 그 차에 들어가 한쪽 끝에서 한쪽 끝까지 살펴보아도 없었다. 그러느라고 차가 세 정거장이나 가 버려서, 다시 온다고 시간이 걸렸다. 사당 전철 사무실을 몇 번이나 왔다 갔다 하면서 묻고 물어 겨우 찾아가 우산을 잃었다는 얘기를 했더니, 잃은 물건 가운데서 우산은 들어온 것이 없다고 했다. "우산은 잘 안 들어옵니다. 더구나 비 오는 날은 안 들어와요" 했다. 이럴 줄 알았더라면 진작 포기하고 가는 것인데, 근 한 시간 허비했다. 돌아오니 5시 반이었다.

우편물을 정리하고, 저녁에 〈주간 조선〉에 나온, 내가 쓴 연재물을 읽고 놀랐다. 글을 아주 엉망으로 고쳐 놓았다. 담당자가 바뀌더니 이 모양이 되었다. 화가 났다. 이래서는 도저히 글을 쓸 마음이 안 난다. 내일 당장 그만 쓴다고 알려야겠다.

독자들이 어떻게 말할까? 이렇게 글을 엉망으로 쓰니까 잡지사에서 그만 쓰게 한 것이라고 하지 않겠나. 참 기가 막힌다. 잡지나 신문을 만드는 사람이 한 사람의 필자를 병신 만들기 일이 아니구나 싶었다. 이것이 바로 매스컴의 횡포요, 폭력이다.

저녁에는 또 이성인 선생이 《우리 문장 쓰기》에서 글이 잘못되어 나온 것을 지적했는데, 한두 군데가 아니었다. 그 교정 직원이 너무 불성실하다는 것을 새삼 알게 되었다.

1992년 4월 15일 수요일 비

오늘 KBS에 가서 〈11시에 만납시다〉 녹화를 했다. 방청석에는 글쓰기회 선생님들이 다섯 분 앉았는데, 나는 진행자(이 사람이 텔레비전에 자꾸 나오는데 이름을 나는 모른다)가 질문하는 것에 대답해 주는 것으로 약 50분 동안 출연한 것이다.

진행자가 글쓰기 교육에 대해 자세히 모르는 사람이었지만 매우 능숙하게, 그리고 별로 실수 없이 말을 했다. 글쓰기회 회원들이 한 말도 모두 잘되었다. 다만 어제 의논한 대로 아이들의 작품을 비쳐 보이면서 그 작품을 논의하도록 했는데, 그런 기회를 주지 않았다. 이것은 방송 작가와 거기서 함께 일하는 사람이 아이들 글과 글쓰기 교육에 너무 무지했기 때문이다.

교육이란 분야를 널리 많은 사람들에게 바로 알게 하는 일 앞에 막혀 있는 벽이 이처럼 가는 곳마다 너무 두껍다는 것을 절실히 깨달았다.

출연 사례금을 10만 원 받았다.

글쓰기회원들은 점심을 안 먹었다 해서 영등포로 나와서 음식점에서 식사를 하면서 이야기를 나누다가 왔다.

오늘은 비가 오는 데다 날씨가 무척 추웠다. 더구나 갈 때는 천둥소리가 나고 해서 험악했다.

1992년 4월 19일 일요일 맑음

아침에 일어나니 잠을 제대로 못 자서 그런지 몸이 찌뿌듯했으나 세수하고 옷 입고 나니 괜찮았다. 그래서 노미화 선생이 갖다 놓은 글을 읽었더니 그 글이 글쓰기회에 관한 체험기 같은 것인데 첫머리가 내 얘기로 시작되어 있었다. 그런데 그 글이 아주 살아 있는 말로 써서 잘 읽혔다. 어제 본 어린이 문화한마당 행사 팸플릿에 들어 있는 김은희 씨의 구연동화와는 아주 다른 글이었다. 그 구연동화란 글이 왜 그 모양인지, 그것도 팸플릿 앞에 기획한 사람으로 내 이름까지 넣어 놓고 그런 글을 내놨으니, 그걸 읽는 사람들이 나를 어떻게 보겠는가? 그래서 화가 나서 당장 거기 나온 내 이름을 지우라고 하고, 그 행사에 내가 나가기로 되어 있는 강연도 그만둔다고 말하고 싶었지만 참았던 것이다(어젯밤에 송현 씨도 주중식 선생과 같이 여관에 와서 우리가 의논하는 자리에 앉아 있었는데, 그 자리에서는 다른 우리 회원들도 있고 해서 더 말을 못 하고 그 글이 아주 잘못되었다는 것만 말했던 것이다).

그러다가 노미화 선생의 글을 읽으니, 이건 아주 바탕이 다른 글이구나 하는 생각이 들었다. 이래서 군데군데 낱말 몇 개 고쳐야 할 것 표해서 노미화 씨에게 칭찬도 하고 일러 주려고 찾으니 아침 일찍 갔다고 했다. 할 수 없이 다음 기회에 말해 주는 수밖에 없다. 꼭 말해 주어야지. 문학작품을 쓴다는 사람의 글과 문학은 모르고 생활을 걱정하고 삶 속에서 글을 쓰는 사람의 글은 이렇게 다르다는 것을 새삼 느끼게 된다.

노미화 선생은 어젯밤에 의논할 때도 나한테 좀 비판받았다. 그것은, 내가 어제 오후 나오기 전에 일본 책 〈해방교육(解放教育)〉(1991.7.)에 실린 아이들 글을 몇 편 번역해서 가져갔는데, 그 작품이 좋다면서 이성인 선생이 복사해서 돌렸다. 그런데 일본 아이들 글 끝에 그 글이 나온 곳을 모두 밝혀 두었는데, 그 글들은 대개 일본의 무슨 현 교원노조에서 엮은 문집에서 나왔다고 되어 있었다. 그래서 일본의 교원노조는 이런 훌륭한 글쓰기 교육을 하고 있다는 것을 알 수 있었고, 그래서 우리 나라 교원노조와 비교해서 생각하지 않을 수 없었던 것이다. 그래서 회의가 다 끝났을 때 내가 "일본의 교원노조는 이렇게 잘 하고 있다. 그런데 우리 나라 교원노조는 많이 다르다. 그렇다고 우리가 교원노조 비판을 자꾸 할 것이 아니라 교원노조에서 안 하고 있고 못 하고 있는 것을 우리가 하고, 또 우리가 못 하는 것을 노조가 한다고 생각하고 서로 보완 협력한다고 생각하면 된다. 일본과 우리는 사회가 다르고 역사가 다르니 이렇다고 보면 좋겠다."

이렇게 말했더니 이상석, 이성인, 노미화…… 여러 사람이 말하는데, 그중 노미화 씨는 글쓰기회가 노조 안에 들어가야 한다고 주장했다. 그래서 내가 "그건 말도 안 되는 소리"라고 하면서, 우리가 노조 회원이 되면 노조가 시키는 일만 하다가 글쓰기고 아이들 일이고 다 팽개쳐야 할 판인데 그게 무슨 소리냐고 했다. 이성인 씨는, 우리가 노조에 들어가면 글쓰기회가 아주 없어진다고 했다. 이상석 씨는, 자기가 부산에서 노조 일 가운데서 이런 교과 지도 일을 맡고 있는데, 일이 제대로 안 되어 그만 노조에서 벗어날까, 하고 생각하는 때가 한두 번이 아니고, 늘 고민하면서 보람을 찾지 못하고 있다고 했다. 그래서 이상석 씨는 우리 글쓰기회가 아주 노조에 들어가서 같이 일하면 좀 낫겠다고 생각하는지 그건 모르지만, 어쨌든 아이들 위해서 하는 일이 되어야지, 노조 위해서 하는 일이 되어서는 절대로 안 되는 것이다.

노미화 씨는 가끔 아주 엉뚱한 말을 해서 실망하게 하는데, 그래도 말과 글은 삶과 밀착해 있고 꾸밈이 없어 좋아 칭찬해 주고 싶었던 것이다.

모두 여관에서 나와 종로 3가 전철역 가까이 와서 어느 음식점에 들어가 아침 식사를 하는데, 나는 먹지 않고 이야기만 했다. 그리고 헤어져 과천에 와서 신문을 좀 보다가 점심을 먹고, 잠을 좀 자고 나니 몸이 가벼웠다.

1992년 4월 25일 토요일 맑음

오늘은 오전에 창비에 가서 볼일을 보고, 오후에 작가회의민족문학작가회의, 지금의 한국작가회의 이사회에 참석해야겠다고 준비해서 나갔다.

창비에는《우리 문장 쓰기》를 여덟 권 가져가서, 편집위원들과 정해렴 씨에게 나눠 주었다. 그리고 거기서 식당에 가서 국수를 먹고 다시 올라가 창비 사랑방에서 최원식 선생과 최 선생이 소개해 준 택견도를 하는 분의 이야기를 한참 재미있게 들었다. 택견이란 운동은 순수한 우리 나라 무예인데, 일본의 가라테에서 출발한 태권도가 정치권력과 손잡고 널리 퍼졌다는 얘기를 전에 언젠가 신문으로 읽었지만, 오늘은 아주 자세한 얘기를 들은 것이다. 그분이 아주 귀한 일을 한다는 것을 생각했다.

작가회의 이사회는 3시부터 약 40분 동안 했다. 이번에는 아동문학 분과 보고를 내가 간단히 했다. 모두 마치고 신경림 회장과 앉아서, 내가 이런 말을 했다.

"우리 작가회의가 아니면 할 수 없고, 작가회의가 반드시 해야 하는 일이 하나 있는데, 그것은 남에서도 설 자리를 잃고 북에서도 간 곳 없는 수많은 문인들의 문제입니다. 이분들은 지금 하늘나라로 망명을 갔다고 볼 수 있는데, 이제 우리가 이분들을 불러와서 이 땅에 내려와 살도록, 묻히도록 해야 합니다. 그래서 우리가 이분들의 문학을 제대로 이어받고 이어 주어야 이분들도 살고 우리도 산다고 봅니다. 이분들을 생각하고 드러내는 행사를 해야 합니다. 어떻게 생각합니까? 나는 우리 작가회의가 이런 일을 하는 것이 가장 중요하고 급하다고 봅니다. 지금 남북 작가 회담을 추진하고 남북 작품 교류를 한다고 하는데, 가령 아동문학만 해도 그래요. 회담이고 교류고 해서 그다지 얻는 것이 없다고 봅니다. 그쪽 작품을 이곳 아이들에게 읽힐 만한 것이 그리 많지 못할 것이고, 이곳 것을 또 그곳 아이들에게 주는 것도 아무거나 줄 수 없다고 봅니다. 잘못 주고받으면 도리어 오해가 커질 수도 있지요. 이곳 작가들이 쓴 것은 역시 이곳 아이들에게 읽혀야 하고, 그곳 작가들의 작품은 그곳 아이들에게 읽혀야 합니다. 그러니 그런 교류보다는 우리가 먼저 해야 할 것—잃어버린 우리 작가들을 도로 찾아와야 한다고 봅니다."

이런 말을 했더니 신 회장은 대답했다.

"그것 참 해야 하는데, 그런 일을 하면 저쪽에서 우리들 상대해 주지도 않습니다."

"저쪽에서 좋아할 리가 없습니다. 우리가 우리 겨레 문학의 전통을 바로 세우는데, 저쪽이고 이쪽이고 권력 잡은 사람들 눈치 보고 해서는 안 됩니다. 어느 쪽이든 다 반가워하지 않을 겁니다. 그러니까 더욱 해야 하지요."

"지금 남북 작가 회담을 앞두고 그런 일 하면 회담이 안 됩니다."

"지금 곧 하자는 것은 아닙니다. 그래도 언젠가는 해야 하고 될 수 있는 대로 빨리 하는 것이 좋습니다."

신경림 회장은 이 일을 언젠가는 해야 한다는 데는 환영하는 것 같았다. 그러나 내가 보기론 작가회의에서 좀처럼 이 일을 할 것 같지 않다.

차를 타고 오면서 생각하니 작가회의도 결국 정계에서 말하면 제도권의 야당 노릇밖에 하지 못하는 문인 단체구나 하는 생각이 들었다. 이 나라의 문인 단체는 비록 이곳 남쪽 정부를 비판하는 태도를 가졌다고 하더라도 자기 단체의 존재를 유지하려면 북쪽 정권의 눈치라도 봐야 하는구나 하는 생각이 들어 참 서글픈 생각이 들었다.

그까짓 남북회담에 참여했다는 것이 무슨 대수로운 일인가? 결국 이런 단체를 이끌어 가는 사람들은 남북 작가 회담에 참석했다는 것이 역사책에도 남고 하는 것을 가장 높은 목표로 알고 모든 일을 하고 있는 것이다. 이것이 작가회의의 한계라는 것을 절실하게 느꼈다.

마포 시장 지나올 때 감자를 길가 차에서 파는데, 그만그만한 감자알들이 옛날 감자 같았고 더구나 값이 여기서 산 것보다 반값밖에 안 되어 4천 원어치를 사 와서, 저녁에 쪄 먹었더니 아주 맛이 없었다. 마침 〈새건강신문〉에 수입 감자 이야기가 나오고, 방부제 쳐 놓은 감자의 해독 이야기가 나와 아주 기분이 나빴다. 어쩌면 최근 내가 건강이 좋지 않은 것이 감자를 연달아 먹은 탓이 아닌가 하는 생각까지 들었다. 이제 감자는 절대로 사 먹지 말아야겠다.

1992년 6월 9일 화요일 흐림

오늘은 남대우의 산문을 읽었다. 그다지 좋은 작품은 아니나, 그때만 해도 글을 쓰는 사람들이 참 깨끗한 마음으로 글을 썼다는 생각이 들었다. 아이들의 순박한 마음, 가난에 대한 동정, 일하는 생활의 즐거움, 남을 위한 행동, 자연과 어울리는 삶의 아름다움…… 그런 것이 작품에서 느껴진다.

오후 5시가 지나 헌책방에 가서 뜸을 뜨고, 올 때 보니 언젠가 있던 그림이 그대로 있어서 이 그림이 아무래도 임자가 없는 모양인데 내가 가져가겠다고 했더니, 저녁에 조길성 군을 시켜 그 그림과 지난번 에이브(ABE) 전집에서 모자란 것 일부를 보냈다. 이 그림은 값을 10만 원 매겨 놓았는데 들으니 어느 집에서 그냥 가져가라는 것을 미안해서 5만 원 주고 가져왔다고 했다.

내가 보기로 그림 솜씨가 보통은 넘는다. 글씨도 아주 좋다. 이만하면 백만 원은 훨씬 넘어야 할 것이라 생각된다. 값이야 어찌 되었든 그림이 좋아서 갖다 두고 싶었다.

헌책방 아주머니가 지난번 말이 나온 헌 옷을 많이 모아 두었다고 해서, 정우큰아들한테 전화를 걸었더니 모레 가지러 온다고 했다. 또 책방 아주머니는 피아노를 누가 가져가라고 하는데 잘 쓸 만한 곳이 있으면 말해 달라고 했다.

1992년 6월 23일 화요일 맑음

'우리 말 우리 글'이란 격월간 잡지 발간 계획을 세워서 그걸
정서했다. 밤 11시까지 해도 다 하지 못했다.

울릉도 갔던 현우작은아들가 밤 10시쯤 되어 돌아왔다.

1992년 7월 4일 토요일 맑음

오늘도 짧은 연재 원고를 두 편 썼다.

저녁때, 여러 날 벼르던 최낙영 씨를 찾아갔다. 얼마 전 회갑
날에 자녀들이 모아 준 돈을 그대로 우리 글쓰기회에 기탁해
온 분인데, 지금까지 찾아가 인사를 못 드린 것이다. 전화로 알
아보니 집이 바로 뒷산 유원지 들머리에 있었다. 거기서 장사
를 한다고 했다. 책을 봉투에 넣어, 이것이라도 드린다고 갔더
니 바로 향교가 있는 건물 옆 하얀 집이었다. 뒷산 유원지에서
제대로 지어 놓은 단 한 채 집이다.

최 선생의 안내로 가게 앞을 지나 위쪽 나무 밑에 가니 거기
가 참으로 좋았다. 아주 시원한 숲 속인데, 이런 데가 있었구나
싶었다. 몇 가지 음식과 술, 주스를 대접받으면서 최 선생이 살
아온 이야기를 들었더니 참 좋은 분이었다. 어렸을 때 영등포
신길동에 살았는데, 그 부친한테서 소똥, 개똥을 주워 모으는
일을 배우고, 토마토밭에 똥오줌을 퍼 주는 일을 배우고, 산에

30

나무하러 가기도 했다고 했다. 군대(해병대라든가)에서 나와 이곳 골짜기 들머리에서 장사를 하기 시작한 것이 1970년이었는데, 그때 술 먹고 소리 지르는 사람들한테는 술을 팔지도 않았던 것이 향교를 맡고 있는 전교한테 잘 보이는 결과가 되어 이렇게 여기다 집을 짓고 지금까지 장사를 잘하면서 살게 되었다는 것이다.

그리고 어느 회사에 취직해 있는 딸이 여러 번 사표를 내려고 하는 것을 "정직하기만 하면 언젠가는 알게 되고 이긴다"고 하여 겨우 견디게 했던 것이, 생각대로 그 뒤에 회사에서 딸이 근무하던 부서의 과장은 쫓겨나고, 그 딸은 회사에서 인정을 받았는데, 그래서 그 회사에서도 자기를 찾아와 딸 때문에 회사가 살아났다고 하면서 고마워하더라고 했다. "세상이 잘못된 곳도 많지만 또 바로잡히는 곳도 있다고 저는 생각합니다. 제가 살아 보니 그렇습니다" 했다.

나는 이런 말을 듣고, 처음 내가 세상을 비관하고 절망스런 말을 했던 것을 후회했다. 이런 분이 이웃에 한 분 있게 되어 참 다행이란 생각을 하면서, 인사를 하고 내려왔다.

1992년 7월 10일 금요일 아침에 비, 종일 가끔 비

오후 3시에, 박문희 선생이 아람유치원에서 어머니와 아이가 마주이야기를 한다고 해서 꼭 와 보라기에 갔다. 그런데 처음

에 박 선생이 나를 옆에 앉혀 놓고 내 이야기를 너무 자꾸 했고, 또 그다음에도 어머니와 아이들 앉혀 놓고 너무 길게 이야기하던 생각이 났다.

마주이야기는 어머니와 아이가 앞에 나가 자유롭게 어느 때 집에서 이야기하던 것을 그대로 해 보이는 것인데, 그런 것을 하게 하는 생각이 좋았다. 그런데 대체로 아이가 말을 빨리해서 잘 알아들을 수가 없었다. 아이가 말을 빨리하는 것은 엄마가 어느 때 그렇게 빨리 말을 해 보이는 것이 아닐까 싶었다. 또 어느 아이 말에 "생일 파티"란 말이 나오자 그 어머니가 "너 그런 말 어디서 배웠니?" 했다. 그러니까 "선생님한테 배웠어요" 했다. 그 말을 듣고 어머니는 아주 흐뭇해하는 것 같았다. 그러더니 어머니의 입에서 "텔레파시"란 말이 나오고, 그 말을 아이에게 설명해 주었다. 그 어머니는 그런 말을 가르쳐 주는 것이 앞서 가는 교육인 줄 여기는 듯했다. 유치원 아이들의 말 교육이 이래서 되겠는가?

올 때 박 선생이 문간까지 나와서 사진 앨범을 선물로 주면서 "저는 교장 선생님이 마주이야기에 대해 쓰신 것 보고 이렇게 할 생각이 났어요. 대화라면 이런 생각이 안 나는데 마주이야기라니까 이런 생각을 하게 되었지요. 참 너무 좋은 말이라 생각해요." 그 말 들으니 대화란 중국 글자 말과 마주이야기란 우리 말이 이와 같이 교육의 방법까지 달리하게 만드는구나. 중국 글자 말을 쓸 때는 그저 틀에 박힌 방법 지시한 것, 남의 흉내 내는 것밖에 못 하지만, 우리 말을 하니 이렇게 새로운 방법을 창조하는 지혜까지 생기는구나, 하는 생각이 들었다.

오늘 유치원 갈 때는 또 괜히 박 선생한테 끌려간다 싶었는데, 가고 보니 역시 보고 깨닫는 것이 있구나, 잘 갔다는 생각이 들었다.

오전하고 밤에는《일하는 아이들》을 교정했다. 대강 끝났다.

1992년 8월 10일 월요일 맑음

오전에는 자유 토론과 평가회 두 가지 시간을 가졌다.

자유 토론 시간에 중등 교사들 모여 있는 방에 들어가 보았더니 고등학생들 가운데 가정 형편이나 부모들의 억압으로 정신이 이상하게 된 아이들이 많다면서 그런 아이들 얘기를 여러 회원들이 하는데 참 어처구니가 없었다. 그런 아이들은 자기 자신을 솔직하게 드러내기를 아주 꺼린다고 했다. 여러 사람이 의견을 말했지만 결론을 얻지 못했다. 나는, 그런 아이들이 글을 쓰도록 해서 이름이나 학교를 밝히지 않고 모두 발표해서 이 사회에 호소해야 한다. 그런 일도 못 하면 우리가 글쓰기 교육을 하면서 무엇을 한다고 하겠는가, 부디 의논해서 중·고등 학생들의 상황을 생생한 학생들 자신의 말로 글을 쓸 수 있도록 해 달라고 부탁했다. 올겨울 글쓰기회 연수회에는 중등 쪽에서 많이 발표할 수 있게 해야 되겠다는 생각을 했다.

다음 평가회에서는 전과같이 감상문 쓴 것 중 좀 골라서 앞에 나와 읽도록 했다. 모두 마치고 마지막에 내가 몇 가지 부탁을 하고, 어제 쓴 사생문에 대해 얘기한 다음 3일 2박의 연수회를 마쳤다.

점심을 먹고 버스로 신탄진까지 와서, 약 한 시간 기다려 기차 타고 왔다. 간밤에는 좀 잤는데도 올 때 몹시 고단했다. 집에 와서 목욕하고, 빨래하고 나니 저녁이 되어, 사 가지고 온 옥수수를 먹고, 밤에는 밀린 우편물 보고, 신문 오려 붙이기를 하고 나니 11시가 되었다.

1992년 8월 14일 금요일 비

오전에 아카데미 강의. 오늘은 30분이나 늦게 갔다. 전에는 안 그랬는데, 오늘은 웬일인지 사당 고개 넘어가는 데 50분이나 걸렸다. 전과 다름없는 때에 나갔는데 그랬다.

강의 마치고 나서 수강생들(20명)과 같이 다과, 술 같은 것을 놓아두고 좌담을 했다. 모두 좀처럼 말을 하지 않아서 내가 이것저것 이야기하다가 차례로 돌아가면서 자기소개와 하고 싶은 말을 해 보라고 하니 그제야 말을 했다. 그동안 내가 강의하면서 인간관계를 제대로 만들지 못했구나 싶었다. 그러다가 글쓰기 수련은 이런 강의 듣는 것만으로는 안 되니, 뜻있는 사람들끼리 모임을 가져서, 한 달에 한 번씩 작품 합평을 하는 것

34

이 좋겠다고 했더니 대체로 모두 찬성해서 실무를 맡는 사람까지 정했다. 오늘 다과회 비용은 처음 내가 10만 원을 사무국에 주었더니, 거기서 낸다면서 안 받으려고 하는 것을 억지로 4만 원 주었다. 오늘 음식은 4만 원 정도 되었을까.

마치고 급히 과천으로 가서, 우리 말 살리는 겨레 모임* 회원들 앞으로 편지를 발송하고 또 한 번 나갔다. 멀리 남해 쪽에서 한주원 군이 오랜만에 와서 강재순 군 집에 있다면서 전화가 왔기에 만나기로 한 것이다. 한 군은 이번에 교감 승진이 되었는데, 서울에 며칠 동안 출장을 와서 그 일을 마친 모양이다.

오후 4시에 만나기로 했는데 4시 30분 가까이 되어 겨우 삼일빌딩 건너편에 있는 강재순 군 사무실에 가니 조혁래 군도 와 있었다. 거기서 가지고 갔던 책을 한, 강 둘에게 주고(조 군은 전에 주었음), 한 시간쯤 앉아서 이것저것 얘기하다가 강 군 차를 타고 동대입구역 근처 있는 뷔페 음식점에 가서 저녁을 먹으면서 8시 반까지 얘기하고 놀았다.

그런데 한 군이 울산(집이 울산)으로 가는 기차표를 9시 것으로 사 두었는데, 강 군 승용차로 서울역 향해 가다가 길이 막혀 되돌아와서 동대역에서 전철을 탔더니 그만 기차를 놓쳐 버렸다. 7분가량 늦게 서울역에 갔던 것이다. 할 수 없이 한 군

● 우리 말 살리는 모임. 우리 말 살리는 일을 하기 위해 이오덕이 중심이 되어 1992년에 만든 단체다. 1993년 6월부터 회보 〈우리 말 우리 글〉을 펴냈다. 1995년에 한국글쓰기교육연구회와 합쳤다가 1998년 5월에 다시 우리 말 살리는 겨레 모임을 만들었다. 1998년부터 회보 〈우리 말 우리 얼〉을 펴내고 있다.

은 차표를 물리고, 입석조차 살 수 없는 차표를 어찌어찌해서 사 놓은 어느 사람 것을(내일 오후 차표) 사서, 한 군은 형님 집으로 가고, 같이 갔던 조 군과 나는 헤어져 왔다.

집에 오니 10시 반인데, 목이 마르고 해서 오얏과 복숭아를 먹었다. 그리고 신문 오리기를 하는데 자꾸 배가 아팠다. 방에 누워도 그래서 화장실에 가서 토하니 잘 안 나오고, 배는 더욱 아프고 온몸에 땀이 나와 견딜 수 없어 한참 동안 쩔쩔맸다. 그러다가 어찌어찌해서 똥을 좀 누고 조금 토하고 나니 겨우 가라앉아서 자리에 누웠다. 낮에 좀 과식했는 데다가, 그 뷔페 음식이란 것 별로 먹고 싶지 않은 것을 먹었더니(그렇게 많이 먹은 것도 아닌데) 결국 탈이 난 것이다.

어제 강재순 군이 전화로 오늘 만나는 장소를 뷔페 음식점이라 했을 때 "좀 조용히 앉아 얘기할 자리가 좋겠다. 우리가 아무리 오랜만에 만났다고 해도 무슨 음식 먹는 게 포원이 져서 먹기 위해 만났다면 모르지만……" 해서 뷔페 식당 같은 데는 안 갈 줄 알았는데, 역시 그런 데 데리고 가서 할 수 없이 따라간 것이다. 강 군은 무슨 사업을 하는데, 사장으로 있다. 그 사무실 책상에도 "대표이사……"란 명패가 올려 있었다. 얘기를 하는 가운데도 "사람이 실컷 먹고 즐기기 위해서 돈 버는 것 아닙니까" 하는 식으로 얘기했다. 그러니까 오랜만에 만나는 친구와 선생을 자기대로는 잘 대접한다고 그런 데 데리고 간 것이지만, 나로서는 그런 사람들이 별로 반갑지 않다.

1992년 9월 11일 금요일 맑음

낮 1시 반에 정우네 식구들이 왔다. 추석 음식을 가지고 와서, 같이 먹고 조금 있다가 곧 또 나섰다. 올 때 두 시간도 넘어 걸렸다고 하니, 갈 때는 더 막힐 것이다. 내가 일찍 나서라고 했다. 지난해까지만 해도 추석날은 길이 아주 확 트였다고 하는데, 올해는 추석날까지 막힌단다. 서울 다 와서 한 시간도 더 기다렸다니.

낮에는 방 정리하고, 밤에는 아람유치원에서 낸 어머니들이 쓴 글을 모은 책을 읽었다. 아이들 이야기인데, 교육 문제를 생각하게 하는 좋은 참고가 되었다.

추석날, 구름 한 점 없는 좋은 날씨지만 바깥엔 안 나갔다. 나라 위해 일하다가 옥에 갇혀 있는 사람들 생각하니 역사가 왜 이렇게 거꾸로만 돌아가는가 하늘이 원망스럽다. 더구나 김낙중 씨 일 생각하니 기가 막힌다. 나는 김 씨가 결코 간첩 행위를 한 사람이라고 믿지 않는다. 틀림없이 안기부의 못된 계략일 것이다.

1992년 9월 12일 토요일 흐림

오늘은 밖에 한 번도 안 나가고 방에서 있었다. 《우리 글 바로 쓰기》로 낼 책에 실을 글을 무엇을 쓸까 하다가 《삶과 믿음의 교실》 책 첫머리에 있는 '노동과 교육'을 다시 다듬어 내기로 하고 낱말을 다듬어 새로 썼더니, 시간이 아주 많이 걸렸다. 오늘 하루면 쉽게 마칠 것으로 알았더니 온종일 매달려도 겨우 반밖에 못 했다. 지금 밤 11시 반까지 해서 그렇다. 글을 다듬고 고쳐서 새로 쓴다는 일이 얼마나 힘든가. 이러니까 글을 쓰는 사람들이 한 번 발표한 것을 아무도 고쳐 쓸 생각을 안 할 것이란 생각이 든다.

오늘은 아침에 맨손체조도 안 했다. 현우는 아까 이모 집에서 전화를 걸었다. 내일 학교에 가서 일 좀 하고 저녁에 온다고 했다.

1992년 9월 19일 토요일 흐림

오전에 어린이문학협의회˙에서 낼 책 원고 좀 읽고, 책상 위 정리 좀 하고, 점심 일찍 먹고 나갔다. 오늘 우리말사랑 모임에서 등산을 한다고 꼭 와 달라 해서다. 이 우리말사랑 모임은 문예 아카데미 강의 때 수강생으로 모임이 시작되었는데, 첫 모임에 못 갔으니 두 번째인 오늘은 가 보는 것이 옳다는 생각이 들어, 가기로 한 것이다. 가다가 사당역에서 오일우, 차윤철 두

● 한국어린이문학협의회. 아동문학이 나아갈 길과 신인 작가를 찾기 위해 이오덕이 중심이 되어 아동문학인들이 1989년에 만든 단체다. 부정기간행물 〈우리 어린이문학〉을 펴내다가 1998년부터 회보 〈어린이문학〉을 펴내고 있다.

분을 만나 원고를 주고, 또 두 분이 읽은 원고를 바꿔 보도록 하고서 전철을 타고 1시 반에 경복궁역에 내리니 회원들이 기다리고 있었다. 모두 열 사람.

지하철에서 나와 북한산 가는 버스를 기다리는데, 한참 기다려도 안 와서 택시를 타고 갈까 하다가 상훈 선생이 "그만 저기 사직공원으로 갑시다" 해서 그리로 갔다.

사직공원 골짜기를 올라가 산 위에 오르니 바위가 있고 나무가 숲을 이루었는데, 서울 중심가가 내려다보이고 참으로 좋았다. 그리고 거기 사람이 없어서 더욱 좋았다. 서울 시내에 이런 곳이 있었던가 놀랐다. 산 위 숲 속에 자리를 펴고 가지고 온 음식을 나눠 먹으면서 두어 시간 넘게 얘기하면서 지냈는데, 상훈 선생이 가장 많이 이야기를 했다. 상훈 선생은 또 써 온 수필을 읽어 주었다.

거기서 해가 지기 전에 내려오면서 사진도 찍고 했다.

경복궁 전철역으로 나가서 또 다방에 가자고 하는 것을 나만 먼저 왔다.

오늘 산에 가서 안경을 잃어버렸다. 어디서 떨어뜨렸는지 알 수 없었다. 전철 안에서는 분명히 신문을 봤다. 버스를 기다릴 때도 상훈 선생은 내가 신문을 보더라고 했다. 그 이후는 신문도 안 보았다. 셔츠 앞가슴 조그만 포켓에 만년필과 함께 꽂고 다녔는데, 산 위에 올라가 둘러앉아 음식을 나눠 먹으면서 보니 없었다.

약 5년쯤 썼던 안경이고, 내가 가장 애용하던 것을 잃고 나니 아주 마음이 허전하다. 그게 어느 풀밭에 떨어져 있을까? 어느 누가 주워서 쓰레기통에 던져 버렸을까? 내가 그렇게 늘 내 몸같이 쓰던 물건이 쓰레기통에 들어가거나 남의 발에 밟혀 괴상한 모양으로 된다 싶으니 참 마음이 안됐다. 이래서 옛사람들은 바늘을 제사 지내는 글도 썼겠다는 생각이 든다.

현우는 저녁에 좀 일찍 들어오더니 오늘 밤 청량리역에 가서 10시 차를 탄다고 8시 반에 나갔다. 강원도 어느 산에 식물채집하러 간다고 했다.

1992년 10월 7일 수요일 비

아침 〈한겨레신문〉에, 지난번 인터뷰한 기사가 났다. 쓴 사람이 어지간히 우리 말을 다듬어 쓴다고 애쓴 흔적이 보인다. 그런데도 몇 군데 잘못 쓴 말이 있다. 그런데 그것보다도 내가 아주 힘들여 한 말은 없다. 그래서 그 기사 내용이 별로 알맹이가 없는 글이 되었다. 그런 기사를 쓰는 사람은 이야기를 해 주는 사람의 생각을 이해하려고 해야 하는데, 그런 마음가짐이 아주 없는 사람이구나 싶었다. 내가 힘들여 한 말은 "어린이한테서 배웠다"는 말이다. 이것은 그가 미리 생각해서 질문하려고 한 항목에 없었던 것이다. 내가 우리 말에 대해 깨닫게 된 것이 "교사 정신", "교사의 반성 정신"이 아니겠느냐고 물었다. 그래서 나는 그런 것보다도 아이들에게 배웠다고 했다. 그걸 아주 자세하게 뚜렷한 보기를 들어 말해 주었는데, 그걸 이해 못했던 것이다. 대관절 교사 정신이니 반성 정신이니 하는 게 있는가? 참 한심한 사람이란 생각이 들었다.

오늘은 종일 강연 준비를 했다. 주로 전주(12일) 강연 준비다. 밤까지 해도 자료 정리를 다 못 했다.

1992년 10월 12일 월요일 맑음

오늘 저녁에는 전주에서 그곳 전북민족문학인협의회가 주최하는 문학 강좌 첫째 번 강의를 하겠다고 약속을 했다. 그래서 미리 사 놓은 차표를 가지고 서울역에 가서, 전주행 기차를 오후 3시에 탔더니 6시 반에 전주에 닿았다. 갈 때 기차에서 바깥으로 내다보는 가을 들판, 가을 산천, 가을 저녁 하늘이 너무너무 아름다웠다. 그런데, 내가 앉은 서쪽 창을 보니 햇볕이 더운 것도 아닌데 모두 창 가리개를 내려 덮어 놓았고, 밖을 내다보는 사람은 나 하나뿐이었다. 사람들이 왜 이렇게 되었나 싶었다. 그래 또 오늘 아침 어느 신문에서 읽은, 한 시인의 중국 기행문 생각도 났다. 그 사람은, 소동파의 시에 나오는 양쯔강 물소리를 듣고 싶어서 중국까지 왔는데, 양쯔강은 흘러도 물소리는 안 들리더라 했다. 젠장! 소동파 시에 나온 물소리 듣고 싶어 중국까지 가? 나는 이 땅에만 살아도 자연이 너무너무 볼 것이 많고 감동할 것이 한이 없다. 내가 몇 차례 다시 살아 나도 나는 이 땅을 더 보고 싶다. 이 땅을 사랑할 줄 모르는 사람이 무슨 시인인가!

전북민족문학인협의회 사무실 옆 강당에는 사람들이 그렇게 많이 안 모여 자리가 많이 비어 있었다. 사무를 보는 시인 안도현 씨 말에는, 요즘은 왜 그런지 이런 문학 행사에 사람들이 많이 안 모인다고 했다. 7시부터 8시 30분까지, 내가 얘기한 것은 '문학을 사랑하는 사람들에게'란 제목으로 문학과 우리 말 이야기를 했다. 우리 말을 아끼고 사랑하는 마음이 있어야 참된 문학을 창조할 수 있다는 얘기였다. 마치고 어느 식당에 가서 저녁을 같이 먹고, 술을 나누면서 11시까지 얘기를 했다. 그리고 다시 여관에 가서 그 지역 문인 여러 사람들과 글쓰기 지도 교사(주로 학원) 여러 사람들과 밤 12시가 넘도록 얘기했다.

전북 지방은 아주 지조가 굳고 깨끗한 생활을 하는 문인 선배들이 고장을 지켰던 곳이란 느낌을 받아 왔는데, 가령 이병기, 신석정, 김해강 같은 분들이 생각난다, 그런 말을 했더니 거기 모인 사람들도 그렇게 생각한다면서 그곳의 문학 전통을 자랑으로 여기는 듯한 말을 했다. 오늘 저녁에 김용택(전북민족문학협의회 회장) 선생은 안 왔다. 들으니 근무하는 학교에서 행사가 있어 직원들이 어디 멀리 여행을 가게 되었다든가 했다. 또 최형 선생은 마침 일본에 가서 오늘 밤쯤 돌아오신다든가 했다. 그런데 오늘 밤 여관까지 와서 늦도록 얘기를 나눈 우한용(전북대 교수, 소설가), 이병천(MBC 근무), 안도현(시인), 박남준(시인·〈문화저널〉 편집위원), 김경숙(전북어린이글쓰기연구회)과 이 밖에 여러 젊은이들이 나누는 얘기를 들으니 참 좋은 생각을 가지고 바르게 살아가려는 사람들이구나 싶었다(명함을 받았거나 이름을 적어 놓은 사람들만 이렇게 다섯 사람이다).

1992년 10월 20일 화요일

아침 6시 20분이다. 화장실에 갔다가 나와 앉아 뜸을 뜨려고 하는데 전화가 왔다. 어디서 이렇게 일찍이 전화를 하는가 좀 이상하고 걱정이 되기도 하여 받았더니 "이오덕 선생님 댁입니까" 하는 낯선 목소리다. 그렇다고 하니, 자기는 조혁래 선생 동생이라면서, 형님이 어제 수업을 하고 나오다가 쓰러져 다시는 일어날 것 같지 않다고 한다. 혁래가! 그렇게 건강한 혁래가 쓰러지다니! 이 무슨 괴변인가!

평소에 그렇게 건강해 보였는데, 하니 혈압이 좀 높았다고 한다. 그래도 그저께도 등산을 하시고 평소와 다름없이 보내셨단다.

지금 어디 있는가 물으니 구로구청 앞 고려대학병원 응급실에 있다고 했다. 전화를 끊고 정신없이 한참 앉아 있었다.

세상에 사람이 산다고 할 수 없다. 나도 이제 모든 준비를 해 두어야겠다. 언제 죽어도 되도록 내 삶을 마무리해 놓아야겠구나 하는 생각이 들었다.

병원에 곧 가 보고 싶었는데, 권 선생이 11시쯤 나간다고 해서 기다렸다가 같이 나갔다. 버스 타고, 전철 타고, 대림역에서 내려 한참 걸어서 고려대학병원에 가서 응급실에 들어가니 빙 둘러 서 있는 사람들 가운데 한 사람이 환자 침대에 반듯이 누워 있고, 의사가 고무공 같은 것을 눌렀다가 놓고 눌렀다가 놓고 하는데, 입으로 넣은 호스로 산소호흡을 시키는 것이었다. 그 사람이 바로 조혁래 군이라 어이가 없었다. 눈은 감았고, 입은 반창고 같은 것으로 봉했다. 고무공을 누르니 공기가 들어가 배가 불룩해서 오르고, 놓으면 들어가고…… 저것을 멈추면 숨이 그대로 멈추고 가는 게지.

혁래 부인, 아들, 동생, 부산서 소식을 듣고 달려온 동생, 제자들, 같이 근무하던 학교의 교무주임, 모두 그저 멍하니 누워 있는 사람을 바라보고만 있을 뿐이다. 들으니 혁래가 평소에 자기가 죽으면 장기를 병원에 기증하고 싶다는 말을 했다고 한다. 그래서 장기 기증에 따른 일을 하는 병원, 잠실에 있는 서울중앙병원으로 옮기기로 한 모양이다. 의사는 하는 데까지 목숨을 이어 보고 싶다고 했다. 뇌출혈이 되었다고 한다. 교무주임의 얘기를 들으니, 어제 9시 반쯤(혁래는 야간부 교감) 모든 학교 일을 평소와 다름없이 다 마치고, 문도 닫고 자기와 같이 한차를 타고 퇴근하는데, 교감 선생이 머리가 좀 아프다면서 약을 사 먹어야 하니 약방에 가자고 하더란다. 그러더니 아무래도 병원에 가야 될 것 같다면서 병원으로 가자 해서 고려대학병원 문 앞까지 왔는데, 교무주임 자기가 먼저 내리고 안에 있던 조 교감이 뒤에 내리더니 갑자기 힘이 없어 주저앉는 듯해서 옆에서 부추기었으나 아주 퍽 쓰러지더라는 것이다. 그래서 앞에 탔던 선생하고 둘이서 받쳐 들고, 또 한 사람은 연락을 해서 병원 환자 싣는 침대를 바로 끌고 와서 싣고 들어왔다는 것이다.

"지난 일요일에도 관악산에 올라갔지요. 평소 산에 올라가면 어찌나 잘 다니는지 우리는 따라갈 수 없을 정도입니다. 그런 분이 이렇게 될 줄 어찌 꿈에도 생각했습니까?"

그러더니 혁래 부인보고는 "사모님, 너무 절망하지 마세요. 저희 학교 성 선생도 언젠가 쓰러졌는데, 일주일이나 의식을 잃었다가 다시 깨어나더니 차츰 사람도 알아보고 해서 회복했어요. 좀 힘을 내서 음식도 자시고 하셔요" 했다.

그리고 또 나한테도, 자기가 수십 년 동안 조 선생님을 모시고 근무했는데, 참으로 훌륭한 교육자로 우러러보면서 이런 세상에 보기 드문 스승으로 모시고 배워 왔다고 했다.

2시까지 서 있다가, 몸살기가 있어 몸이 떨리고 해서 그만 인사하고 와 버렸다. 오면서, 내가 살아 있으면서 죽어 가는 한 목숨에 대해 터럭만큼 한 힘도 되어 주지 못하는 몸이다 싶으니, 이게 산다고 할 수 없다는 느낌이 들었다. 그리고 나 자신 몸이 갑자기 쇠약해져서, 자꾸 내 몸조심이라도 해야겠다는 생각이 났다.

저녁에 혁래 집에 전화를 걸어, 전화번호를 알아 서울중앙병원에 걸었더니, 아들이 받는데 뇌사 상태가 되었다고 했다. 내일쯤은 아주 단념할 것 같은 말이다.

아! 혁래가 죽어 가는구나!

1992년 10월 30일 금요일 맑음

새벽에 전화가 왔는데, 조혁래 군이 어제 낮 12시경에 운명했다고 했다. 그 동생이 건 전화였다. 기어코 갔구나!

목포MBC에서 전화로 방송할 것 녹음하기로 약속했는데 기다려도 소식이 없어, 오후에 서울중앙병원에 갔다. 영안실에는 문상 온 사람들이 많았다. 학교 직원들, 제자들이다.

동생과 형들이 이야기하는데, 장기 기증은, 눈만 기증하고, 다른 장기는 쓸 수 없어 기증을 하지 못했다고 한다. 장례는 내일 여기서 나가서, 동양공고에 가서 영결식을 하고는 바로 화장터로 가서 화장을 하고, 그 재를 학교 가는 학생들이 다니는 길에 뿌리기로 했단다. 그런 유언을 했다는 것이다. 지난 추석 때 혁래 군이 그 부인과 의논해서 그런 유언을 했다니, 웬일로 죽음을 미리 느끼고 그랬던가 하는 생각이 들었다. 아무튼 혁

46

래 군의 죽음은 나 자신의 삶을 돌아보게 하고, 삶과 죽음을 숙연한 생각으로 보게 한다.

동양공고 도서관에 근무한다는 이진영 선생이 인사를 하면서, 풀무학교 출신이라 했다. 그러면서 조 선생이 평소에 자주 풀무학교에 가 보고 싶다고 했는데, 가 보지 못하고 그만 이렇게 되었다면서, 참으로 훌륭한 교육자로 늘 존경하면서 살았다고 했다. 27년 동안 동양공고에 근무하면서 학교에서는 참된 민주 교육을 실천하려고 온갖 노력과 정성을 다해서 모든 직원과 학생들의 마음이 한데 모이는 중심이 되고 졸업생들도 모두 조 선생을 따르고 있다고 했다.

나올 때는 이 선생이 다리 건너는 데까지 나오면서 이야기를 하는데, 조 선생이 살아온 자취, 교육의 자취를, 조 선생이 여기저기 써서 발표한 글도 모으고 제자들이나 동료 직원들의 글도 모아서 한 권의 책으로 만들고 싶다고 했다. 나는 부디 그런 일을 좀 추진해 달라, 그러면 나도 힘 되는 대로 돕고 싶다고 하고 헤어져 왔다.

1992년 11월 3일 화요일 흐림

오전에, 연재 원고 모두 일곱 군데 쓴 것 대강 훑어보고 속달등기로 부쳤다.

오후에는 어린이문학협의회에서 내게 되는 무크지 원고를

보기 시작했는데, 밤까지 봐도 다 못 봤다.

원고를 읽으면서 크게 깨닫고 생각한 것이 있다. 거의 모두 글쓰기를 정성 들여 하지 않는다. 연수회 같은 때 나와 배우려고는 하지 않고, 이런 책을 낼 때는 되는 대로 써서 낸다. 이런 원고를 읽어서 고치고 다듬고 해서 책으로 내주려는 내가 참 바보 같은 짓을 한다는 생각이 든다.

이제 이해만 그대로 하고, 새해에는 글쓰기회고 어린이문학회고 다 벗어나야겠다. 내가 지금까지 남의 일 위해 한 것이 죄다 헛것이었다. 내가 그렇게 애써 준 사람들이 나중에는 거의 모두 나를 배반하고 말았다. 그런데 오늘날 우리 나라에서는 무슨 모임을 위해서 일한다는 사람들이 모두 어떤 이익과 권리를 위해서, 감투를 위해서 그런 데 관심을 가지고 집착하고 있다. 나는 그런 사람이 아닌데, 그런데 나한테 기대어 책을 내고 싶어 하고 문단에 나오고 싶어 하는 사람들이 그 뜻이 어느 정도 이뤄지면 아주 싹 돌아서서 제 갈 길을 간다. 그 제 갈 길이란 것이 속된 이름 팔고 돈에 관심 가지고 이름 내고 하는 길이다.

아, 내가 참 너무 늦게 이런 세상 이치, 사람이 무엇인가를 깨달았다. 지금이라도 내가 할 일이나 하자. 세상 사람들 글쓰기 잘못하는 것도 아무리 외쳐 봐야 안 된다. 모조리 장사꾼이 다 되어 있는데 어떻게 제 버릇 고치고 제 잘못, 제 주장 굽히겠는가? 참자. 앞으로 두 달만 참자. 내년에는 내가 아주 큰 길 바꿈, 삶 바꿈을 해야겠다.

1992년 11월 17일 화요일 맑음

전부터 벼르던 글 '글쓰기회를 떠나면서'를 썼다. 모두 32장. 이것은 말하자면 글쓰기회 회원들에 대한 작별 인사말이 되는 셈이다. 이제 나는 글쓰기회에서도 떠나고, 또 어린이문학협의회에서도 떠나야 한다. 지금까지 겪은 바로 무슨 일이고 사람을 많이 모아서 어떤 운동을 한다는 것이 부질없는 일이고 허망한 일임을 깨닫게 되었다. 이런 일을 이제야 깨닫다니, 하느님은 참, 사람에게 평생의 대부분을 부질없는 일에 매달려 애쓰고 발버둥 치고 하도록 하는가 원망스럽다.

어쩌면 이런 일들은 나 같은 사람의 기질이나 재능에는 맞지 않는지 모르지. 나는 그저 혼자 무엇을 만들거나 글을 쓰거나 하면서 살아야 할 사람일 것도 같다. 그러나 남들이 하는 것을 볼 때도 무슨 운동이고 하는 것이 다 신통치 않다. 지도자 문제보다 사람 그 자체가 문제인 것 같다.

저녁때 헌책방에 가서, 지난번 등의자 응접세트 가져간 것, 그 의자 덮개를 가져왔다. 그게 제법 한 보따리나 되었다.

헌책방에 갔다 와서, 물통을 들고 지하수를 한 통 떠 왔는데, 허리가 괜찮았다. 이제 완전히 나은 모양이다. 물통에 물을 8분쯤 차게 들고 오니 알맞았다. 무엇이든지 힘에 맞게 하면 탈이 없고 건강에 좋고 그 일이 즐겁다. 힘에 맞게!

1992년 11월 18일 수요일 맑음

　오전에는 어제 썼던 글을 다시 읽어서 다듬고, 오후에는 〈쌍방울〉 사보 연재 원고를 쓰고, 밤에는 〈어린이문학〉 회보에 낼 글을 썼다. 이것은 아침에 이현희 씨가 전화로 부탁해 와서, 지난번 이원수 문학의 밤 행사 때 읽어 준 일기에다가 그 앞뒤에 내가 했던 말을 다시 좀 정리해서 써 붙인 것이다.

　저녁때 앞에 나가 신문을 사 와서 보았다. 오늘 신문에는 노 대통령이 안기부를 시켜서 김복동 의원을 납치해 갔다는 기사가 나왔다. 민자당을 탈당해서 국민당 쪽으로 가려고 하는 것을 못 가게 그랬다는 것이다. 결국 노 대통령이 중립을 선언한 것은 속임수밖에 안 된다는 것이 드러난 셈이다. 선거일을 야당이 불리하게 정하고, 간첩들이 숨겼다는 무기를 전시하고, 이런 몇 가지 짓거리들이 모두 겉과 속이 다른 노태우 씨의 본색을 보여 주는 것이다. 참으로 한심한 세상이다. 그런데 권력을 잡은 사람들이야 옛날부터 다 그렇다고 보면, 백성들이 참 답답하다. 어차피 선거를 해 봐야 알겠지만, 지금 봐서는 이 백성들이 돈에 미치고 환장해서 양심을 팔고, 방송이고 신문이고 하는 것 그렇게 오랫동안 속았으면서도 여전히 그런 것을 쳐다보고 읽고 하여 그것을 믿는 꼴을 보면 에라, 이놈의 백성들은 천년을 가도 그 꼬라지로 고생해서 마땅하구나 하는 생각이 드는 것이다. 미국 놈, 일본 놈도 욕만 할 것 없다. 다 지지리도 못난 제 탓이다. 빌어먹을 놈의 민족!

하 답답해서 이런 저주의 말이 터져 나올 판이다.

1992년 11월 30일 월요일 맑음

오전에 밀려 있던 편지 두 통 써서 부치니 낮이 되었다.

오후에는, 써 두었던 몇 가지 연재 원고를 다시 읽어서 고치고, 3시쯤 나갔다. 글쓰기회 사무실에 갔더니 벌써 회보가 나왔다. 회보 보내는 일을 7시까지 하고 먼저 왔다.

저녁에 오면서 생각했다. 이제 앞으로는 모든 단체에서 벗어나야겠다고. 우리 말 바로잡는 운동을 하더라도 나 혼자 하는 것이 가장 잘할 수 있는 길이라 깨달았다. 이성인 씨는 일본의 우치무라 간조도 혼자 했고, 김교신 선생도 혼자 했다고 한다. 그들은 혼자 하다가 죽은 뒤에 아무도 그것을 그대로 이어받아 하지 않도록 말했다고 한다. 그래서 그 제자들이 하는 것도 다른 이름의 잡지를 냈다는 것이다. 함석헌 선생만 〈씨울의 소리〉를 여러 사람이 힘을 모아 하도록 했지요, 함 선생 가신 뒤 다른 분들이 〈씨울의 소리〉를 다시 내려고 했지만 몇 번 못 내고 그만두었지요, 했다.

나 혼자 할 수 있으면 하고, 그렇지 않으면 그만두자.

그런데 이 우리 말 살리는 일만은 아무래도 버릴 수 없을 것 같다. 나 혼자만이라도 하는 대로 해 나가야지, 하고 생각한다.

1992년 12월 10일 목요일 맑음

간밤에는, 잘 때 그 약 먹고 밤에 땀을 많이 흘렸다. 몇 번이나 일어나 땀을 닦고, 옷을 갈아입고 했다. 그래서 그런지 아침에 일어나니 어제보다는 좀 덜 아픈 것 같았다.

그래도 하루 종일 쉬리라 생각했는데, 자꾸 이것저것 할 일이 걱정되어 교정도 좀 보고 하다가 오후에는 그만 일어나 창동 가서 관리비 내고 왔다.

밤에는 내일 강의할 것, 또 약속한 원고 걱정이 되어 준비를 하고, 원고 쓴 것도 다시 읽고 하다 보니 일찍 자지 못하고 그만 지금 12시가 다 되었다.

내일 중앙도서관에 가기 전에 교통방송국에서 찾아온다고 했는데 그 준비는 할 수 없었다. 어떻게 하나?

오늘 저녁에 대통령 후보 백기완 씨 연설을 들었는데, 지금까지 들은 어느 후보 말보다도 깨끗한 우리 말이었다. 단 한마디도 잘못된 말이 없었다.

그런데 김대중 씨가 김영삼 씨와 똑같다고 말한 것은 잘못한 말이다. 지금은 '민중' 대표가 대통령이 될 때가 아니다. 독재자, 사기꾼, 포악한 살인자를 몰아내고 정직한 정치인을 대통령으로 뽑아야 할 때인 것이다. 돌다리 다섯 개를 딛고 건너가야 하는데 첫걸음은 어디까지나 첫째 번에 놓인 돌을 딛는 일이다. 그 첫째 돌을 치워 버리고 당장 한꺼번에 저쪽까지 뛰어

건너야 한다고 세우는 것은 물에 빠져 죽으라고 하는 말밖에 아무것도 아니다. 백 씨는 올바른 식견을 갖춘 정치가는 아니라는 생각이 들었다.

1992년 12월 19일 토요일 맑음

아침에 일어나 방송을 들었더니 김영삼이 아주 당선되었다고 기자회견을 하고 있었다. 김영삼과 김대중의 득표 차는 어제저녁보다 점점 벌어져서 2백만 표에 가깝게 된 모양이다. 김대중 씨는 호남에서 압승하고, 서울에서 겨우 이겼을 뿐, 그 밖에 전 지역에서 김영삼 씨가 이겼다. 김대중 씨는 결과에 승복하여 김영삼 씨 당선을 축하했고, 국회의원직도 사퇴한다고 했다. 김영삼 씨가 이긴 것은 안정 속에 개혁이라는 구호가 먹혀 들어간 것이라고 방송마다 보도했다.

백성들은 안정을 바랐다. 개혁을 바라지 않은 것이다. 이것이 이른바 민심이다! 혹시나 김대중 씨가 현재의 질서를 흐트러뜨릴 것은 아닌지 염려한 것이고, 그런 보수 성향이 민심인 것이다.

민심이란 것이 이렇다. 이제 입에 먹을 것이 어지간히 들어가고 살 만하니, 개혁은 싫다, 더 잘살게 해 달라는 것이다. 국민소득 올리기, 더 살기 좋은 세상, 경제를 정의롭게 바로잡는 데 따른 개혁을 바라지 않는 사람들이 그것을 바라는 사람보다 더 많은 것이다. 여기에다 농민들조차 텔레비전 선전에 길이 들여졌다. 이래서 도시고 농촌이고 그 바보 같은 사람을, 권력만 잡기에 정신을 파는 사람을 대통령으로 뽑은 것이다.

민심이 천심이란 말은 이래도 옳은 말인가? 그렇지. 옳다고 하지 않을 수 없지. 그렇다면 이제 천심은 우리 겨레가 빨리 망하기를 바라는 것이라고 봐야 한다. 그렇게밖에 볼 도리가 없다. 도덕이고 정의고 다 쓸데없고, 그저 먹고 마시고 기분 좋게 살기만을 바라는 백성들에게 무슨 희망이 있겠는가! 우리보다 교육을 잘하고 있는 일본 같은 나라도 전쟁 뒤 47년이 지났지만 아직 단 한 번도 보수 여당을 선거로 바꿔 본 적이 없다. 이제 우리 나라 살림 꼴도 일본과 너무 닮아 가고, 거기에다 일본보다 더 천박하게 살고 있는데 어떻게 선거해서 보수 여당을 물리칠 수 있겠는가. 이제 우리가 갈 길은 다만 자꾸 썩고 병들고 해서 망하는 길뿐이다. 이것이 하늘이 내린 심판이다.

이제 무슨 커다란 비극 같은 사건이 갑자기 일어나 이 사회가 엄청난 지각변동을 하게 되는 일이라도 생겨나지 않는다면 우리는 우리도 모르게 모두 정신이 돌고 마춰가 되고, 그래서 괴상한 동물로 상태가 변해서 차츰 시들고 망해 갈 것이다. 그 길이 너무나 훤하게 보인다.

이런 때 이런 자리에서 내가 무엇을 하겠는가? 정의도 죽고, 양심도 죽고, 이제는 다만 먹고 놀고 구경하고 춤추고 웃고, 그리고 모두 비실비실 쓰러지고 신음하다가 죽을 뿐이다.

하루 종일 아무것도 손에 걸리지 않았다. 밤에는 그래도 내가 써 놓은 원고를 정리해 보려고 했지만 일이 잘 안 되었다.

1992년 12월 25일 금요일 맑음

오전에 MBC 사보 원고를 쓰는데, 오후가 되어 끝났다. 그리고 5시쯤 글쓰기회 사무국에서 일한 사람 몇이 찾아오기로 했기에 앞에 나가 술, 안주, 떡, 과일 같은 것을 사 와서 기다리니 주순중 선생이 맨 처음에 왔다.

주 선생 말이, 오늘 이성인 씨와 그 밖에 몇 사람뿐 아니라 아주 많이 올 것이라 했다. 많이 와 봤자 얼마나 되겠나 싶어, 그래도 방을 좀 넓히자고 걸상이며 낮은 책상과 쌓인 책, 이불 들을 치우고 기다리는데, 박문희 선생이 왔다. 박 선생은 글쓰기회 사람들이 놀러 온다는 말을 듣고 찾아온 것이다. 그런데 조금 있으니 사람들이 오는데 놀랐다. 대구, 부산, 대전, 강릉…… 이렇게 전국 회원 중에서 중요한 일을 하는 사람들은 다 온 것이다. 대체 어찌 된 셈인가? 이성인 씨가 며칠 전에 연말이 되어 사무국에서 일하던 몇 사람이 찾아가고 싶다고 말한 것을 들었다. 그래 나도, 이제는 글쓰기회를 그만두게 되니, 지금까지 같이 일하던 사람들과 한자리에 앉아 지난날 이야기라도 하는 시간을 가지는 것이 좋겠다 싶어 바쁘지만 오라고 반갑게 대답했던 것인데, 이렇게 되고 보니 나 모르게 모두 연락을 해서 모여 와 무슨 말을 하려고 한다는 것을 직감으로 알 수 있었다. 글쓰기회를 탈퇴하지는 말아 달라고 하는 말 같은 것이다.

온 사람 이름을 적어 본다.

황금성, 최교진, 윤태규, 이호철, 이상석, 김용근, 김종만, 노미화, 조용명, 윤구병, 이성인, 주중식, 임길택······ 이래서 먼저 온 주순중 씨를 더해서 열네 사람이다.

그래 우선 방에 모두 앉을 수가 없었다. 억지로 앉고 나머지는 문밖으로도 앉아, 잠시 옥수수 튀밥을 내어 모두 먹다가, 박문희 선생이 "그만 우리 유치원에 가시도록 하면 어떨까요?" 했다. 박 선생이 사실은 오는 31일에 글쓰기회 사람들을 초청하고 싶어 하면서 몇 사람쯤 올 수 있는가 묻기에, 그럼 오늘 몇 사람이 모이는데, 모이면 그때 오라고 할 사람을 정하고, 사람 수도 알리지요, 했던 것이다. "그러면 좋겠네요. 그만 31일에 모이는 것 그만두고 오늘 모이는 것으로 합시다"고 했더니 박 선생도 좋아서 먼저 가서 방을 데워야 한다고 나갔다. 참으로 좋은 사람이다. 사람대접하기 좋아하는 이런 사람을 만났으니.

튀밥을 먹으면서 선거 이야기 한참 하다가 일어섰다. 아람유치원에 가서, 온돌 같은 교실 바닥에 앉아 박 선생이 지어 주는 나물밥을 모두 맛있게 먹고, 그리고 또 술을 마시고 하면서 밤을 새워 이야기했다.

밥 먹기 전에 윤구병 선생과 임길택 선생이 말했다. 역시 내가 짐작한 대로였다. "선생님이 글쓰기회 탈퇴하시면 글쓰기회는 무너집니다" 하는 것이었다. "회장은 그만두시더라도 회원으로 계속 머물러 계셔야 합니다." 이런 말이었다. 나는 "내가 떠난다고 회가 무너지다니, 그런 회라면 그만 무너지게 하는 것이 좋지요" 했다. 또 "회원으로 있어도 안 됩니다. 내가회에 나가면 자꾸 이런저런 잔소리할 것이고, 그런 말 듣기 싫어하는 회원들이 많고, 나도 말하기 싫으니 내가 회원에서 벗어나는 것이 회로 보나 나 자신으로서 유익합니다"고도 했다.

그래 잠시 말이 오고 갔다. 그 말이야 뻔한 것이다. 그러다가 "선생님 회보에 쓰신 글 보고 모두 놀라고, 그래서 이렇게 전국 회원들이 찾아와서 잘못했다고 용서를 비는데……" 이렇게 말이 나왔다. 그렇다. 오늘 아까 아파트에 모두 들이닥쳤을 때 이거 내가 항복해야겠구나 하고 생각했는데, 바로 그 말을 또 하니 어찌하겠는가. 나는 잠시 생각하다가 말하지 않을 수 없었다.

"여러분 이렇게 멀리서 와서 부탁하는데 내가 더 버틸 수 없지요. 회원으로 있겠습니다."

내 말이 끝나자 모두 좋아서 박수를 했다.

이래서 윤구병 씨가 다시 맨 처음에 말했던 의견을 다시 꺼냈다. 사무실을 부산으로 옮기고, 회장은 이상석 선생이 수고해주는 것이 가장 좋겠다고. 그저 나도 그 길밖에 없다는 것, 대전이나 대구에 사무실을 옮기는 것도 생각해서, 그런 의견이 나왔지만 대구로 옮기는 것은 내가 반대했고(여기 나온 윤태규, 이호철 두 분이 지금까지 하고 있는 교육 실천을 그대로 하도록 하기 위해서도), 대전으로 옮기는 것도 좋겠다 싶은데, 처음 말이 났을 때와는 달리, 그곳에서 일할 사람 최교진 씨가 하기 어렵다고 하니, 이제 맡을 곳은 부산밖에 없다고 말했다.

내 말 다음에도 이상석 선생은 아무 말이 없기에 내가 곧 말했다.

"지금 이 선생이 아무 대답이 없습니다. 회의 사정을 생각해서 반쯤 승낙한 것으로 봅니다. 우리 모두 환영하는 뜻을 박수로 보여 줍시다."

이래서 박수를 치고, 이상석 씨는, 어렵지만 한번 가서 의논해 보겠다고 말했던 것이다.

회장이라면 회를 이끌어 가는 지도자라 할 수 있다. 이 회장을 맡을 사람은 적어도 몇 가지 기본 되는 자격을 갖추어야 하는데, 그 하나는 글쓰기 교육 운동의 이념과 목표, 방법 같은 것을 현장 실천 속에서 뚜렷하게 얻어 가지고 있어야 하고, 또 하나는 경리를 하는 데 공정하고 사무 처리를 올바르게 해야 하는 것이다. 그 밖에도 몇 가지가 요구되지만, 이 두 가지는 아주 절대로 갖추어야 할 조건이다. 이 점에서 지금 보아서는 이상석 선생만한 사람이 없다. 이성인 씨도 좋은데, 왜 사람들이 이 이성인 씨는 말하지 않는가?

아무튼 중요한 의논은 다 되었기에 그다음부터는 이것저것 자유롭게 이야기를 하면서 지냈다. 새벽 3시가 되어 나는 옆 교실에 들어가 누웠지만, 바닥이 너무 더워 잠이 안 왔다. 할 수 없이 나무를 깔아 놓은 곳에 가서 누워 있는데, 거기는 또 추워서 잠이 안 왔다. 이래서 밤새도록 잠 한숨 못 자고 아침이 되었다.

밤을 새워도 머리가 그다지 아프지 않아서 역시 뜸을 뜬 효과가 이렇게 나타나는구나 싶었다. 뜸 이야기를 했더니 황금성 씨도 뜸을 뜬다고 했다.

아침은 어제 저녁같이 또 박 선생이 나물 반찬을 해서 차렸다. 나는 모두 먹는 옆에 앉아 이야기만 했다.

10시 반쯤 되어서 헤어졌다.

집에 와서 방을 대강 치우고, 감자를 쪄서 먹고, 잠을 두어 시간 자고 일어나 이 일기를 적는다. 지금은 벌써 오후 4시가 넘었다.

아까 〈새교육〉 편집장이 전화를 걸어 왔다. 어제도 걸어 와서 이런저런 이야기를 했다. 지난번 인터뷰란 것을 한 데 대한 보충 질문 같은 것이었다. 나를 사람들이 전교조전국교직원노동조합 사람이라고 오해를 하고 있다는 것이었다. 그래서 나는 "내가 전교조에서 무슨 일을 맡은 사람은 아니지만, 전교조고 무슨 교원 단체고 교육 운동을 하는 단체는 있어야 한다고 봅니다. 그 까닭은 교육이란 그 근본이 운동으로 되어야 하기 때문입니다. 그런데 나는 이런 운동하는 어느 단체에서도 비판하는 태도를 늘 가지고 있습니다. 교육 운동 쪽에도 저는 언제나 야당인 것이지요. 그런데 교총한국교원단체총연합회 사람들이나 교육부 사람들이 왜 '참교육'을 싫어하고 두려워합니까? 거짓 교육하지 말고 참교육 하겠다는데, 그렇게 하는 참교육이 마음에 안 든다면 우리가 하는 교육이야말로 참교육이라고 말해야지요" 했던 것이다. 오늘 전화는 "한번 우리 〈새교육〉에 글을 써 주실 수는 없습니까. 교육 문제에 관해서요" 했다. 그래서 지금은 바빠서 안 되고, 다음 틈나면 써 주겠다고 말했던 것이다.

오늘 밤에는 어떻게 해서라도 〈한국일보〉 청탁 원고를 써야 한다. 곧 저녁이나 먹어야지. 감자를 또 쪄 먹을까.

1992년 12월 30일 수요일 맑음

어제 아침에 산하 출판사에서 영업부 직원 한 사람이 인지를 받으러 왔다. 며칠 전 소 사장이 부탁하면서 사람을 보내겠다기에 그렇게 하라고 했던 것이다. 그런데 인세를 주지 않고, 소 사장이 아무 말이 없더라 했다. 그럼 인지를 줄 수 없다고 돌려보냈다. 웬만해서는 그렇게까지 안 할 것인데, 올해 들어 벌써 인지를 천 장씩 두 번이나 주었는데도 아무 말이 없고, 이제 또 세 번째 받아 가려고 하는 것이다. 어디 이런 수가 있나. 더구나 이번에 소 사장이 인지 말을 전화로 했을 때 내가 인세 얘기를 했던 것이고, 소 사장도 주겠다고 했던 것이다. 그래 놓고 사람 시켜 인지만 받아 오라고 하다니, 이런 괘씸한 사람이 어디 있나. 사람을 어떻게 보고 이러나 싶었다.

산하에는 내가 여러 사람을 소개해서 책을 내게 했는데, 그 사람들이 모두 인지부터 안 붙이도록 출판사에서 공작해 버렸다. 인지를 붙이는 책조차 이렇게 인세를 안 주는데, 인지 안 붙이는 책이야 말할 것도 없다.

그런데, 어제저녁때 산하 소 사장이 전화를 걸어 와, 인세를 드리도록 말을 해 두었는데 그만 그냥 갔다고 했다. 그런 말은 믿을 수 없다. 그리고 한참 동안 출판사 사정을 얘기하면서 올해는 책을 많이 만든다고 투자를 무리하게 해서 그랬는데, 내년에는 책 만드는 일을 아주 줄여서 저자들에게 밀린 인세를 다 갚을 것이라 했다. 그리고는 다시 사람을 보낼 것이니 이해해 달라고 했던 것이다.

그래 아침 10시쯤에 어제 왔던 젊은이가 왔기에 인지를 주었더니 인세를 내주었다. 28만 원. 젊은이를 보내면서, 저자들이 출판사를 믿지 않으면 그 출판사는 살아날 길이 없으니 앞으로 책도 잘 내고 잘 팔도록 해야겠지만, 저자들 대우를 올바르게 하도록 하라고 말해 주었다.

오후 1시 반까지, 〈우리교육〉 원고를 썼다.

2시에 나가서 압구정동에 있는 정신건강상담연구소란 곳을 찾아갔다. 거기 백향순이란 사람이 그저께 전화를 해서, 우리 말 살리는 문제가 큰일인데 이 일을 위해 몇 분이 모이기로 했으니 좀 와 달라고 했던 것이다. 말을 들어 보니 자기는 정신 건강 상담 일을 하는데, 외국에 여러 해 있다가 돌아와 보니 우리 말이 외국 말로 아주 엉망이 되어 있다는 것이다. 그래 어떻게 해서라도 외국 말을 몰아내는 일을 하고 싶다고 하기에, 좋은 일하려는 사람이 나왔구나, 다행이다 싶어서, 이런 일이 쉽게 진행되지는 않겠지만 아무튼 만나 얘기 나눠 보자고 갔던 것이다.

나온 사람은 조용구, 서정수, 남기범, 김상태, 나 그리고 상담 연구소 박향순 이렇게 여섯 사람이었다.

오늘은 자유롭게 생각을 나누는 것쯤으로 했는데, 조용구 씨는 나이가 나보다도 훨씬 많은 분으로, 배명학원 이사장, 국어순화·국산품애용추진회장 같은 것을 맡고 있는데, 한자로 꽉 박아 놓은 명함을 주었다. 이분은 오래전부터 우리 말 지키는 일을 자기 나름대로 많이 했는데, 조그만 광고지에 우리 말을 쓰자는 글을 인쇄해서 시내에 다니면서 사람들에게 나눠 주는 일을 꽤 많이 한 모양이었다. 그 광고지를 보니 글은 한자 말을 많이 그대로 썼다. 그래도 하는 말을 들으니 우리가 하려는 방향과 그다지 어긋나지는 않아서 같이할 수 있겠다 싶었다.

서정수 씨는 한양대학교 교수다. 지금 〈한겨레신문〉에 가끔 우리 말 문장에 대한 글을 연재하고 있다.

김상태 씨는 늦게 와서 잠시 얘기하는 것을 들었는데, 백향순 씨와 같은 정신 건강 상담 일을 하는 분이었다. 그런데 김영삼 당선자 쪽에도 자기는 손을 잡을 수 있는 길이 있는 것 같은 말을 하면서 이 일은 "위에서 내려오는" 모양으로 해야 한다고 해서 이상한 사람같이 느꼈다.

남기범 씨는 잘 아니 말할 것 없다.

그런데 모두 자유로 이야기하는 것을 듣고 있으니 조용구 씨가 혼자 이런저런 얘기를 자꾸 해서 시간을 혼자 대부분 써 버렸다. 그래서 내가 "국한 혼용을 주장하는 사람과 한글 전용을 주장하는 사람, 두 편을 한자리에 모아 무슨 일을 벌이려고 하는 것은 되지도 않을 일입니다. 그런 것은 할 필요도 없어요. 그런데 여기 모인 분들 얘기 들으니 그 뜻이나 하려고 하는 방법이 대개 비슷해서 함께 일할 수 있는 것 같습니다. 그런데 우리가 할 일은, 유명 인사들 모여 좌담이나 하고 강연회나 열고 하는, 그런 것이 아닌 줄 압니다. 하나의 운동으로, 주민들 전체를 상대로 하는 것이 되어야 하고, 방송과 신문부터 바로잡는 일을 해야 하지요. 그런 일을 어떻게 할 수 있나 하는 것을 앞으로는 얘기해 봤으면 싶어요. 오늘은 저도 곧 일어나야 하니, 다음 달 언제 또 날을 정해서 모여서 좀 더 뚜렷한 목표며 방법을 의논했으면 좋겠습니다" 이렇게 말하고 조용구 씨 뒤를 따라 나는 나왔다. 남은 사람들은 더 얘기를 하고 있었다.

그길로 종로 한일관 앞 무슨 다방에 가서 이기형, 박정온 두 분을 만났다. 오후 5시에 약속했는데, 30분 늦게 간 것이다. 거기서 문단 이야기, 작가회의 이야기, 선거 이야기 따위 한참 하다가 자리를 옮겨 저녁으로 돌솥비빔밥을 먹으면서 또 이야기를 하고, 그리고 헤어졌다.

이 두 분 만나면 마음이 맞아 즐겁다. 오늘 의논이 된 것은 문단에서 좀 나이 많은 사람들이 모여 무슨 간행물을 내자, 그래서 우리 문단을 정화하고 사회를 정화하는 힘이 되어 보자, 이런 것이었다. 이기형 씨는 표문태 선생 이야기를 했다. 나도 생각나서 옛날 〈별나라〉를 주재했던 염(이름이 뭣이었던가?) 씨 얘기를 하고는, 내가 언젠가 책을 받아 놓고 인사도 못 했는데, 한번 찾아가 보고 싶다고 했다. 그런 분도 함께하는 자리를 만들면 좋겠다는 생각이 들었다. 지금 생각하니 성남의 임영창 씨 생각도 난다.

저녁에 돌아와서는 우편물 보고, 신문 보고, 일기 쓰고 하니 벌써 11시다. 염 씨한테서 받은 책을 한참 찾았지만, 안 나오다가 겨우 어디 꽂혀 있는 것을 발견했다. 그런데 작품이 뜻밖에 참 좋았다.

1992년 12월 31일 목요일 맑음

아침에 허홍구 씨가 〈뚝배기〉 1월 호가 나왔다면서 책은 오늘 우편으로 부친다고 했다. 그러면서 〈한국일보〉에 나온 글 잘 읽었다고도 했다. 그래 무엇보다도 내 원고가 고쳐지지 않고 그대로 나왔는가 마음이 쓰여, 10시쯤 되어 앞거리에 가서 신문을 사 와서 읽어 보니 앞머리 선거에 관한 이야기 써 놓은 대문에서 아주 몇 줄을 잘라 없애고 적당히 고쳐 놓았다. 마음이 아주 언짢았다. 일부러 신문사에 가서 내가 앉아 있는 데서 읽어 보라고 했고, 그래 읽어 보고는 "참 좋습니다"고 해서 그런 말을 했으니 설사 고치지는 않겠지 싶어서 "고쳐서는 안 됩니다"고 말해 놓지는 않았던 것이다. 그런데 이런 꼴로 고쳤으니, 세상에 신문기자란 사람들을 아무도 믿을 사람이 없다.

오후 2시에 김미영이가 찾아왔다. 아침에 오겠다고 전화를 했던 것이다. 그런데 찻집 우리사랑에서 일하던 총각하고 같이 왔다. 그 총각 이름은 잊었는데, 무슨 사범대학을 나와 지금 발령을 기다리고 있다던가. 그런데 찻집에서 일하는 것이 성실하다는 생각이 들었는데, 그 뒤 또 다른 아가씨로 바뀌어 어찌 되었는가 싶었더니, 오늘은 웬일로 미영이와 같이 찾아온 것이다. 둘이 약혼을 했는가? 그러고는 주례라도 부탁하러 왔는가.

귤, 사과, 군고구마 같은 것을 가져왔기에 같이 먹으면서 한참 얘기하다가 3시가 지나서, 찻집에서 오일우 씨가 기다리는 시간이 되었기에 나갔다. 같이 찻집에 갔는데, 그동안 결혼식이고 주례 부탁이고 하는 말이 없어서 마음을 놓았다. 주례를 부탁하면 그런 일은 아주 안 맡기로 했으니까 또 거절하는 데 애를 써야 하는 것이다.

찻집에서 오일우 씨와 한 시간 남짓 이야기하다가 헤어져 왔다. 오일우 씨는 봉투에 돈 2만 원이 들었다면서 그걸 굳이 주머니에 넣어 주어서 할 수 없이 받았다. "뭘 사 드리고 싶지만 선생님이 무엇이 필요하신지 알 수 없어서 돈으로 드립니다. 제 경제 사정이 시원찮아서 이렇습니다. 어른 대접해 드리는 인사로 받아 주십시오" 이러는 것이다. 이 오일우 씨는 번번이 이런다. 버젓한 직장도 안 가진 사람이 이러니 참 난처하다. 어른 대접하는 인사라지만 내가 어렵게 사는 것이 아니고 너무하다는 생각인데, 워낙 순박한 사람이라서 이런 행동도 자연스럽게 하는 것 같기도 하다. 그래 찻값도 오일우 씨가 냈다. 할 수 없이 찻집에서 파는 유과 두 봉지(3,500×2=7천 원)를 사서 한 봉지는 오 씨에게 주었다.

아파트에 오면서, 오일우 씨같이 성실한 사람에게 어떤 일을 맡겨서 새해에는 무슨 일을 해 보면 어떤가, 하는 생각을 해 보았다.

오늘은 아침과 저녁에 염근수 씨 시집을 읽었다. 이만하면 우리 아동문학사에 기록할 만하구나 하는 생각이 들었고, 작품론을 쓰고 싶기도 했다. 두 권 중 한 권(《서낭굿》)을 다 읽었고, 또 한 권(《물새 발자욱》)을 읽기 시작했다. 내일 나머지를 읽어야지. 이런 작품을 읽는 것이 정말 즐겁다. 글을 읽는 것이 즐겁다는 느낌을 갖는 것은 참으로 오랜만이다.

한 해가 다 갔다. 언제나 일에 쫓기며 살았던 한 해. 우리 말,

우리 글에 관한 책을 세 권 내었고, 대통령 선거로 마음을 쓴 해. 신문 읽고 오려 붙이는 일을 날마다 한두 시간 하면서 우리 말 바로 쓰는 글을 여기저기 연재한 해. 글쓰기회를 그만두려고 마음먹은 해. 건강이 염려되어 뜸을 뜨게 된 해. 나로서 여러 가지 일들이 많았던 해가 갔다. 이제 새해는 어떻게 살아갈까 생각해 본다.

첫째, 글쓰기회, 아동문학, 우리 말 운동…… 이 세 가지 일을 다 할 것이 아니라 어느 한 가지에 힘을 기울여 해 나가야 한다.

둘째, 어느 것을 중심으로 일하나? 이것은 여러 가지 사정을 보아서 아무래도 1월 중순이 지나면 결정해야겠다. 글쓰기회 연수회, 어린이문학협의회 연수회 따위를 마치고 나서.

셋째, 지식산업사에서 어린이 책을 잘 낼 수 있게 일을 도와주어야겠다.

넷째, 지금까지 쓴 원고를 정리해서 책을 낼 것을 준비해야 겠다.

• 어린이 글쓰기 지도서

• 산문 두 권, 시 한 권

• 아동문학 논문 한 권, 글쓰기 교육에 관한 책

• 부모와 교사들이 보는 책 한 권

• 일반 교육에 관한 책 한 권

다섯째, 우리 말, 우리 글 바로 쓰기에 관한 책은 다음 해에

낼 계획을 해서 지금부터 조금씩 자료 준비, 쓴 원고 정리를 해
간다.

여섯째, 사무실을 2월쯤에는 열어 우리 말 살리는 일과 그 밖
의 일을 한다.

일곱째, 이기형, 박정온 씨 들과 의논해서 원로 문인들의 모
임을 만들어 문학과 문단을 쇄신하는 일을 한다.

1993년 1월 1일 금요일 맑음

우리 시인들의 시를 아이들에게 읽힐 수 없을까. 아이들이 시를 읽게 되도록, 그런 책을 만들었으면 하는 생각이 들었다. 그래서 오늘은 소월, 지용, 백석 세 사람의 시집에서 각각 20편 안팎을 가려 뽑아서 공책에 옮겨 썼다. 이렇게 해서 책을 내는 것은 지식산업사에 권해 봐야겠다고 생각한다. 어떻게 해서라도 우리 아이들에게 우리 말과 우리 삶의 정서를 이어 주어야 한다.

이런 생각을 하기는 전부터 했는데, 오늘 일을 시작한 까닭은, 어제부터 오늘 아침까지 염근수 씨의 시집 두 권을 읽고 나서다. 이 염근수 씨의 동요가 참 좋았다. 그런데 이 책은 어른들을 위해서 만들어 놓았다. 아이들에게 읽혀야 한다. 어제는 그 책을 낸 누리기획에 여러 번 전화를 걸었지만 편집부에 사람이 없었다. 그래서 책에 나온 염근수 씨의 아들 염용환 씨 이름을 전화번호부를 찾아서 걸었더니 맞았다. 그래서 인사를 하고, 아주 좋은 책을 읽게 되어서 반갑다는 것, 내가 이 책의 서평이나 작품론을 쓰고 싶다는 것, 그리고 아이들이 읽도록 할 수는 없는지, 꼭 그랬으면 좋겠다는 생각을 말했다. 그랬더니, 그렇잖아도 아이들이 읽는 책을 만들려고 생각하고 있다고 했다. 어느 출판사와 이야기가 되어 있는가 물으니, 자기가 출판 일을 하고 있고, 두 권 책도 자기가 냈다고 했다. 바로 누리기획 사장이 염근수 씨의 아들 염용환 씨인 것이다. 그래서 아이들이 읽을 수 있도록 하려면 어떻게 만들어야 하는가, 하는 데 대해 몇 가지 의견을 말해 주고, 부친 건강을 물으니, 얼마 전에 아파트로 이사를 가셨는데, 아주 건강하시고, 오늘은 지금 어머님을 찾아뵈러 가려는 중이라 했다. 그래서 머지않아 나도 찾아뵙고 인사드리고 좋은 말씀 듣고 싶다고 하고 전화를 끊었다. 전화를 받는 사람도 내 이야기를 듣고 아주 반가워했다.

오늘은 정월 초하루인데, 아주 반가운 전화를 해서 기뻤다. 이런 일이 있어서 염근수 씨 것은 누리기획에서 하도록 맡기고, 그 밖에 많은 시인들의 시를 아이들이 읽도록 해야겠는데, 그 일을 아주 서둘러야겠구나 싶었던 것이다.

지금 11시가 넘었다. 방금, 현우가 어디 갔다 오더니 우편물이 많이 와 있더라면서 가지고 들어왔다. 오늘 설날에도 우편물 배달하는 사람은 쉬지 않는 모양이다. 이 사회에는 이렇게 일을 많이 하는 사람이 있고, 한편 놀면서 편안하게 살아가는 사람이 있으니 문제다.

70

1993년 1월 11일 월요일 맑음

어제는 3시 반이 지나서야 잠들었을 것이다. 종일 몹시 시달리어 신경도 많이 써서 잠이 오랫동안 안 오면 결국 뜬눈으로 날을 샌다 싶었는데, 이상하게도 곧 잠이 든 것 같다. 그리고 아침에는 6시 반쯤 되어 일어났다. 세 시간쯤 잔 셈이다. 일어나서 숨쉬기, 체조, 세수 따위를 하고 뜸도 뜨고 했는데, 보통 때와 별로 다른 느낌이 안 났다. 이것은 온전히 뜸을 뜬 결과란 생각이 들었다.

오전에는 윤구병 선생이 토론으로 강의 시간을 이끌어 간 이야기를 해 주었는데, 참 좋은 이야기였다. 그런데 모두 일제 주입 수업에서 빠져나올 줄 모르는 선생들이 어느 정도로 받아들였는지 모르겠다.

감상문을 써내게 해서 발표를 몇 사람이 했는데, 이번에는 노미화 선생이 사회를 아주 잘했다. 그런데 그걸 마치고 인사말을 하면서 노 선생이 마구 울었다. 무슨 말을 했는지, 학교에서 쫓겨나 몇 해 동안 힘들고 서럽게 살아온 얘기 같았는데, 어쩌면 토요일 밤 사회한 것 잘못한다고 내가 비판한 것도 눈물의 원인이 되지 않았는가 싶어 마음이 쓰였다. 12시 반에 점심을 먹고, 사진 찍고, 헤어져, 이번에는 좀 걸어 나와 버스를 타서 구파발에 내려, 전철로 왔다.

아파트에 와서 목욕하고, 잠시 누웠다가 일어나 우편물 정리하고, 신문 정리하고, 저녁은 현미 떡을 먹고 나니 7시다. 후유, 사흘 동안의 연수 끝나니 무거운 짐을 벗은 것 같다. 그러나 이놈의 짐은 또 끊임없이 나를 기다릴 것 아닌가.

집에 돌아와 화장실에 있는데 전화가 와서 받으니 〈중앙일보〉던가, 어느 기자가 좀 물어볼 것이 있다면서 말했다. 요즘 강남 지역에 유치원에 다니는 아이들에게 영어 원서를 읽히는 집이 많다면서, 그런 현상을 어떻게 봅니까, 했다. 네댓 살 되는 아이들에게 영어 조기 교육을 해서 세계 무대에 나가 경쟁해서 이기도록 해야 한다는 사람들이 유·아동 영어책을 팔고 있는데, 그게 아주 잘 팔린다는 것이다. 참 기가 막힐 일이다. 이놈의 족속들이 드디어 이 지경에 이르렀구나 싶었다. 그거 뭐 나한테 물을 것까지 있습니까, 했더니 모두 대체로 이런 현상을 비판적으로 보기는 하지만 그래도 좀 생각이 있는 분들의 의견을 알리고 싶어서라 한다. 내가 말해 주었다.

"한마디로 망국 망족의 짓거리입니다. 그 어린아이들이 배워야 할 말은 우리 모국어지요. 사람의 한평생에서 쓰는 말을 두 살에서 여섯 살 사이에, 거의 다 익힙니다. 그때가 모국어를 익히는 가장 중요한 시기입니다. 만약 이때 외국어를 배우면 그 외국어는 잘할는지 모르지만 우리 말은 병신이 됩니다. 우리나라가 서양 나라 다 되고, 우리 민족이 없어져도 입에 먹을 것만 많이 들어오면 그만이라는 무리들이 하는 짓거리입니다. 민족 말살 교육이지요. 이런 짓으로 아이들을 죽이는 부모들도 기막히지만, 이런 교육을 장려하고 교육 풍조를 만들어 낸 교육부와 집권 세력들은 망국 매족의 무리들이라고 보아야 합니다."

내 말이 끝나자 "선생님 말씀을 신문에 소개해도 좋겠습니까?" 했다. "좋습니다. 신문도 이제는 좀 비판할 것 따갑게 비판해야 합니다. 내가 한 말을 소개하는데, 아니한 말을 엉뚱하게 만들어 싣지는 마십시오" 하고 끊고 나서도 세상 꼴 돌아가는 것이 참 어처구니가 없어서 멍하니 한참 앉아 있었다. 아무래도 구제할 수 없는 인간이라면 빨리 망하는 수밖에 없는 것인가. 결론은 언제나 이것이다.

1993년 1월 19일 화요일 맑음

김포군 양촌면 양곡리에 있는 양곡신용협동조합에서 하는 양지골대학에 글쓰기에 관한 강의를 하기로 약속한 날이다. 아침 8시 반에 나와서 전철로 당산역에 내려서, 양곡신협에서 보낸 승용차로 갔다. 그 신협은 시골 마을에 있으면서 이런 대학 이름으로 된 강좌까지 벌이니 좀 별난 곳이다 싶어 처음부터 유심히 그 지역이며 강의장과 수강자들을 관찰했는데, 강의장은 아담하게 잘되었다. 모인 사람이 어머니들 모두 백 명이나 되어 놀랐다. 모두 그 양촌면 내 사람들이라 했다. 서울에서도 이렇게 충실히 모여서 공부하는 곳은 없겠다 싶었다. 10

시 50분부터 12시 50분까지 두 시간 동안 이야기했는데 모두 열심히 들었다. 내가 원체 이야기할 내용을 많이 잡기도 했지만, 미리 수강생들에게 복사해 나눠 주어서 읽어 오도록 보낸 자료는 나눠 주지도 않아서 그것 때문에도 예정대로 안 되어 계획했던 것을 반 정도밖에 진행하지 못했다.

마치고 신협조합장, 면장 들과 점심을 같이 먹고 작별해 왔다. 올 때는 또 그 승용차로 당산역까지 와서, 전철을 타고 쉽게 올 수 있었다.

강사료 15만 원을 받았다. 아마도 그곳 신협에서 많이 도와주는 것 같았다.

내 생각으로는 이런 강좌를 농촌 곳곳에 열어서 농민들이 스스로 독립해서 도시와는 다른 문화를 만들어 가도록 하는 운동을 벌였으면 좋겠다 싶은데, 오늘 그곳 신협조합장이며 면장 이야기를 들어 보니, 그런 정도의 생각은 가지지 않고 있었다. 그저 농민들의 뒤떨어진 생각이나 지식을 깨우치고 보충해서 앞서 가는 농촌, 도시 사람과 다름없는 수준의 교양을 쌓도록 하는 것이 목표인 것 같았다. 참 안타깝다는 생각이 들었다.

저녁때 한길사 김 사장이, 내일 좀 오면 책 내는 이야기도 하고, 인세도 드리겠다고 전화로 알려 왔다. 또, 아람유치원 박문희 원장이, 모레쯤 창동 오피스텔에 같이 가서, 그 사무실을 보고 알맞은 사무용품을 사 주겠다고 전화로 말해 왔다. 그렇게 하자고 했다.

1993년 2월 3일 수요일 맑음

낮에 연우딸는 호야를 데리고 대공원에 놀러 갔다.

오후 2시에 이원수 선생 댁에 가서 사모님을 만나고, 정옥 씨에게 사진과 비디오테이프, 그리고 〈우리 어린이문학〉 책을 주었다. 문학상 문제는 내가 꼭 한다면 기금을 되는 대로 내주겠다고 했다. 막상 그런 말을 듣고 보니 그 운영이며 심사 같은 일을 맡아서 할 사람이 별로 없다. 정옥 씨는 권정생 씨와 나밖에는 믿을 만한 사람이 없으니 아동문학을 하는 사람 이외의 누가 창비쪽 평론가라도 좋으니 같이 심사할 수 있도록 했으면 좋겠다고 했다. 그래서 결론은, 내가 잘 생각해 보고 충분한 구상이 이뤄지면 다시 와서 의논하겠다고 하고 나왔다.

사모님은 겨우 화장실 출입을 할 정도라고 하는데, 보기에는 건강해 보였다. 좀 무리하더라도 운동을 하면 좋겠다 싶었다.

〈이원수 아동문학 전집〉은 여전히 꾸준하게 나가는 모양이다. 정옥 씨가 "저희들 생활비가 그래도 거기서 나오는 셈이라요. 여기 아래층과 위층, 두 집 살림을 하고 있잖아요" 하는 것들으니 영옥 씨 식구들도 전집 인세에 기대고 있구나 싶었다.

고양이 새끼 두 마리가 재롱을 피우고 있었다.

그길로 서울역에 가서 내일 연우 대구로 갈 차표를 사 왔다. 아침에 전화로 예약해 두었던 것이다.

저녁때 일찍이 온다던 연우가 또 안 와서 걱정을 했다. 7시도 지나서 왔는데, 호야를 데려다 주고 오는 길이라면서 태연했다. 늦으면 전화한다 해 놓고 전화는 왜 안 했나 물으니 전화할 데가 없어요, 했다. 지난겨울 대공원에 놀러 가서 그렇게 늦게까지 안 와 애가 탔던 일이 생각났는데, 그때 일을 잊었는지 연우는 아주 태연했다.

1993년 2월 18일 목요일 맑음

오후 4시 반까지 《글쓰기, 이 좋은 공부》 고침판 글다듬기를 했다.

저녁때 나가서 신문 사고, 찻집 우리사랑에 들렀더니 최선애 선생이 와 있었다. 최 선생하고 한 선생하고 셋이서 한참 앉아 얘기를 하고 있는데, 어떤 여성이 옆에 와서 한 선생이 소개해 주었다. 대학원에서 공부를 하고 있는 사람이라 했다. 그러면서 "선생님 얼굴을 사진에서 보았을 때 소년같이 맑은 눈이란 느낌이 들었는데, 오늘 만나 뵈니 더욱 그런 느낌이 듭니다"고 했다. 그러면서 내 글을 많이 읽었다고도 했다. 그러더니 "선생님, 우편으로 연락할 수 있도록 주소를 좀 알려 주시겠습니까? 전화번호도요" 하면서, 자기들이 지금 잡지를 하나 만들려고 하고 있는데 나한테 글을 좀 써 달라고 부탁을 하고 싶다고 말했다.

"어떤 잡지를 만들려고 하시는가요?"

"사회과학 잡지입니다."

내가 한 선생이 내주는 쪽지와 볼펜으로 주소를 적어 주었더니 그도 자기 주소를 적어 주었다. 이름은 이○○, 건너편 4단지에 있는 사람이었다.

잡지를 만든다기에 얘기는 자연 그쪽으로 되었다. 내가 "사회과학 잡지를 만든다고 하시니 참 힘들겠어요. 사회과학에 관한 책이 잘 안 읽히는 때가 되었으니까요" 하고 말했더니 그는 "일반 사람들이 관심을 가질 수 있게 만드는 것이지요" 했다. 그래서 또 나는 이런 말을 했다.

"우리 나라 사회과학이란 것이 너무 외국 사람들 이론만 소개하고 이론에만 끌려가는 것 아닌가요. 내가 보기로 이론이란 것, 관념이란 것이 현실에서 생활에서 나와야 하는데, 삶은 없고 관념만 있어서, 그 속에 모두 빠져 있는 것이 문제인 것 같아요. 관념이고 사상이고 삶에서 나와야지요."

그런데 이 씨는 내 말에 아주 반대가 되는 말을 했다.

"우리가 아무래도 외국의 앞선 과학을 받아들이고 따라가려면 그렇게 안 할 수 없지요……."

"외국 것을 받아들이는 것도 정도 문제지요. 우리 것은 다 버리고 남의 것만 따라가서야 뭣이 제대로 되겠습니까?"

"지금은 세계가 한 나라같이 서로 주고받는 시대입니다. 우리 것이라 해서 고집할 때가 아닙니다. 우리 것이 무엇입니까. 유교 정신을 강조하는 사람도 있고, 고려자기 같은 것 들춰내는 사람도 있지만, 그런 것을 오늘날 무엇에 쓰겠습니까?"

"나는 유교 정신을 말하는 게 아닙니다. 유교는 중국서 들어온 것인데, 우리 역사와 전통에 큰 영향을 주었지만 그것이 우리 것이고 우리 삶의 알맹이라 보지 않아요. 도자기 같은 것, 그런 골동품을 어떻게 하자는 것 아니지요. 문제는 우리들의 생활입니다. 삶이 없어졌어요. 우리 삶이 다 없어져 가는 것이 문제지요. 그런데도 학교에서는 아이들한테서도 삶을 빼앗아 버리고 책만 읽고 쓰고 외우고 하도록 합니다."

"그럼 우리 삶이 무엇입니까? 아이들 책 읽고 쓰고 하는 것, 그렇게 해서 세상을 알고 살아가는 것 아닙니까?"

"삶이 무엇이냐구요? 밥 먹고 일하고 이야기하고 하는 것, 이것이지요. 그런데 요즘은 유치원생이고 국민학생이고 대학생이고 점수 따기로 살아갑니다. 아이들 보세요. 아침부터 밤까지 교실과 학원에 갇혀 살고 끌려다닙니다. 자기가 주체가 되어 무엇을 계획하고, 실천하고, 반성하고 하는 것이 없어요. 삶이 없는 거지요. 그러니 그런 공부에서 무슨 의식이 제대로 형성되겠습니까? 요즘은 유치원생들도 어른들 말을 그대로 따라 합니다. 그 어른들도 외국 사람들 써 놓은 책 읽고, 번역한 글을 읽고, 번역한 글과 다름없는 우리 나라 학자들 글을 읽고, 그래서 말을 하고 글을 쓰고 하지요. 그런 어른들 말을 따라서 유치원생들도 말을 배우고, 그런 어른들 써 놓은 글을 읽고 모든 학생들과 국민들이 말을 하고 글을 씁니다. 이제 우리 나라 사람들 우리 것 가지고 있는 것 아무것도 없습니다. 뭣이 남았습니까? 이런 형편에서 '세계가 한 나라같이 살아야 하는 시대'라면서 외국 것 앞선 것이라고 따라가는 것이 무엇을 뜻합니까?"

"우리가 모두 양복 입고 있잖습니까? 빵도 먹지요. 아무리 그래도 우리 얼굴은 우리 한국 사람 얼굴이지 미국 사람 얼굴로 변하지는 않습니다."

"아메리카 인디언 있지요. 그 사람들 얼굴 아직도 그대로지요? 그런데 그 사람들 문화, 뭐 남은 것 가지고 있나요? 아무것도 없습니다. 세상에 얼굴 모양만 그대로 가지면 우리 것을 가지고 있다고 생각하니 기가 막히네요."

"그럼 우리 것이 무엇인가요?"

"우리 것이 무엇인가를 생각해 보지도 않은 사람에게는 우리 것을 말해도 모릅니다. 우선 말이 있지 않나요? 지금 우리 말이 어떻게 되어 있습니까? 무슨 ~적 ~적 하는 것도 일본 말입니다. 소설가들이 모두 쓰고 있는 '그녀'란 말, 그 그녀란 말로 쓰는 소설의 형식, 이야기 형식이 서양 것이고 일본 것입니다. 말과 말법이 남의 나라 것을 따라갈 때 우리 정서, 우리 전통은 다 뿌리 뽑힙니다. 그 말은 모두 책과 글에서 오염이 됩니다. 내가 지금까지 내 생각과 다른 수많은 사람을 만났지만 이 씨 같은 사람은 처음 만났습니다."

하도 어이가 없어서 말을 그만두었다. 이 씨는 그래도 수긍할 수 없다는 듯이 말을 하려 했지만, 나는 그만 신문을 펴서 들여다보면서 대답을 안 했다. 그랬더니 그만 인사하고 나갔다. 이 씨가 나간 뒤 한지흔 씨가 말했다.

"저는 우리 집 아이들에게도 자주 고구마를 쪄서 줘요. 공장 제품 안 먹도록 하려구요."

내가 말했다.

"저 사람 말대로면 서양 옷 입고 서양 집에서 양식만 먹고, 서양 말하고 살아도 한국 사람 얼굴이 서양 사람으로 바뀌지는 않는다는데요."

한지흔 씨 말 "선생님, 여기 찻집이나 책방에 있으면 저런 사람들이 많이 와서 참 속상해요." 그러면서 저기 길가에서 장사하는 사람들이 있는 곳에 가면 참 배울 것이 많고, 거기 할머니들이나 아주머니들과 얘기하면 그럴 수 없이 마음이 편하고 즐겁다고 했다. 그런 얘기는 찻집에 갈 때 종종 들었다.

"저런 사람이 사회과학 잡지를 만든다니, 이 나라 사회과학이 그래서 문제투성이지요."

내가 이렇게 말했더니 한 선생이 대답했다.

"저분이요, 박사 학위 딴 사람입니다."

"길가에서 장사하는 사람은 학교 공부를 안 했기 때문에 그렇게 착하지요."

우리가 하는 말에 최 선생이 끼어들었다.

"박사 학위 가진 사람들 가운데도 참 훌륭한 사람이 있는 걸

봤습니다. 그런데 저 사람은 참 어이가 없네요."

내가 말했다.

"박사들 가운데는 좋은 사람도 있겠지만 나쁜 사람들도 많아요. 그런데 학교 교문에도 안 간 사람들 가운데도 나쁜 사람이 있겠지만, 착한 사람이 많거든요. 그러니 어느 쪽도 마찬가지라면 박사 같은 것 소용없지요. 그런데 내가 보기로는 아주 나쁜 사람, 세상을 난장판으로 만들어 놓는 사람이 박사들이고, 머리를 많이 쓰는 지식인들입니다."

그리고 또 내가 물었다.

"저 사람 어느 학교에 있는가요?"

한 선생 대답, "서강대학이라고 들었습니다. 요즘은 번역만 하고 있답니다."

역시 그렇구나 싶었다. 번역하는 사람, 서양 사람들의 글을 옮겨 읽도록 하는 짓을 직업으로 삼고 있으니 그 생각이 저 지경으로 되는구나 싶었다.

한 선생한테 뜸 뜨는 자리를 새로 배우고, 그리고는 최 선생은 또 찻집에서 만날 사람이 있다고 하기에 혼자 나왔다. 나오면서 이제 찻집에도 특별한 일이 아니면 가지 말아야겠다고 생각했다. 참 끔찍한 사람을 만난 것이다. 박사 학위 따서, 사회과학 잡지를 만들겠다는 사람이 그렇게 반민족 반민주 사상을 가지고 있으니, 이 나라가 어찌 되겠는가?

며칠 뒤 무너미 가서, 상준손자. 지성이라고도 한다이한테 학교 공부 부디 그대로 하라고 말하려 했더니, 안 되겠다. 그까짓 학교 공부해서 뭘 하나? 아까 최 선생도 대학원 공부하는데, 논문을 쉬운 말로 쓰면 안 된다고 했다. 그런 대학원 나오면 뭘 할 것인가? 학교 선생들 가운데 대학이나 대학원 졸업장 따려고 공부하는 사람을 나쁘게 안 봤더니, 내 생각을 고쳐야 하겠다.

오늘은 찻집에서 너무 오래 앉아 있다 와서, 저녁 먹고 신문 보고, 우편물 살피고, 일기 쓰고 나니 이제 12시 10분이 됐다. 우편물 가운데 한겨레신문사에서 등기 속달로 온 것이 있는데, 창간위원회에서 토의할 중요한 내용을 적은 것이었다. 그걸 읽는 데 또 한참 걸렸다. 이번 회의에도 안 나가려 했더니 어쩔 수 없이 가 봐야겠다.

1993년 2월 21일 일요일 비

〈한국감정원〉 연재 원고를 쓰려고 했는데, 겨우 초안만 되었다. 저녁때 양상민 씨가 만나고 싶어 해서 헌책방에 가서 만나 우리사랑으로 가서 한참 이야기했다. 양 씨는 동시를 두 편 써 가지고 와서 보여 주는데, 아직 말을 제대로 다루지 못하는 듯했으나 앞으로 잘 쓸 것 같았다. 그 가운데 '외다리 까치'란 작품이 있는데, 사당동 뒷고개 정자나무 밑에 어떤 할아버지와 까치 한 마리가 늘 와서 지내는데, 그 까치는 외다리다. 다친 것을 그 할아버지가 치료해 주어서 까치는 살아났는데, 그 할

아버지의 어깨에도 올라앉고 무릎에도 앉고, 할아버지가 "여보" 하면 까치도 "여보" 하고 말한다는 것이다. 실제로 있는 이야기를 쓴 것이라 했다. 참 희한한 일이다. 나는 앞으로 많이 써 보라고 격려해 주었다.

아침에 무너미에 전화를 걸었더니 지선이^{손녀}밖에 없었다. 조금 뒤에 며느리가 전화를 하는데, 상준이는 그만 학교를 그만두기로 결심했다고 한다. 그래서 며칠 뒤 거창에 가서 절차를 밟을 것이라 했다. 나는 "잘됐다. 학교 그만두고 나중에 다시 대학 가고 싶으면 검정고시 치면 그만 아닌가. 결정 잘했다"고 말해 주었다.

저녁때 헌책방에 갈 때부터 몸살기가 났다. 별로 힘든 일을 한 것이 없는데, 이 몸살은 어째서 오는지 알 수 없다. 음식을 너무 배부르게 먹어서 위장을 혹사한 것이 원인이 아닌가 하는 생각밖에는 할 수 없다.

헌책방에 갈 때 본 까치 이야기를 적어 두고 싶다. 5시쯤, 밖을 내다보니 우산을 받고 지나는 사람이 있기에 우산을 가지고 나갔더니 아주 가느다란 이슬비가, 그것도 드문드문 뿌리는 것 같아서 우산을 펴지도 않고 그대로 접은 채 지팡이로 짚고 가는데, 관리 사무소 가까이 갔을 때 까치 소리가 나서 쳐다보니 까치 한 마리가 5층 아파트 지붕 위에 날아 내려앉는데 입에 나뭇가지를 물었다. 나는 까치를 자세히 보려고 그 아파트에서 물러나 관리실 앞쪽 길로 가면서 쳐다보았으나 까치가 안 보였다. 웬일인가. 아파트 지붕 위에다가 비둘기집같이 짓는 까치집도 있는가? 동물이고 날짐승들이 죄다 생태가 변하고 있으니 별일도 다 생기는지 모른다 싶어 그대로 가는데, 또 까치 소리가 나서 쳐다보니 이번에는 관리 사무소 높은 굴뚝의 철근 사닥다리에 날아 앉았다. 두 마리다. 자꾸 날아 올라가는데, 그 사닥다리 철근을 네 계단쯤 올라가 쉬고, 또 다섯 계단쯤 올라가 쉬고, 또 네댓 계단 올라가 쉬고, 이래서 두 마리가 자꾸 위로 올라가다가 어느 만치 되었을 때 거기 앉아 또 깍깍 한다. 보니 거기 집을 지으려고 한다. 마른 나뭇가지가 몇 개 걸쳐 있다. 전에 지었던 자리에서는 7, 8미터쯤 낮은 곳이다. 아, 저기 새로 집을 지으려는구나. 자리를 잘 잡았다. 전에 지은 곳은 너무 높아, 거기 날아 올라가는 데 힘이 무척 들어 보였는데, 지금 짓는 저기라면 훨씬 쉽지.

그런데 이상하다. 어째서 이 차가운 겨울에 집을 지으려나. 까치집은 봄에 짓는데, 이렇게 또 한 번, 그러니까 한 해에 두 번이나 집을 지어 새끼를 키우는 수도 있는가, 참 이상하다. 그런 생각을 하면서 가는데, 아, 참, 지금이 2월이지, 이른 봄이지. 그러니 까치가 집을 짓는구나 하는 생각이 비로소 들었다. 나는 그때 웬일인지 봄이라는 걸 아주 깜박 잊었던 것이다. 어쩌면 몸살기가 좀 있어서 몸이 으슬으슬 춥던 길에 까치를 보았으니 그런 생각이 났을 것 같기도 하다.

그러나저러나 이렇게 2월 달에 까치가 집을 짓는 것은 처음이다. 전에는 4월 달에 짓거나 5월 달에 지었던 것 같기도 하다. "저렇게 집을 지어 언제 알을 품어 새끼를 여름이 오기 전에 키울까" 하고 걱정했던 것이 생각나니까 말이다.

저녁에 밥도 먹기 싫고, 감자와 고구마를 쪄 놓았더니, 웬일로 현우가 오늘은 8시에 돌아왔다. 밥을 안 먹었단다. 감자나 고구마를 같이 먹자고 했더니 그러지요, 했다. 그러더니 "밥이 없어요?" 하고 묻는다. 없다고 하니, 앞에 가서 사 먹는다면서 돈을 달라고 했다. 돈을 내려고 하는데 "뭐 몇천 원만 있으면 되지요" 한다. 저녁 사 먹는데 몇천 원 있으면 되지 몇만 원 생각했던가? 그리고 고구마나 감자가 있으면 그런 것도 먹어야 하는데, 깨끗한 음식은 먹지 않고 오염 식품만 사 먹는다. 이래서 이 아이들이 앞으로 어떻게 살아갈지 참 답답하다.

1993년 2월 23일 화요일 맑음

오전에 한 가지 적어 둔다. 어제저녁에 한겨레 창간위원회 마치고 어느 음식점에서 저녁을 먹으면서 오고 간 얘기가 생각나서다. 내 옆에 조준희 변호사가 앉았고, 맞은편에 김종철 씨, 그 옆에 한겨레 어느 젊은 기자가 앉았다. 그 밖에 사람들은 모두 몇십 명이 되었다. 내가 맨 처음에 이런 말을 했다.

"정관 고치는 문제, 그 내용을 자세하게 일일이 검토해 보지는 않았지만, 오랜 시일에 걸쳐 애써 만든 것이라니까 내가 신문사 직원이라도 그보다 더 잘 만들지는 못할는지 모르지요. 그런데 이 안이 아주 간단하게 말하면 한겨레신문사 운영을 책임지고 해 나갈 강력한 권한을 잡은 대표이사 한 사람을 뽑아서 그 사람에게 모든 것을 맡기자는 것인데, 이것이 한겨레 창간 정신에 비추어 적어도 그 방법, 민주 언론 창출의 방법으로서는 어긋나는 것이라고 봅니다. 4, 5년 동안 한겨레가 우리 나라의 민주 언론을 창조하려고 했지만 그 놀라운 민주 역사의 실험이 실패한 것이지요. 민주 언론 창조라면 어디까지나 밑에서부터 올라가야 하는 것이고 하나의 운동으로서 할 수밖에 없는데, 그런 운동이 실패하고 이제는 다른 신문사, 자본과 권력으로 지시 명령하고 그 명령에 일사불란하게 움직이는 일반 언론의 틀을 본받으려고 정관 개정을 하게 되었으니, 이게 민주 운동으로서 해야 할 언론의 역사가 실패했다는 말입니다. 적어도 이 점을 우리는 확인하고 넘어가야 하지요.

그래 이제부터라도, 가령 이 개정안이 앞으로 통과된다고 하더라도 우리가 잊어서는 안 되는 것은 주주들의 존재입니다. 주주들의 뜻을 받아들여야 합니다. 지금까지 처음부터 아주 철저하게 주주들의 뜻을 막아 왔어요. 처음부터 주주들을 적대하는 태도로 모든 일을 해 온 것이 아닌가 해요. 이래서는 안 되지요. 한겨레 뿌리가 주주들인데, 주주를 무시하고 어떻게 한겨레가 살아날 수 있는지 생각해야 합니다. 회사 안에서야 다른 신문과 비슷한 체재로 일을 한다고 하더라도 밖에 있는 주주들이 그 뜻을 마음대로 펴고, 그것을 신문사를 운영하는 사람들에게 전하고, 신문사 쪽은 그것을 받아들이고, 이래야 되는 겁니다."

이랬더니 몇 사람이 여기에 대해 주고받는 말이 있었지만 별다른 반대 의사를 나타내는 사람은 없었다. 그런데 조금 뒤에 김종철 씨 옆에 있던 한 젊은 기자가 이런 말을 했다.

"주주들이 돈을 낼 때는 그 돈으로 좋은 신문을 만들어 달라고 해서 낸 것이고, 신문을 만드는 사람들에게 모든 것을 믿고 맡긴 것이지, 간섭을 하려고 한 것은 아니었지요. 그러니까 창간위원들은 주주들의 뜻을 알릴 것이 아니라 주주들이 불평하는 것을 달래고 설득시키는 일을 해야 합니다."

참 어이가 없었다. 지금 한겨레신문사의 직원들 가운데 많은 사람들이 이런 태도가 아닌지 의심스럽다. 그러니까 그런 개정안을 내고, 주주들의 대표를 부인하고, 공청회도 안 열려고 하는 것이지. 어제 회의할 때 김종철 씨가 주주 대표 이름으로 만든 인쇄물을 낭독하니까 그 옆에서 장윤환이란 사람이 자꾸 혼잣말로 딴소리를 하더니, 결국은 "그 주주 대표는 일부 사람들이라요" 했다. 그럼 전체 주주 대표는 어디 있는가? 창간위원회는 회사 안에서 마음대로 인선을 해서 만든 것 아닌가. 그렇게 주식 모을 때는 지방마다 다니면서 사람들 모아 놓고 어째서 주주들끼리 모이는 주주 모임을 만들지 못하고, 주주 대표라고 하는 사람조차 부정하는가?

창간위원들이 주주 대표들이나 주주들의 불평을 달래고, 설득시키기 위해 있는가? 그런 허수아비 같은 것이 창간위원인가? 기가 막힌다. 도대체 이런 생각을 가진 기자들이 한겨레신문사에 많이 있다는 것을 어떻게 보아야 할까?

주주들이 돈을 내어 신문을 만들어 달라고 한 것은 간섭하려한 것이 아니고 모든 것을 맡기고 싶어 그런 것이다. 그 말이틀리지는 않다. 그런데 그렇게 맡은 사람들이 잘못하면? 관리가 잘못하면 윗사람이 문책하고, 행정부가 잘못하는 것은 가장 큰 책임을 진 사람을, 그러니까 몇 해마다 선거로 바꾸게 되어 있다. 잘못한 것이 없어도 바꾸게 되어 있는 것이 민주 국가의 법이다. 국회의원도 국민이 뽑았지만 몇 해마다 바꾼다. 그런데 한겨레는 뭔가. 바꾸지도 못하고, 주주들의 뜻도 표현할길이 없으니, 이것이 언론의 절대 권력인가? 이것이 절대 권력의 횡포가 아니고 무엇인가!

오전에 은행에 가서 여러 가지 공과금을 냈는데 12만 8천 원이었다. 오후에는 현우 등록금을 종로 2가 조흥은행에 가서 냈다. 70몇만 원인데, 장학금 22만 원을 빼니 50몇만 원이었다. 그리고 난다랑 다방에 가서 교육방송국에서 온 프로듀서 손복희 씨와 작가 오세은 씨를 만나 한 시간 반 동안, 다음 3월 3일에 녹음할 내용을 이야기했다. 여러 날 전에 하도 자꾸 나와 달라 해서 그만 또 져 버린 것이다. 무슨 〈일요대담〉이라든가. 40분 동안 마주이야기하는 것인데, 우리 말, 글쓰기 따위를 중심으로 그저 묻는 대로 내가 해 온 것, 생각하는 것을 대답하면 되지 않겠나 하고 가볍게 생각하고 있다. 그래야 되지, 이런 걸 하나하나 심각하게 여기고 이것저것 준비하다가는 내가 견디지 못한다.

그다음에는 5가에 가서 장생뜸 재료를 사려는데, 갖다 놓은 것이 없다고 해서 내일 또 가기로 하고 나와서 한 선생이 사 오라고 하는 압봉 두 통을 만 천 원 주고 사 왔다.

어제 한겨레신문사에 가서 회의할 때, 앞에 갖다 놓은 빵을 세 개 다 먹고 나서 또 저녁을 반 그릇도 더 먹었더니 과식이 되었다. 잠을 그럭저럭 잤는데, 오늘 밖에 나가 다니는 동안 끊임없이 눈물이 나오고, 어디서 거울에 비친 내 얼굴을 봤더니 왼쪽 눈두덩이 좀 부었다. 정말 조심해야겠다는 생각이 들었다.

집에 와서, 묵은 쌀 남은 것을 또 떡집에 갖다 주었다. 내일 낮이면 된단다. 이제 이 떡으로 죽을 끓여 먹든지 그대로 먹든지 해서 속이 편하도록 할 작정이다.

1993년 3월 14일 일요일 흐림

오늘은 이명희 씨가 주고 간 논문을 살펴보았다. 논문 제목은 '한국의 농촌 아이들에게 뿌리내린 철자법 교육에 관한 고찰(韓國の農村の子どもに根ざした綴方教育について考察)―1960년대 말 안동 임동국민학교 대곡분교의 경우 이오덕의 교육 실천을 중심으로(1960年代末の 安東 臨東國民學校 大谷分校における 李五德の 教育實踐を中心に)' 이렇다.

본래 내 이야기를 쓰려고 하는 것을 쓸거리가 못 된다고 쓰지 말라 했는데 기어코 이렇게 써 온 것이다. 그런데 읽어 보니 처음 말한 '일하기 교육' 내용은 별로 없고 글쓰기 교육의 실천을 내 책을 보고 애써 이해해서 썼는데, 어지간히 고심해서 쓰기는 했지만 그래도 너무 겉 스쳐 갔고 좀 답답하다는 느낌이 들었다. 중요한 것을 잡지 못하고 일반으로 알고 있는 방법을 너무 많이 쓰고 있다. 또 문장이 우리 말을 직역해서 곳곳에 이상한 말이 나와 있다. 일본 글을 우리 말로 옮길 때 직역을 해서 우리 말이 일본 글 따라가 버리듯이, 우리 말을 일본 글로 옮기는데 이상한 우리 말 직역문이 되었으니 이래서야 일본 사람들이 이상하게 읽을 것이고, 많이 오해할 것이 틀림없다. 이분이 일본 가서 얼마 안 되는데, 그래도 일본 말을 이 정도로 쓴 것이 놀랍기는 하지만, 서툰 데도 어쩔 수 없이 많이 눈에 띈다.

아직 3분의 2쯤 읽었는데, 나머지는 내일 다 읽어야겠다. 문장을 대강이라도 바로잡자니 여간 시간이 안 걸린다.

밤 10시쯤에 아람유치원 박문희 원장이 전화를 걸어 왔다. 유치원 입학생들 날마다 차로 데려다 주는 일 때문에 꼭 전쟁을 치르는 듯한 나날을 지금까지 보냈다는 말이었다. 아이들 2백 명을 모조리 차로 데려다 주는데, 많은 아이들이 바로 집 앞에까지 가서 내려놓아도 제집을 찾지 못한다는 것이다. 그렇

게 내려놓고 돌아오면 집을 못 찾아 울고불고 동네를 돌아다
녀서 나중에 전화가 걸려 오고, 그래서 찾아가고 야단법석을
피우는 일이 날마다 일어났다는 것이다. 그 까닭은 많은 아이
들이 유치원에 들어올 때까지 한 번도 밖에 나와 본 일이 없고,
더구나 제 발로 밖에 나와서 제집을 밖에서 본 일이 없기 때문
에 그런 일이 일어난 것이라 했다. 그래서 "더구나 고층 아파
트에 사는 아이들이 여러 가지 문제가 많은데 참 불쌍해요" 하
는 것이었다. 아이들을 밖에 데리고 나가 골목을 걸어 다니게
도 해 보고 시장에 데려가 구경도 시키고, 놀이터에서 모래와
흙을 만져 보게도 해야 될 터인데, 그런 공부는 안 시키고 점수
따는 공부만 방 안에서 시키려고 하니, 이런 어머니들이 자식
을 다 병신으로 만든다. 어머니 자격도 없는 사람들이 아이는
낳아서 마치 콩나물 키우듯이, 또는 우리 안에 가두어 놓은 개
나 돼지 키우듯이 하니 이래서 어찌 되겠는가.

박 선생은 또 하나 얘기를 했다.

가까운 국민학교에서 입학식 때 1학년 신입생 대표가 나가
인사말을 하는데 아람유치원 출신 아이를 하나 뽑아 좀 훈련
시켜 달라는 주문이 왔다고 했다. 그래서 박 원장이 "그거 작
년같이 국민학교에서 선생님이 쓴 글을 그대로 외우게 하지
말고 아이가 하는 말로 자연스럽게 하도록 하면 안 됩니까?"
했더니 좋다면서 그렇게 하라고 했단다. 그래 한 아이에게 "네
가 학교 가면 어떻게 할 테야?" 하고 물었더니 "나는요, 학교

가면 무엇이든지 잘할 거예요" 하고 대답하더란다.

"뭐, 어떤 걸 잘하지?"

"무엇이든지 선생님이 하라는 건 잘하겠어요."

이래서 몇 가지 물어서 대답한 것을 그대로 말하게 했더니 아주 재미있게 잘하고, 부모들도 그걸 듣고 아주 잘하고 재미있다고 기뻐했단다.

그런데 국민학교에 가서 그 애가 하는 말을 들려주었더니 "이래서는 안돼요" 하고 다시 어른들이 하는 인사말같이 아주 재미없는 말을 써서 그걸 외워서 말하라고 시키더라 했다.

"교장 선생님, 국민학교란 곳이 이래요. 그 애가 제 말을 자연스럽게 하는 것 얼마나 재미있고 좋아요. '무엇이든지 선생님이 시키는 건 잘할 거예요' 하는 것, 애들이니까 무엇을 시키는지 모르잖아요. 모르니까 그렇게밖에는 말할 수가 없고, 그럴수록 그것은 아이들이 하는 살아 있는 말인데, 그런 산 말은 해서 안 되고, 어른들 말 인형같이 따라서 해야 하니 학교교육이 이래서 어떻게 됩니까?"

국민학교 1학년 들어오는 아이한테 입학식에서 인사말을 하게 한 짓도 돼먹지 않았지만, 그 인사말을 그렇게 애써 자연스럽게 하게 한 것을 못 하게 하고 그 지경으로 아이를 만들다니!

나는 이 말을 듣고, 어제 〈우리교육〉 주최 시상식 때 중등부 학급 문집 심사한 사람이 나가 얘기한 말이 생각났다. 그 말이 아주 원고를 써서 읽는 것 같은 글말이 되어 있어서 잘 보니 그 사람이 쓴 것을 보고 읽는 것은 아니고 그대로 앞을 보고 말하는 몸가짐으로 그렇게 하고 있어서 참 놀랐다. 그러니까 그 사람은 원고 쓴 것을 외워 왔거나, 아니면 평소에 학생들 앞이나 사람들 앞에서 언제나 그렇게 글말을 하는 버릇이 든 사람이었다. 그런 사람이 있다는 것이 참 이상해서 어제는 무척 놀랐는데, 오늘 박 원장 얘기 듣고 보니 아하, 이제는 그런 사람이 얼마든지 쏟아져 나오게 되어 있구나 하는 것을 비로소 깨달았다. 국민학교 1학년 입학할 때부터 그런 어른 말, 글말을 외우는 꼭두각시 훈련을 받으면서 어른이 되었으니 어떻게 그렇게 안 될 수가 있는가?

이건 참 인류의 교육 역사에서도 어처구니가 없도록 기가 막히는 기계 인간 제조 교육이다.

며칠 전 어느 젊은이가 위기철 씨가 쓴 논리에 관한 책이 표절이라고 말한 것도 이런 교육 상황과 관련이 있구나 하고 깨닫는다. 생활은 없고 책만 읽고 외우는 교육, 살아 있는 말은 없고, 말을 할 수도 없도록 하고 죽은 글말, 하라고 시키는 글말만을 외우듯이 지껄이는 교육, 사람들이 이런 교육만 받았으니 이제는 삶을 이야기하는 것이 아니라 아예 논리란 것을 문제 삼게 된 것이다. 이제 사람은 점점 괴상하기 짝이 없는 동물로 되어 간다. 문학이고 예술이고 학문이고 그것은 죄다 모래 위에 쌓아 놓는 장난질에 지나지 않을 것이다. 사람이란 동물은 이래서 병들고 썩어서 그 마지막을 재촉하고 있다!

1993년 3월 15일 월요일 맑음

아침에 인천 신명순 선생이 전화를 걸어 왔다. 한겨레신문사의 문제를 말하면서 5억 부도를 낸 사람은 감봉 정도로 하고, 정말 신문 발전에 공이 큰 사람은 냉대한다면서 한참 이것저것 말하는 것을 "지금 그런 얘기 들어도 다 잊어버리니 아무 소용이 없어요. 내가 그런 얘기 자세히 옮길 수도 없으니 바로 신문사 사장한테 가서 말하든지 주주총회에서 말하시지요" 하고 창간위원회에서 토론한 분위기 같은 것을 말해 주었다. 그러니까 신 씨가 오늘 창간위에 가서 잘 좀 말해 주세요, 한다. 오늘 회의 있습니까? 하니 있다는 말을 들었다고 한다. 나는 지난번에 못 나갔는데, 그때 무슨 결정이 나서 나 같은 사람은 소용없으니 안 부르는 것 같다고 하고 전화를 끊고 곧 조준희 변호사(창간위원장)한테 전화를 걸었더니, 진작 전화로 알릴 것인데 잊었다면서 오늘 12시에 모이기로 했으니 나와 달라 한다. 지난번에 다 결정했으면 나갈 것 있습니까, 하니 결정하지 못하고 원칙만 얘기했다고 한다. 할 수 없이 나가겠다고 했다. 그때가 10시 반, 곧 나가야 했다.

어제 정우가 앞 베란다 창문 해 넣으러 오늘 오후에 오려고 했는데 어떻게 하나, 생각하다가 책상 위에도 적어 놓고 문에도 신문사에 갔다가 4시쯤에 돌아온다고 써 붙여 놓고 나갔다.

12시에 신문사 회의실에 가서 한참 기다리니 모두 들어왔는데 여섯 사람이다. 한승헌 변호사가 안 왔다. 이전 정관대로 이사 다섯 사람을 새로 선임하는 문제를 가지고 의견을 모두 말했는데, 사내 네 사람 중 세 사람은 이전의 이사를 그대로 유임시키자는 쪽으로 말하고 김종철 씨만, 지금까지 온갖 경영의 잘못을 책임져야 하니 새 사람을 넣어야 한다고 말했다. 나도 한겨레가 앞으로 살아나려면 주주와 독자들에게 등을 돌려서는 안 되고, 사내 여러 가지 잘못한 것을 책임질 사람은 이사에서 제외되어야 하고, 그래야 주주들이 회사를 어느 정도라도 믿는다고 말했다. 그런데 세 사람은 자꾸 자기들 주장을 되풀이하며 김종철 씨도 주장을 굽히지 않았다. 이러는데 조준희 위원장이 세 사람 쪽으로 유리하게 얘기를 했다. 그래도 김종철 씨가 지금 주주들이 어떤 태도로 나가고 있는지 알아야 한다면서 양보하지 않자 할 수 없이 모레 다시 모이자고 하고 헤어졌다. 모두 점심을 먹으러 가는데 나는 바쁘다고 하고는 혼자 와 버렸다.

회의실에서 나올 때 장윤환이란 사람이 또 혼자 중얼거리듯 말했다. "혼자만 양보하면 다 해결이 될걸 가지고……." 김종철 씨를 가리키고 한 말이었다. 나도 김종철 씨와 같은 의견을 두 번이나 말했는데 어떻게 혼자인가? 내가 두 번 말했지만 그 것은 아주 말을 안 한 편이었다. 왜 그런고 하니 모두 의견이 두 쪽으로 나뉘어서 자꾸 자기주장만 말하는 걸 들으니 그만 짜증이 났다. 이런 토론은 계속할 필요가 없다. 아주 다수결로 결정해 버리든지, 서로 반대하는 처지의 의견을 반씩 받아들이든지, 아니면 〈한겨레신문〉을 살리려면 주주들 의견을 따르는 수밖에 없다고 해서 그쪽을 가든지 해야지, 어느 때까지나 토론한다는 것은 시간과 힘만 낭비하는 노릇이다. 나는 모레 온다고 했지만 갈 마음이 싹 없어졌다. 형편 보니 아무래도 현재 사장을 그대로 유임하는 쪽으로 결정될 것 같다. 그런 자리에 뭣하러 나가겠나. 멋대로 하도록 버려둬야지. 신문을 그 꼴로 만들어 놓고 책임도 안 지고 또 정관까지 고쳐 가면서 제멋대로 하려고 하니 그걸 주주들이 용납할 줄 아는가.

설령 김종철 씨 한 사람이 그런 말을 한다고 해도 어찌 김종철 씨 한 사람의 의견인가? 주주 전체를 대신해서 한 말임을 어째서 모르는가?

이제 한겨레는 주주들이 바로 〈한겨레신문〉 사장과 기자들과 싸울 단계가 되었다. 백성들은 이래서 언제나 당한다. 이것은 나라를 살리기 위해서 피와 땀으로 이뤄 놓은 신문을 지키기 위해 일만 하면서 살아가는 백성들이 글쟁이들을 상대로 싸우는 단계가 되어 버린 것이다. 참으로 기가 막히는 역사를 우리는 살고 있다.

과천에 오니 아파트 앞에서 이제 막 정우가 두 아이를 데리고 차에서 내려 자재를 옮겼다. 그때가 3시쯤 되었을 것이다. 베란다 창문 해 넣는 일을 또 계속하는데 7시 가까이 되어도 다하지 못하고 마쳤다. 이것저것 연장이며 재료도 모자라고 해

서 시간이 더 걸린 것이다. 이런 걸 공연히 시작했구나 하고 후
회되었다. 그만 전문 업자에게 맡겼더라면 이 고생 안 해도 될
것을. 창틀 전문으로 하지 않는 솜씨가 되니 자연 힘이 더 들
고, 더구나 이것저것 자재들이 들어가는 것을 죄다 잘 챙겨 오
지 못하니 힘은 배가 들 수밖에 없다.

7시가 지나서 모두 저녁을 먹고 돌아갔다.

오늘 한겨레신문사 회의실에서 모였던 사람은 나, 조준희 변
호사, 홍수원, 김종철, 장윤환, 성한표 이렇게 여섯 사람이다.

1993년 3월 27일 금요일 맑음

새벽 4시 40분쯤 됐을까. 소변을 보고 누웠는데, 사무실 구해
서 우리 말 바로잡는 운동을 할 생각을 이것저것 하면서 그대
로 날을 새웠다. 내가 생각한 것은 과천 번화가 1층 어디에 사
무실을 차려서, 우리 말 바로잡는 내용을 아주 간판이나 걸개
막이나 또는 전단으로 만들어 지나가는 사람들이 모두 보도록
하는 것이다. 그렇게 하면 틀림없이 어떤 효과가 있을 것 같아
어린애같이 가슴이 부풀었다.

나이가 많아도 이런 꿈이 있어 내가 살아가는구나 하는 생각
이 일어나서야 들었다.

오후 2시에 아현역에서 연세대 학생을 만나 31일 강연할 내
용과 자료를 주고, 작가회의에 갔다. 오늘이 이사회가 있는 날

인데, 신경림 회장도 안 나왔고, 모인 사람이 겨우 아홉 사람이었다. 그래도 이야기를 하자고 해서 대강 사무국에서 보고할 말이 있은 다음 정소성 씨가 첫째, 작가회의에서 기관지나 문학지를 내지 않으면 무엇을 하는 단체라고 우리가 그렇게 모이겠는가, 지금이라도 곧 문학잡지를 내기 위해 편집위원회를 구성한다든지 해야 한다. 둘째, 이사란 사람들 가운데 이름만 있을 뿐이지 1년 내 한 번도 안 나오는 사람들이 있는데, 그럴 수 있는가……. 이런 몇 가지 일에 대해 의견을 말했다. 나는 "지난해부터 그런 말을 했는데, 올해도 아직 한 해 사업 계획을 세우지 않은 듯하니, 어디 이럴 수 있는가? 이래 가지고 정부에 지원금을 달라고 말할 수 있는가? 했다. 이 사업 계획은 해마다 연초에 세워야 하는 것이다. 회원이 7백 명을 넘는 단체에서 해마다 아무 계획도 없이 그때그때 닥치는 대로 일을 하고 있으니, 이래 가지고 무슨 민족 문학을 위한 회를 꾸려 갈 수 있는가? 참 모두 답답하다. 무엇을 하는 단체인지 너무 한심하다.

이래서 구중서 부회장이 적당히 의견을 정리한 다음 헤어졌는데, 여러 해 동안 작가회의에서 이사회를 달마다 하는 가운데, 그래도 오늘 모임에서 가장 진지한 이야기가 나온 것 같다. 회장이 안 나오고, 사람이 가장 적게 모인 오늘 가장 중요한 이야기가 나왔으니, 이걸 어떻게 보아야 하는가?

밤에 1단지 상가 어느 복덕방에 전화를 걸었더니 2층에 여덟평(실평은 여섯 평쯤이라고)짜리가 전세 1,600만 원에 나왔다고 했다. 월요일 나와서 방을 보고 마음에 들면 전세로 들든지, 사든지 하라고 했다. 여섯 평이면 좀 좁다. 그래도 봐야지. 1,600만 원의 전세라면 헐한 편이다. 전세로 들어 있는 것도 좋겠지. 살 수 있으면 더 좋고. 월요일이 기다려진다.

1993년 4월 17일 토요일 맑음

정우가 아침 8시 좀 지나서 왔다. 그래서 현우하고 밥을 먹게 한 다음 앞 물림에 무슨 고무 같은 것 창틀에 붙이는 일을 하는 것을 보고, 지식산업사에 교정한 원고 갖다 주고 온다고 말하고 급히 갔다가 오니, 둘 다 나가고 없었다. 내가 돌아온 것은 12시인데, 나중에 알아보니 11시 반에 일을 마치고 나갔다고 한다. 현우는 학교에, 정우는 청량리 쪽으로. 그래서 상준이 이모 결혼식에 축하금도 보내지 못하고 말았다.

오후에 앞 물림에 깔아 놓은 장판을 닦고, 창문을 닦고 하느라고 한참 일을 했다. 이제부터 더러 거기 나가서 아침저녁으로 책을 보거나 글을 쓰면 햇볕이 들어와 얼마나 밝고 좋겠나 싶으니 진작 그렇게 못 한 것이 후회되었다.

저녁때 찻집에 갔더니 한 선생이 "지난번 농산물 파는 자리 마련하자는 것, 여기 오는 몇 분한테 얘기했더니 모두가 찬성했어요. 백 만 원 이상 자금을 낼 분을 20명쯤 모으기는 거의 문제가 없을 것 같아요. 그런데 한살림이 있어서 그쪽과 의논해야겠다는 생각이 들었어요. 한살림이 여기서 철수했지만 다른 데서 계속 주문받아 배달하기로 하니까요" 했다. 나는 "한살림이 우리가 하려는 것을 다 받아서 할 수 있으면 좋지만 그렇게 못 할 것 같아요. 한살림이 하는 것과 우리가 하는 것은 다르지요. 이것은 과천 사람들이 스스로 우리 마을 우리 도시를 살리고 농촌도 살리자고 해서 하는 겁니다. 그래서 우리가 잘해서 본을 보여서 다른 도시에서도 할 수 있게 하자는 것이지요. 또 한살림에서 갖다 주는 것 사 먹는 집이 과천 시민의 몇천 분의 일이 될까요. 여기 과천에서 농산물 파는 곳이 단지마다 있고, 백화점마다 있어요. 그런데 한살림에서 그렇게 한다고 시민들이 하는 것 하지 말라고 하면 그건 아주 잘못이지요. 이런 일은 한살림뿐 아니고 우리가 하려는 것만 아니고 또 다른 사람들이 몇 군데 더 이 과천에서 시작해도 좋고, 또 그렇게 하는 것이 바람직스러워요." 이렇게 말해 주었다. 좌우간 다른 기회 있으면 뜻있는 사람들이 모여서 그런 일을 어떻게 할 수 있는가 의논해 보자고 했다.

내가 방 앞 물림 창문에 커튼을 어떻게 하면 할 수 있나 했더니, 커튼보다 더 좋은 것이 있다면서 어느 집에 가 보자고 했다. 그래서 돌아와 저녁을 먹고 있는데 또 한 선생이 전화로 나오라 하기에 나가니 1단지 연립주택, 어느 집에 안내해 갔다. 그 집에 가니 전에 찻집에서 만난 적이 있는 아주머니였는데, 한 선생이 "이화여대에 나가시는 분"이라 소개했다. 그 집 방 앞 물림은 방과 물림 사이에 있는 창문도 다 없애 버렸고, 물림에 해 놓은 창에는 커튼 같은 것을 가려 놓았는데, 그것을 옆에서 조종하니 한 줄 한 줄 틔워져서 볕도 들어오고 가려지기도 하고, 또 아주 활짝 걷혀 버리기도 해서 정말 편리했다. 그래서 그것을 해 주는 곳을 좀 연락해 달라고 부탁을 하고 왔다.

밤에는 글쓰기회보에 보낼 원고를 쓰기 시작해서 겨우 첫머리만 써 놓았다.

1993년 5월 5일 수요일 맑음

KBS에서 아침 7시 40분에 전화 인터뷰란 것을 한다더니 그 시간이 지나도 아무 소식이 없어 예정이 바뀐 줄 알았다. 그러다가 52분쯤 되어서 전화가 와서 약 6분 정도 이야기해 주었다. 어제 말하던 것과는 다른 질문을 해서 미리 생각해 둔 것은 아무 소용이 없게 되었다.

서울교육대학에는 10시에 갔는데, 아이들과 어른들이 참 많이 왔다. 학교 전체가 아이들을 위한 온갖 행사로 그야말로 떠들썩한 잔치판이었다. 이 행사가 지난해에는 한양대학에서 했다는데, 올해에는 서울교대에서 하게 되었다. 교대 학생들이 요청해서 한 것이고 앞으로 해마다 이렇게 교대에서 하기로 했다니 잘하는 일이다. 교대 학생들도 신이 나서 모든 준비와 주선을 한 것임을 알 수 있었다.

10시 반부터 시청각실에서 하게 되어 있는, 학부모를 위한 강연은 사람들이 모이지 않아 11시 20분에 시작했다. 그래도 온 사람이 얼마 되지 않았다. 그래서 짧게 이야기한다는 것이 그럭저럭 12시 20분에 끝났다.

끝나자마자 모두 점심이라도 먹고 가라는 것을 서둘러 나왔다. 대구서 이하석 선생이 찾아오기로 했기 때문이다. 이주영 씨가 따라 나오면서 강연료라면서 봉투를 주머니에서 꺼내려 하는 것을 그러지 말라고 하며 뿌리치고 왔다. 아이들 위해 모두 애써 일하는 자리에 내가 한 시간 이야기했다고 돈을 받는 짓은 있을 수 없다고 생각했다.

그런데 과천 오는데 남태령 고개에서 한 시간도 더 걸렸다. 사당에서 버스에 오르자마자 길이 막혀 차가 가지 않았던 것이다. 오늘 서울 사람들이 어린이날이라고 아이들 데리고 대공원에 모두 모여든 때문이다.

아파트에 오니 2시가 넘었다. 방에 들어오자마자 전화가 오는데, 이하석 선생이었다. 지금 1단지 앞에 와 있습니다고 했다. 나도 방금 온 길인데 어떻게 왔냐고 물었더니 사당서 걸어왔다고 했다. 알고 보니 1단지 앞이 아니라 전화국 앞이어서 내가 나가서 우리사랑에 앉아 잠시 시루떡(내가 점심으로 사가지고 간 것)을 먹으면서 이야기하다가 아파트에 와서 앞창물림에 마주 앉아 3시부터 5시까지 글쓰기 교육, 아동문학, 우리 말 우리 글 바로 쓰기 세 가지 일에 대해 내가 해 온 것, 내 생각을 얘기해 주었다. 그리고 나서 7시 기차표 사 두었다고 하기에 급히 보냈다. 5시에 나갔지만 남태령이 막힐 것 생각하니 걱정이 되었다.

이하석 선생이 〈영남일보〉에서 나와서 〈하나신문〉에 참여해서 이번 인터뷰도 새로 창간하는 〈하나신문〉에 내는 줄 알았더니, 그게 아니었다. 이 선생은 〈영남일보〉에 그대로 있다고 했다. "저는 간부급이 되어서 나갈 형편도 못 되었어요" 했다. 그리고 그 〈하나신문〉은 신왕, 이석대 같은 사람들이 만들고 있는데, 최근 어떤 사람이 돈을 대서 시작한다고 하지만 돈을 대는 사람이 누구인지 잘 모르겠다고 했다. 그 신문에 같이 일하면서 그런 걸 모르다니 이상하다 싶어 물어보니 자기는 〈영남일보〉에 그대로 남아 있다고 했던 것이다. 내가 아주 착각했다. 왜 이런 착각을 했을까? 그리고 이거, 모양이 아주 좋지 않게 되었다. 그 〈하나신문〉에 내가 주주가 되어 있고, 그걸 후원한다고 이번에는 내 동시집까지 만들어서 신문 독자 모집 때 그걸 선물로 나눠 주도록 하는 것을 허락했는데, 그 신문과 적대하고 있는 〈영남일보〉에 내 인터뷰 기사가 실리게 되었으니 말이다. 이하석 선생이 〈영남일보〉에 있는 줄 알았더라면 물론 이런 인터뷰에 응하지 않았을 텐데, 참 난처하다.

저녁때 지식산업사 사장이 전화를 걸어 와서, 책이 오늘 오후에 우선 두 권이 나왔다고 하면서 인지를 준비해 달라고 했다. 각 권마다 5천 부를 찍게 되어 있으니 다섯 권이면 2만 5천 장을 찍어야 된다. 이거 여간 고역이 아니다. 이걸 어쩌나? 차라리 그만 인지 안 붙이고 싶은데, 이건 다음에 책을 내는 사람들과도 관계가 있으니 참 곤란하게 되었다. "지식산업사는 인지를 다 붙이는 걸 당연하게 생각한다"면서 내가 다른 사람들을 끌어들여 책을 내게 했던 것이니, 이제 와서 내가 안 찍으면 회사 쪽에서 다른 사람들도 찍지 말자고 할 것이고, 그렇게 되면 다른 사람들이 나를 아주 오해하게 될 것이다. 이 일을 어찌하나.

인지를 좀 찍다가 다시 김 사장한테 전화를 걸어 내 생각을 말했더니, 처음 2천 장(그러니까 만 장)만 붙이자고 했다. 처음 붙이다가 뒤에 가서 안 붙인다면 차라리 처음부터 안 붙이는 것이 낫지, 무엇 때문에 붙이겠는가?

생각해도 결론이 안 난다. 아무튼 내일 가서 의논하기로 하고, 인지는 종이가 있는 대로 1,500장을 찍어 두었다.

1993년 5월 15일 토요일 맑음

오전에 글쓰기 원고 다듬고, 오후에 작가회의에서 주최하는 사단법인 문제 공청회에 갔다. 2시부터 한글회관에서 있었는데, 오늘이 마침 전교조 행사가 연세대학에서 있는 데다가 스승의 날이어서 사람들이 얼마 모이지 않았다.

세 사람이 나가서 의견을 말했는데, 구중서 씨는 전체 문제를 대강 이야기한 다음 백진기 씨는 사단법인이 되어서는 안 된다고 주장했고, 김영현 씨는 사단법인이 되어야 한다는 주장을 했다.

내가 보기론 찬성과 반대를 하는 두 사람의 말이 그다지 내용에서 깊이가 없고 논리가 치밀하지 못하고 목소리만 높았던 것 같다. 좀 실망했다.

세 사람 말이 끝난 뒤 질문이 있으면 말하라고 했는데 아무도 말하지 않아 내가 말했다.

"저는 지난번 이사회 때 법인으로 추진하는 것이 좋겠다는 의견을 말했는데, 그 뒤 좀 생각을 달리해서 법인으로 만드는 것보다 그런 악법을 고치도록 하는 일을 해야 하지 않겠나 하고 생각했습니다. 그런데 사단법인 관계법이 있을 텐데 그걸 자세히 모릅니다. 그래서 이 공청회에 나오면 잘 알도록 이야기해 주겠지 하고 오늘 나왔는데, 세 분 이야기에 내가 알고 싶어 한 말이 없었습니다. 백진기 씨는 보안법이니 김영삼 정권 말은 거듭했지만 정작 사단법인 관계법에 대한 말은 없었습니다. 김영현 씨 이야기에는 사단법인 되는 것이 주민등록증 가지는 것과 같다고 했는데 도무지 맞지 않는 말이라 생각됩니다. 그래 이 자리에서 세 분 가운데 어느 분이라도 좋으니 사단법인 관계 법령 내용을 아시는 분이 있으면 좀 설명해 주시기 바랍니다."

이래서 세 분이 모두 한마디씩 했는데, 그것은 나도 대강 알고 있는 내용이었다. 결국 사단법인 관계 법령을 자세히 살펴본 사람이 한 사람도 없었다는 것을 알게 되었다.

이래서 다음은 다른 몇 사람이 질문을 하고, 그리고 토론도 자유스럽게 한참 했는데, 내가 듣기로는 백낙청 선생 의견이 가장 꼼꼼스럽고 타당했다고 느껴졌다.

마지막쯤 되어 나도 또 의견을 말했다.

"다른 분들 말하지 않은 것, 짧게 말하겠습니다. 민주 사회고 민주정치를 한다면 헌법에 보장된 단체를 자유로 만들어 문학 활동을 얼마든지 할 수 있어야 하고, 정부는 마땅히 그렇게 자유롭게 활동할 수 있도록 지원을 해 주어야 합니다. 그런데 어떤 틀을 만들어 놓고 여기 들어오너라, 그래야 지원해 준다고 하는 것은 아주 잘못된 문화 정책이라 봅니다. 그러니 이런 잘못된 틀을 깨뜨리는 일을 우리가 해야 하지 않겠나, 이런 시점에서 이 문제를 생각할 필요가 있다고 봅니다.

다음은 방금 이시영 선생 애기하신 것 아주 동감입니다. 사단 법인으로 하느냐 안 하느냐 하는 것보다 더 중요한 문제가 작가회의를 어떻게 살아 있는 운동체로 만들어 가느냐 하는 것이 더 큰 문제입니다. 사단법인이 돼도 잘하지 못하면 안 만드는 것보다 더 나쁠 것이고, 이대로 있어도 우리가 하는 일을 아주 새롭게 하지 않으면 법인이 되는 것보다 나쁩니다.

세 번째는 이제 이만큼 논의를 했으니, 오늘 여기서 나온 이야기를 좀 더 보충해서 회보 특집호라도 만들어 자세하게 실어서 전체 회원들에게 알리는 것이 좋겠습니다."

5시가 지나 마쳤다.

오늘 공청회에서 내가 가장 크게 느끼고 한심하게 생각한 것은, 발제한 내용을 요약해서 인쇄해서 돌린 그 글이 아주 요란스런 중국 글자 말체, 일본 말법으로 되어 있을뿐더러, 말하는 사람들이 말을 너무 유식한 말로 어렵게 했다는 것이다. 그 가운데서도 백진기란 사람은 아주 논문에서 쓰는 어려운 글말을 그대로 입으로 마구 토해 냈는데, 참 어처구니가 없다는 생각이 들었다. 김영현 씨는 그다지 어려운 말을 하지는 않았지만, 그 말이 너무 감정에서 나와서 듣기 거북했다. 주민등록증 애기가 잘못되었다고 내가 지적한 것은 백낙청 선생도 같은 말을 했는데, 그걸 김영현 씨는 또 받아서 "주민등록증 말을 했는데, 저는 그것 참 편리한 비유라고 생각합니다"고 했다. 편리하다니! 맞지도 않는 말을 해 놓고 그것이 맞지 않다고 하면 "나로서는 그 말이 편리한데" 하고 말하면 이게 어찌 되는가? 남들이야 맞든지 안 맞든지 나로서는 편리한 말이니까 쓴다는 것이니, 이런 사람이 이런 공청회에 나와 무슨 주장을 한다는 것이 도무지 우리 문단인의 수준을 드러내는 것 같아 어찌할 수가 없었다. 소설을 쓰는 사람이 이렇게 독선으로 생각할 줄밖에 모르니 무슨 소설을 쓰는지 궁금하다.

돌아오니 6시 반. 사무실에 들어가 청소를 좀 해 놓고, 밤에는 글쓰기 원고를 다듬었다. 이제 다듬은 원고가 모두 1,200장을 넘었다. 내일은 이걸 편집하면 다 된다.

오늘 참, 아침에 안양으로 도로 이사 간 정영자가 전화를 걸어 왔다. 스승의 날이라면서 오늘 변숙경이 하고 찾아갈까요, 했다. 나는 오후에 작가회의 공청회가 있어 거기 가야 하고, 또 저녁때는 연세대에서 전교조 행사가 있는데, 거기도 오라 하는데 어떻게 할까 하다가 결국 이다음 주에 와 달라 하고 말았다. 모처럼 오랜만에 찾아오고 싶어 하는 것을 오지 마라 해 놓고 나니 참 안됐다.

그런데 공청회 마치고 연세대에도 안 가고 바로 와 버렸다. 거기 스승의 날이라고 무슨 꽃을 학생들이 달아 준다고 하는데, 내가 무슨 스승이라고 거기 나가겠는가, 하는 생각도 들었고, 또 평소에는 전교조 행사에 안 나가다가 이런 때 나가는 것이 안됐기도 해서 갈 마음이 안 났고, 또 공청회 마치고 나니 좀 몸이 피곤했던 것이다.

1993년 5월 23일 일요일 맑음

오늘, 용인자연공원 묘지에 있는 이원수 선생 무덤을 찾아가기로 한 날이다. 아침 10시에 아람유치원에 모여 유치원 봉고차 두 대를 타고 11시에 출발했다. 길 안내는 이정옥 씨가 하고.

가다가 길이 좀 막혔으나 두 시간 만에 닿을 수 있었다. 날씨도 좋고, 온 산천이 새잎으로 덮여 참으로 기분이 좋았다. 이원수 선생 장례 때 와 보고 이제 10여 년 만에 처음 찾아왔으니

길이 낯설고 산도 처음 찾는 듯했는데, 다 가서는 대강 그 자리
를 짐작할 수 있었다. 장례 때는 더구나 한겨울이라 아주 어설
프고 또 가파른 비탈이었는데, 이번에 가니 무덤 밑에 축대를
쌓아 놓아서 봉분 앞이 널찍했다.

우리는 무덤 앞에 모두 모여 인사를 하고, 송현 씨가 사회를
해서 먼저 내가 이원수 선생에 대한 이야기를 좀 해 달라고 해
서 모두 서 있는 앞에 나가서 대강 이런 말을 했다.

선생님이 일제 총독정치가 시작된 다음 해인 1911년에 나서
서 일제시대를 35년, 다시 분단 시대를 35년 이렇게 사셨는데,
일제시대에 친일 문학 작품을 단 한 편도 안 쓰셨고*, 해방 뒤
분단 시대에도 언제나 독재 군사정권을 비판하면서 꿋꿋하고
의롭게 사셨는데, 그러자니 생활이 무척 어려워서 언제나 가난
하게 사셨다.

문단에서 더구나 아동문단에서 6·25 때 많은 문인들이 북으
로 가게 되어 소식을 알 수 없고, 남쪽에 남았던 겨우 몇 사람,
선생님과 비슷한 나이가 되던 윤석중, 이주홍 이 두 분을 떠올

● 2002년 3월에 이원수가 일제 말기에 나온 잡지 〈반도의 빛(半島の光)〉에 '지원
병을 보내며', '낙하산' 같은 친일 동시를 쓴 사실이 확인되었다. 이오덕은 이에
한국글쓰기연구회 회보 〈우리 말과 삶을 가꾸는 글쓰기〉에 '이원수 선생의 일
제 말기 친일 시, 어떻게 볼 것인가'를 썼다. 이오덕은 이 글에서 "선생의 친일
시는 우리 민족 앞에 크나큰 죄를 지은 것"이지만, "남북 분단의 비극과 통일을
바라는 우리 겨레의" 바람을 "여러 동화 작품에서 훌륭하게 그려" 보인 "선생
의 문학과 인간에 대한 내 믿음이 조금도 흔들리지 않았다"고 밝혔다.

릴 수 있는데, 북으로 간 사람이나 여기 남아 있던 사람이나 모든 아동문학인을 통틀어서 생각해서 그 작품이 뛰어나고, 양이 많고, 다시 또 그 문학 정신이 정의와 민족과 민주의 길에 든든하게 서 있는 점에서 이원수 선생만 한 분이 없다. 우리는 이런 분을 문학 선배로 모시고 있다는 것을 큰 자랑으로 여기고 마음 든든히 여기고 있지만, 우리가 선생님의 정신을 제대로 이어받지 못하고 이런 꼴로 살아가는 것이 정말 부끄럽다.

오늘 이렇게 무덤을 찾은 것도 처음인데, 무덤 찾는 것이야 대수로운 일이 아니고, 오늘 이렇게 우리가 온 것도 소풍 삼아 온 터이고 선생님도 이렇게 온 것을 반가워하실 터이지만, 우리가 선생님의 뒤를 이어받아 할 일을 제대로 해서 이 나라 아이들을 살리는 일을 제대로 할 것을 오늘 이 자리에서 각자가 다짐해야겠다…….

다음에 두 사람이 나가서 하모니카로 동요 '고향의 봄'을 불고, 또 몇 사람이 선생님의 동시를 낭독하고는 사진을 찍고 작별 인사를 드리고 내려왔다. 한참 걸어 내려오면서(일부러 차는 안 타고) 이야기를 하다가 차를 타고 오면서 길가에서 점심을 먹고, 올 때는 거의 길도 안 막혀 한 시간 반 만에 아람유치원에 돌아오니 4시 반쯤 되었다. 유치원에서 또 한참 이야기를 하면서 놀다가 헤어졌다.

오늘 묘지에 올라가면서 여러 해 만에 뱀—너불대를 처음 보았다. 뻐꾸기 소리, 꾀꼬리 소리도 여러 해 만에 들었다.

오늘 선생님 무덤을 찾아가기 참 잘했다는 생각이 들었다. 무슨 단체란 것 싫어했는데, 이런 때를 생각하니 필요하다는 생각이 들었다.

1993년 6월 5일 토요일 맑음

오후 5시 50분 기차로 서울역에서 윤구병, 이성인과 조용명, 노미화 부부와 나 이렇게 다섯 사람이 대전 가는 기차를 탔다. 이 기차표는 보통 사람은 토요일 것을 한 달 전에도 못 산다는데, 어제 윤구병 선생이 용산역에 근무하는(제자라든가) 사람한테 부탁해서 샀다고 한다. 옛날이나 지금이나 이런 수가 여전히 있는 모양이다.

대전에 닿으니 밤이었다. 곧 역전에서 동학사 가는 차를 타고 한 시간쯤 가서 내려서 어느 음식점에 들어가니, 먼저 와 있는 사람들이 기다리고 있었다. 그 음식점 뒷방이 아주 큼직한데, 거기서 20여 명의 지역 회장글쓰기회들이 모여 내일 아침까지 의논하게 된 것이다. 올 때 기차에서 김밥을 먹었지만, 밥을 또 먹었다.

10시 반에 이상석 회장이 사회해서, 그동안에 있었던 일을 보고하고, 10주년 사업이며, 여름 연수회 의논을 하는데 세 시간쯤 걸렸다.

오늘 의논에서 가장 논의거리가 된 것은 대구 지역 회장이라는 임성무 씨가 글쓰기회 연수회에서 좀 더 시원한 방법을 제시해 달라는 말이 나오고, 그 말에 대해서 윤구병 선생까지 동조하는 발언을 한 때문이다. 나는 이렇게 말했다.

"일하기를 통한, 일을 해서 그것을 글로 쓰도록 하자는 것인데, 그게 어째서 할 수 없고 못 하는 것인가요? 도시 아이들 일할 것 없으면 놀이라도 시켜야지요. 또 집 안 청소하고, 심부름하고, 그 밖에 할 일 찾으면 얼마든지 있잖아요."

그런데 윤 선생 말이 이랬다.

"선생님 혼자 훤히 아시지만 다른 사람은 모릅니다. 그걸 좀 더 구체적으로 보여 줘야 합니다."

그리고 대구의 임성무란 사람이 자꾸 말했다.

"저희들 매주 한 번씩 모여서 이호철 선생님 얘기 들어요. 그걸 듣고 그대로 해도 작품은 제대로 안 나옵니다. 좀 이론을 체계를 세워서 얘기해 줘야 합니다."

나는 대답했다.

"참 답답합니다. 이호철 선생이 회보에 써 놓은 것, 그 숙제 내는 것, 그렇게 해서 아이들에게 무슨 행동을 하게 해서 글을 쓰게 하는 방법, 그것 보고 배울 수 없고, 무슨 원리 원칙이니 이론이니 하는 것 말해 달라니, 이론 가지고는 더 모릅니다. 그런 태도로서는 글쓰기 지도 할 수 없어요."

그런데 다른 사람은 모두 아무 말이 없고, 이상석 회장까지 임성무 쪽을 편들었다. 나는 또 말했다.

"일하기로 글쓰기 지도하는 것을 주제로 삼자고 제안한 것 내가 한 것 아닙니다. 그때 그것밖에 아무것도 제안하는 사람이 없었어요. 그런데, 아이들 일 시키고 그걸 글로 쓰게 하자고 하는데, 어떻게 해야 될지 모르고, 해도 안 된다면 글쓰기는 못 하는 거지요. 삶이 뭡니까? 일이고 놀이고 활동하는 것 아닙니까? 삶을 가꾼다고 우리가 지금까지 말해 온 것 뭣입니까? 헛소리한 겁니까?"

나는 또다시 이런 자리에 온 것을 후회했다. 올해만 하고 글쓰기회고 뭐고 이제는 정말 그만둬야지 하는 생각을 굳혔다.

3시쯤 되어 잤던 것 같다.

1993년 6월 7일 월요일 맑음

오전에 〈언론노보〉를 읽어서 글을 쓸 자료를 만들었다.

오후에 시내에 나갔다. 먼저, 을지로 3가에 가서 회보 〈우리말 우리 글〉을 어느 인쇄소에 맡기고, 교보문고에 가서 원고를 주고 고료를 받았다. 그리고 성공회 성당 옆 세실레스토랑에 갔다. 거기서 6시부터 초원봉사회 유승룡 씨 주선으로 강기철, 김봉군, 김남식 세 분하고 같이 만나 얘기를 나누기로 한 것이다. 세 분 모두 만난 적이 있는데, 유승룡 씨가 초원봉사회 고문으로 해서 회원들의 정신 교육 강좌를 열려고 해서 모이게 한 것이다.

강기철 씨가 사회를 해서 먼저 김봉군 교수가 얘기를 했는데, 김 교수는 "저는 교육이 안 되는 가장 큰 원인이 '인사행정'을 잘못하는 데 있다고 봅니다" 하면서 자기가 학교를 졸업해서 겪었던 일을 이야기했다. 그러면서 "교육행정 하는 사람들이 교육을 망치고 싶어서 행정을 하겠습니까. 인사를 잘못하는 것이 가장 큰 문제라고 봐요" 했다. 나는 그 말에 이어 이렇게 말했다.

　"저는 생각이 좀 다릅니다. 인사 잘못하는 것도 큰 문제지만, 교육행정 하는 사람들이 학생들을 참사람으로 기르고 싶은 정신이 없습니다. 그런 정신 있다면 인사를 그렇게 안 하지요. 가장 큰 근원은 행정 하는 사람들이 교육을 옳게 하려는 정신이 없습니다. 저는 교육을 책으로 이론으로 이해하고 안 것이 아니고 현장 체험으로 알고 있습니다."

　이렇게 말하고는 교육 운동, 전교조, 행정의 문제, 교사들의 교육 태도 문제, 돈 봉투 문제 들을 이야기한 다음 "결국 교육은 교사들의 운동으로 하는 수밖에 없습니다. 행정이 지시 명령하고 감독해서 교육을 할 수는 없어요. 그런데 교육자들이 스스로 교육 정신 가지고 교육한다는 것, 이것이 참으로 어렵습니다. 행정 바로잡는 일보다 더 어렵고, 더 근본이 되는 것이지요" 했다.

　내 얘기에 모두 공감하는 것 같았다.

　다음은 강기철 선생이 얘기했는데, 지금까지 우리 나라의 권력자들이 해 온 짓이 꼭 마피아 집단과 같다는 말을 한 것은 참 그렇겠다 싶었는데, 역사 얘기, 토인비 얘기 같은 것을 할 때 는, 무슨 얘기를 하는지 귀에 잘 들어오지 않았다. 그것은 순전 히 책에 씌어 있는 것에서 얻은 이론이었는데, 나는 그런 이론 이 별로 반갑지 않았다. 그래서 강 교수 말 끝에 "저는 문명이 사람을 다 버려 놓았다고 보는데요. 제가 오랫동안 산골을 다 니면서 살았는데, 산골 사람들 모두 법 없이도 살아가던 착한 사람이었습니다. 제가 어렸을 때 자란 마을 사람들도 모두 그 랬어요. 그런데 그런 마을에 문제를 일으킨 사람이 생겨났다 면 반드시 그 사람은 도시에서 온 사람이거나 공부를 해서 무 슨 관리가 되었거나 돈을 벌었거나 한 사람이었어요. 그리고 이제는 농사도 장사가 되고, 옛날의 그 순박한 사람들 다 없어 졌어요. 모든 마을이 도시에 압도되고 도시에 딸려 버렸기 때 문이지요. 그런데 저는 사람의 마음을 믿습니다. 사람이란 본 래 악하지는 않았어요. 아이들을 보면 알아요……" 이래서 내 가 늘 생각하는 '일＋놀이＋공부'라는 삶의 교육을 해야 한다 고 말했다.

다음은 김남식 선생이 말했다. 일제시대 일본 말 가르치는 교 육을 했는데, 그 죄를 갚기 위해 요즘도 골목을 다니면서 쓰레 기를 줍고 있다고 했다.

세 분 이야기 중에 김남식 선생 얘기가 제일 마음에 들었다. 김봉군 교수 얘기는, 우리 교육의 실상을 조금도 모르는구나 싶었고, 강 교수 말은 왜 그런 책의 이론을 자꾸 말하나 싶었다.

결론으로 김봉군 교수가 이런 좋은 생각을 젊은이들에게 이어 주는 자리를 만들라고 했고, 유승룡 선생이 그런 주선을 하겠다고 했다. 그리고 고문 네 사람이 석 달에 한 번씩 모여 오늘같이 얘기를 나누자고도 말했다.

마치고 돌아오니 9시가 지났다.

1993년 6월 22일 화요일 맑음

나이 많으면 이렇게 무엇이든지 잘 잊어버리는 것일까? 밤에 일기를 쓰려고 하는데 오전에 무엇을 했는지 늘 생각나지 않아 쩔쩔맨다. 그날 누구와 만났는데 그 이름이 떠오르지 않는다. 잘 아는 사람의 이름도 생각나지 않아 수첩을 찾아보고 주소록을 찾는다. 이건 참 답답한 노릇이다.

내가 아직은 많은 일을 해야 하고 글도 많이 써야 하는데, 머리가 이렇게 되었으니 어찌하나? 무슨 좋은 약이 있어 그걸 먹으면 낫는다면 얼마나 좋겠나? 어쩌면 먹는 것을 아주 달리해서 뇌의 기능이 되살아날 수 있는 방법도 있을 듯한데, 하는 생각이 든다.

오늘도 오전에 무엇을 했는지 생각나지 않는다. 무엇을 바쁘게 해 놓고 점심에 감자를 쪄 먹었다. 내가 쓴 책의 글을 복사를 해 와서, 그 글을 고칠 수 있도록 좀 커다란 흰 종이에다 한

장 한 장 붙인 것이 오전이었는지 오후였는지도 생각나지 않는다. 초원봉사회에 줄 원고를 다시 썼는데, 그것도 오전이었는지 오후였는지.

저녁때 5시쯤 사무실에 가서 보리출판사에 줄 글을 다시 고쳐 쓰다가 배가 고파 빵을 두 개 사 먹고, 6시 반에 예정대로 초원봉사회에서 유승룡 선생과 이주영, 류인성 세 사람이 와서 초원 교양 강좌 계획서를 가지고 의논했다. 그러고 나서 저녁을 같이 먹고 헤어졌다.

오늘 발 다친 것은 어제보다 좀 더 나은 상태다. 아침과 밤에 고약을 갈아 붙였다. 지식산업사 김 사장은 오전에 또 전화로 걱정하면서 빨리 병원에 가 보라고 했지만 병원에 갈 생각은 없다. 저녁에 온 류인성 선생은 괜찮다면서 알로에를 바르라고 했다. 류 선생은 몸 전체를 제대로 살려서 아픈 데가 낫도록 해야지, 아픈 데만 약 바르고 한다고 낫는 것이 아니라 했다. 그리고 "굶으면 낫는다"고 했다. 내 생각과 꼭 같다. 나는 굶지는 않지만 어제부터 과식은 안 하고 있다.

벌써 12시 반이다.

1993년 6월 23일 수요일 맑음

'글쓰기 교육의 대강 풀이' 원고를 어제에 이어 고치고 다듬었는데, 밤까지 해도 다 못 했다. 이것은 이성인 선생이 말해 주어서 어느 책에서 찾아낸 것인데, 이제 다시 읽어 보니 잘못 쓴 대문이 많아 다시 써서 바꾸고, 문장을 다듬다 보니 시간이 너무 많이 걸렸다. 그래도 하지 않으면 안 되는 일이다.

발은, 아침에 일어나니 별로 아프지는 않은데, 웬일로 붓기는 더 부은 것 같다. 아침과 저녁에 고약을 갈아 붙였지만, 오라는 한 선생한테는 안 갔다.

오후에 신문 사러 갔다가 왔는데, 걸어 다니는 것이 아무래도 조심이 된다. 내일은 알로에를 사 와서 발라 볼까. 그걸 먹기도 한다는데, 이대로 고약만 가지고는 나을 것 같지 않다.

밤에 감자를 쪄 먹고 글다듬기를 하는데 박금자 씨가 전화를 해 왔다. 벽산빌딩에 12평짜리가 난 것이 있는데 값은 3,500에서 4천 사이라면서, 자리도 관악산이 보이는 좋은 자리라 한다. 생각이 있으면 내일 한번 같이 가 보자고 해서 그러겠다고 대답했다. 그걸 사서, 앞으로 들어갈 동안 세를 놓으면 한 달에 30만 원은 받는다고 하니, 내일 가 보고 사고 싶은 생각이 난다.

잠이 자꾸 와서, 이러다가는 안 되겠다고 그만 방에 가서 누울까 했을 때 전화가 따르릉 와서 그걸 받으면 정신이 번쩍 나서 그만 잠이 달아나 버린다. 전화 소리가 귀찮기도 하지만 이럴 때 잠을 깨우고 정신을 가다듬게 하는 효과가 있어 좋다.

그런데 그렇게 오던 잠이 전화 소리로 달아나다니, 그 정도의 잠이라면 왜 내가 못 이기는가? 무얼 너무 먹어서 그렇다고만은 할 수 없다. 이건 아무래도 정신 문제가 있다는 생각이 든다. 삶이 나를 불태우고 있다면 이런 잠 같은 것은 범접 못 할 것인데, 나는 벌써 삶에 희망을 잃어서 이렇게 자꾸 잠이 오는 것 아닌가? 그래서 따르릉 하는 전화 신호에 겨우 정신이 나는 것 아닌가? 전에는 이런 일이 없었는데, 두어 해 전부터 이렇다. 이것이 내가 사람의 앞날에 희망을 잃어버린 때문이 아닌가 하는 생각이 드는 것이다.

그렇다면 박금자 선생이 말하는 그 사무실이 마음에 든다면 거기 새 설계를 해서 좀 더 큰일을 시작해 볼 만하다. 그래서 내 목숨을 자꾸 불태워야 하는 것이지.*

1993년 7월 3일 토요일 맑음

오늘은 오후 4시에 가기로 약속한 주·월간 기자협회 주최 '우리 말·글 바로 쓰기' 강의를 하기 위해 준비를 해서 3시 반에 나섰다. 오랫동안 왼쪽 발등 한쪽에 붙여 놓았던 고약도 떼어 버리고.

아현 지하역에서 내려, 〈우리교육〉에서 근무한다는 정 선생의 인도로 협회 사무실 옆에 있는 널찍한 방에 가니 50여 명쯤 될 것이라던 참석 회원이 30명 정도밖에 안 되었다. 4시 반부

• 1993년에 경기도 과천시 별양동 벽산종합상가 309-2호에 우리 말 연구소를 열고 우리 말 운동을 했다. 이곳에서 우리 말 살리는 모임의 회보 〈우리 말 우리 글〉을 손수 써서 만들었다.

터 시작해서 두 시간쯤 이야기를 했다. 우리 말을 바로 쓰는 문제를 두고 논쟁점이 되어 있는 몇 가지 문제를 이야기하면서 말과 글에 대해서 우리가 가져야 할 생각의 바탕을 말해 주었다. 내 이야기가 끝난 다음 서너 사람이 질문을 해서 거기에 대한 대답을 해 주었는데, 그중에는 좀 답답한 말을 하는 사람도 있었다.

"선생님은 '민주 언론인 이름 아래 단결 촉구'보다 '민주 언론인 이름으로 단결 재촉'이라고 쓰는 것이 좋다고 하셨지만 '~이름으로'와 '~이름 아래'는 아무래도 말의 뉘앙스가 다르고, '이름 아래'라고 해야 자기 마음에 맞고 자기 심정을 잘 표현한다고 보는 사람도 있지 않겠습니까?"

이런 말을 했는데, 내가 "그게 어째서 다른가요? 또 '민주 언론인 이름 아래'가 '~이름으로'보다 낫다니, 정말 그렇게 생각합니까? 도무지 이해가 안 되는데요. 정말 그렇다면 나는 나이가 많아서 말에 대한 느낌이 여러분과 다른지도 모르지요."

이렇게 말하고 말았지만, 오면서 생각하니 그런 질문을 하는 사람이 정말 그렇게 생각할까? 이것은 정직성의 문제가 되겠다는 생각이 들었다. 일본 사람도 미국 사람도 아닌 우리 나라 사람이 어떻게 우리 말을 그렇게 받아들이고 있는지 도무지 알 수 없다. 아마 틀림없이 자기 마음을 속이는 사람일 것이다. 어떻게 해서라도 자기가 쓰고 있는 잘못된 글 버릇을 정당하게 만들어 보려는 태도로 말하고 싶어 하니까 그런 말이 나오는 것이다. 어찌 그 사람뿐이겠는가.

1993년 7월 31일 토요일 맑음

오전에 국민은행에 가서 통장을 정리했더니 산하에서 인세를
56만 원 보낸 것이 들어 있었고, 우리 말 회원 회비가 네 사람
보내온 것이 들어 있었다. 산하는 이래서 이제 인세를 다 청산
한 셈이다. 우리 말 회원은 이제 스물네 사람 되었다. 이래서 회
원이 백 명만 되면 전국 규모의 운동 단체로 알맹이가 있는 일
을 할 수 있을 것이고, 다시 천 명이 되면 사무를 전담하는 사람
을 월급을 주고 둘 수 있을 것이다. 두 달 동안에 스물네 명이
되었으니 1년이면 백 명을 모을 수 있을 것 같고, 다시 3년이면
천 명을 모을 수 있지 않을까 하는 희망을 가져 본다.

산하는 이제 인세를 정상으로 줄 것인가 모르겠다.

오후 1시에 나서서, 2시 반쯤에 산하에 가서 인지 천 장을 주
었다. 이 인세는 또 뒤로 미루게 되었는데, 인세에 대해서 아무
말 안 하기에 나올 때 물었더니 소 사장이 비로소 그렇게 말했
다. 책만 낼 줄 알았지 도무지 글 쓰는 사람에 대한 예의란 것
을 모르는 사람이다.

작가회의 이사회는 3시부터 있었는데, 2시인 줄 알고 늦다고
서둘러 갔더니 한참 기다려야 했다. 그래서 가지고 갔던 〈우리
말 우리 글〉 회보 다섯 부(1~2호)를 먼저 온 사람과 사무국 사

람들에게 나누어 주었다. 나누어 준 사람은 사무국장과 상임이사(김남주), 임헌영, 그리고 또 회원 한 사람(이름 모름), 이기형 이렇게 다섯 사람이다. 그런데 한 사람도 그걸 보는 사람이 없었고, 인사를 하는 사람도 없었다. 받은 사람이(사람은 여덟 사람쯤 있어서) 다른 사람에게 주어 버리는 사람이 있는가 하면 "이거 참 애써 쓰셨는데, 글씨가 이래서 읽겠습니까?" 하는 사람도 있었다. 그게 다른 사람도 아니고 김남주 씨다. 나는 아주 실망을 하면서 "읽지 않으면 그만두지요. 읽는 사람한테만 줍니다. 그런데 기계로 쳐서 내는 회보나 책은 누가 보는 줄 압니까? 나한테도 한 달에 수없이 오는데 읽지 않습니다. 또 넓은 지면에 여백을 두고 쓸데없는 글자를 여기저기 뽑아내서 놓은 것조차 누가 읽습니까? 그건 구경하는 책이지요. 그런 구경거리 보고 싶어 하는 사람한테 내가 이런 걸 주고 싶지는 않습니다."

내 말에도 아무도 대답하는 사람이 없었고, 이름을 알 수 없는 회원 한 사람만 잠시 보더니 그만두고 다른 것을 보고 있었다. 내가 하는 일에 무엇이든지 관심을 가지고 알고 싶어 하는 이기형 선생도 아무 말도 않았다. 그래 나는 깨달았다. 내가 이제 이 작가회의에서 할 일도 없고, 작가회의에 바랄 것이 아무것도 없다는 것을. 이제 나는 여기 올 필요가 없구나 싶었다. 비단 작가회의뿐 아니고, 아동문학이 그렇고, 우리 나라의 모든 문인들 자리가 그렇다. 이 문인들은 일제시대부터 이 모양이었던 것이다. 그래서 글을 쓴다는 사람들이 앞장서서 우리 말을 다 더럽혀 놓았지. 이런 사람들한테 우리 말과 글을 바로 쓰자, 깨끗이 쓰자고 하는 말이 먹혀들지 않을 것이 너무나 뻔하다.

참으로 답답하다. 이건 완전한 암흑이다.

3시가 좀 넘어 회의를 할 때, 여기저기 담배를 피워서 나는 자리를 한쪽으로 옮겨 가 겨우 견뎠다. 아까 내 회보를 잠깐 들여다보던 그 젊은이는 바로 내 옆에 앉아서 예사로 담배 연기를 마구 뿜어내었던 것이다. 이 담배 연기 때문에도 나는 이런 자리에 안 와야 한다. 젊은이들이 도무지 예의가 이렇게 없을 수 없다. 그 많은 사람들이 앉아 있는 자리에 자꾸 담배를 피우고 있으니 말이다.

오늘 회의는 주로 작가회의를 사단법인으로 만드는 일을 어떻게 할 것인가 하는 문제를 두고 지난번 설문지 통계를 가지고 마지막으로 결정을 내리게 되었는데, 올해는 이 문제를 다시는 거론하지 않기로 했다. 그 통계란 것이 좀 잘못되게 내놓아서 내가 질문을 했지만 엉뚱한 대답만을 들었다. 그리고 마치고 돌아오는 길에도 왜 내가 그런 자리에 그런 하잘것없는 문제에 관심을 가지고 질문을 하고 했는지 생각해서 부끄러워하고 뉘우쳤다.

이제 다시는 작가회의에 나가지 말아야겠다고 마음을 먹었다.

아, 이래서 산다는 것은 단념의 연속이요, 절망의 되풀이다.

이래서 끝내 아무것도 기다릴 것이 없다고 비로소 깨달았을 때 사람은 죽게 되는가 보다.

밤에 자꾸 졸음이 와서, 겨우 일기를 쓰고 자게 되었다.

이제 내가 그 누구를 믿어야 할까?

우리 말 우리 글(우리 말 살리는 겨레 모임) 회원?

어젠가 그저께 어느 분한테서 받은 편지에, 자기가 알고 있는 어느 분이 "~적"을 자꾸 써서 아주 괴상한 글이 되어 있기에 그것을 지적했더니 그다음에는 그 글을 아주 깨끗이 다시 써서 보내왔더라 했다. 그런 사람이면 붙잡고 눈물이라도 한번 흘리면서 이야기할 만하다. 그런 사람을 한번 만나 봐야지. 내일은 우리 말 우리 글 회원들 앞으로 편지라도 써야지!

1993년 8월 8일 일요일 비 온 뒤 흐림

오전에는 일하기와 글쓰기(일을 해서 글을 쓰기)를 실천한 여러 회원들의 발표가 있었는데, 모두 열세 사람이 발표한 가운데, 일하기와는 아주 다른 엉뚱한 얘기거나 일하기와는 반대가 되는 글을 쓰게 한 것이 세 사람이나 있다. 그 세 사람은 학원에서 책 읽기 지도를 한 백영현 선생, 낱말 맞추기를 했다는 이윤록 선생, 연구수업을 했다는 정광임 선생이었다. 참 한심한 생각이 들어, 이제 다음 연수회글쓰기회부터는 안 나와야겠다는 마음을 굳혔다.

오후에는 나 혼자 빠져나왔다. 구포에 가서 암으로 농사일을 버리고 아들한테 와 계시는 자형을 만나 뵙기 위해서다. 이승희 선생이 차로 해운대까지 태워다 주기에 곧 좌석 버스로 구포역까지 가서 내렸다.

역전 공중전화 통 안에 들어가, 어제 약속한 대로 영우한테 전화를 걸려고 수첩을 찾으니 수첩이 없었다. 생각해 보니 유스타운에 두고 온 가방에 넣어 놓고 온 것이다. 이거 큰일이다. 역 앞 어느 가게에 들어가 동양마크가 어디 있는가 하고 물었더니 몰랐다. "114로 물어보시지요" 했다. 그런데 동양마크 전화번호를 알아봤자, 오늘 일요일은 쉬니 못 건다. 집 전화번호를 알아야 하는데 어떻게 하나? 생각 끝에 다방, 커피숍에 들어갔다. 전화 인명부를 찾아보니 서영우가 여섯 사람이 나왔다. 차례로 다 걸어 봐도 모두 낯선 사람이었다. 이거 큰일 났다. 생각다가 유스타운으로 전화를 걸어, 누구를 시켜 내 가방 속에 든 수첩을 내어 거기 적힌 번호를 알아서 알리도록 해야겠다는 생각이 들었다. 그런데 그 유스타운이 머리에 안 떠올랐다. 아주 포기하고 돌아가려니 이것도 참 기가 막히게 바보짓을 한다는 느낌이 들어 나 자신이 밉고 저주스러운 느낌까지 들어 어찌할 수 없었다. 그래 덮어놓고 114를 불러 송정 유스텔 번호를 물었다. 그런 데가 없다고 하더니 유스타운 아닙니까, 했다. 맞다! 유스타운인 것이다. 이래서 전화번호를 알아 이상석 회장을 불렀더니, 지금 모두 바닷가에 나갔다고 했다. 그래서 이승희 선생이 마침 남아 있어, 내가 있던 방을 알려 주고 수첩 어디 어디에 적힌 번호를 찾아내어 알려 달라고 했더니 알려 주었다. 후유! 이래서 내가 살았던 것이다.

전화를 받고 영우가 곧 왔다. 그래 같이 집으로 갔더니 누님과 은하 남편 박 서방이 문밖에 나와 마중했다. 박 서방은 처음 만나는지라 누군지 몰랐는데 방에 들어가서야 말을 해서 알았다. 자형은 얼굴이 아주 수척한 모습으로 앉아 계셨다. 조금 있으니 은하가 오고, 재우 아이 남매(모두 대학 다님)가 왔다. 재우 집은 3층으로 아주 잘 지었다. 교통이 편리한 곳에 가게와 좋은 집을 가졌으니 이제 사는 일은 걱정 없다 하겠다. 자형은 나를 그렇게 반갑게 여겼다. 그리고 "이세 이렇게 만나 이야기하면 다시 더 말할 때가 없을 거네……" 하면서 마치 유언처럼 이렇게 말씀하셨다. "내가 하는 일이 변변치 못해 자네 누님 평생 고생만 시키고, 또 자네한테 영우나 재우 들이 많은 도움을 받아도 아무것도 보답을 못 하고 이렇게 되었으니 이 일을 어찌해야 하나. 그저 미안한 마음뿐이네……."

나는 말했다.

"무슨 말씀을 그렇게 하십니까? 제가 도와 드리다니요. 저는 자형을 어렸을 때부터 언제나 친형처럼 여기고, 자형에 기대고 자형 도움으로 살아왔는데, 아무것도 제가 도와 드리지 못하고 그저 죄송하기만 합니다. 부디 용서해 주셔요. 다만 저는 마음만은 언제나 자형 생각을 하면서 살았습니다. 그리고 얼마 전부터는 또 제가 자형한테, 부산 같은 도시에 나오시지 말고 농촌에서 농사일을 하면서 살아가시는 것이 좋습니다, 하고 만날 때마다 말씀드렸는데, 지금 생각하니 그런 말씀드린 것도 잘못했구나 싶어요……."

그리고 자형 자신이 암이란 것을 알고 계시면서 태연하게 죽음을 맞이하고 계신다는 말을 들었기에 이렇게 말했다.

"……사람이 산다는 것은 참 잠시 동안 꿈꾸듯이 살다가 가는 것뿐입니다. 긴 세월에 견주면 백 년이란 세월도 눈 한 번 깜박할 사이입니다. 가만히 생각해 보면 사람이 살았다느니 죽었다느니 하는 것도 우스운 노릇입니다."

그다음엔 생질손이 나한테 이것저것 물어서 내 책과 내 생각을 한참 얘기하는데, 자형은 앉아 계시기가 힘든 듯해서 방에 가셔서 누우시게 했다.

저녁은 추어탕에 호박잎쌈하고 잘 먹었다. 또 누님이 지붕 위에 가꾸셨다는 풋고추를 된장에 찍어 맛있게 먹었다.

저녁 먹고 유스타운으로 가려다가 하도 재우와 누님께서 말려서 그만 자기로 했다.

1993년 9월 21일 화요일 흐린 뒤 맑음

아침에 일어나, 지금까지 언제나 하던 지압을 하려다가 그만두고, 관악산에 올라가 보기로 했다. 이렇게 한 것은 첫째, 그저께 박금자 선생하고 뒷골짜기에 가서 닭고기를 사 먹었을 때, 내가 너무 많이 먹고 체한 것이 아직 안 나왔다. 그래 산에 올라가면 낫겠다는 생각이 든 것이다. 다음은, 최근 뒷산 골짜기가 아주 깨끗해져서, 이제부터 자주 산에 올라가야겠다는 생각을 그저께 하게 된 것이다. 세 번째로, 내 나이 이제 일흔이 다 되었는데, 여기 과천 와서 올해로 8년째다. 아직 한 번도 뒷산 꼭대기에 못 올라갔다. 이대로 있다가는 뒷산이고 어느 산이고 이제는 올라가 보지 못하게 될 것 같다. 그래 오늘 아침에는 내 몸을 한번 시험 삼아 올라가 보는 것이 좋겠다고 생각한 것이다. 만약 무사히 산꼭대기에 올라가게 되면 아직은 내 몸에 자신을 가져도 되고, 따라서 이제부터는 날마다(그 지압과 체조와 뜸 같은 것 하지 말고) 산꼭대기까지는 못 가더라도 중간쯤 정도는 아침마다 올라가기로 한 것이다.

세수를 하고 7시에 나섰다. 사람들이 드문드문 올라갔다. 때로는 내가 앞서 가는 사람을 따라 넘기기도 하고, 어떤 사람이 나를 따라 앞서기도 하여 중간쯤 갔는데, 그때부터는 다리가 무겁기 시작했다. 그래서 가다가 쉬고 쉬고 했다.

산꼭대기 가까이 연주암이란 절이 있었고, 그 절을 지나 조금만 가니 바위가 높게 솟아 있는 산꼭대기, 연주대가 있었다. 그 높은 바위에 올라서니 좀 머리가 빙 돌았다. 걱정이 돼서 잠시 앉아 있으니 가라앉았다. 체한 것 때문이리라. 다시 서서 바라보니 산을 빙 둘러 안개인지 구름인지 자욱해서, 맑은 날이면 과천이 다 보인다는데 산이 구름 위에 둥 떠 있는 듯했다. 그 구름 안개 저쪽에 높은 산이 있는데, 하늘 위에 둥 떠 있었다. 그것이 청계산이라 했다. 뒤쪽으로는 산줄기가 쭉 뻗어 내려갔는데, 지금까지 내가 알기로 관악산은 빙 둘러 도시로 싸여 있는 외톨 산인 줄 알았는데, 그 줄기 줄기가 굉장히 길고 어마어마하게 길어 보였다.

산꼭대기에 10분쯤 올라서서 구경하다가 내려왔다. 내려올 때는 올라가는 시간의 반도 덜 걸렸다. 다 내려와서, 마침 집 앞에 나와 서 있는 최낙영 씨와 한참 얘기했다. 최낙영 씨는 관악산의 등산길이 여러 갈래 있다면서 가르쳐 주었다.

집에 와서 아파트 계단을 올라가고 내려가고 할 때 다리가 아파 애먹었다. 더구나 왼쪽 다리가 더 아팠다. 그래도 목욕을 하고, 빨래를 했다. 그리고 회보〈우리 말 우리 글〉 우송 준비를 해서, 우선 이상석(20부), 백영현(10부) 두 사람 앞으로 소포 우송하고, 오후에는 벽산 관리 사무실에 가서 시설비 납입 고지서를 얻어서, 국민은행에 가서 돈을 내어 시설비 11만 몇천 원을 외환은행에 내고, 돌아와서 신문을 보다가 사무실에 가서 회보 우송 준비를 했다.

오후 7시, 오늘 우리 말 살리는 모임 월례 모임에는 여섯 사람밖에 안 나왔다. 그래도 오일우 씨가 방송에서 들은 것을 녹음해 두었다가 그것을 써서 복사해 왔기에 모두 돌아가면서 읽고는 잘못된 말을 의논해서 바로잡았다. 그것 마치고는 남기범 씨가 '문민(文民)'이란 말이 일본 사람들이 쓰던 말이라 해서 한참 얘기했다. 그런대로 오늘 모임은 괜찮게 되었다.

저녁 식사는 낮에 뉴코아에서 산 빵과 1단지 상가 양과점에서 산 호밀빵과 지하에서 산 떡에 베지밀을 마시면서 얘기했는데, 빵은 모두 잘 안 먹었다. 그리고 오일우 씨는 아직도 단식한다면서 베지밀만 한 통 마셨다. 오늘이 2주째 단식이라면서, 보통 밥을 먹는 사람과 조금도 다름없이 활동한다니, 참 놀라지 않을 수 없었다.

마치고, 남는 빵을 모두 가져왔는데, 빵을 너무 많이 먹어서 배가 불안했다. 그걸 헤어질 때 모두 나눠 줘 버리지 않고 왜 가져왔는가 몹시 뉘우쳐졌다.

1993년 9월 25일 토요일 맑음

오늘은 오후에 두 가지 행사가 있어, 그 어느 쪽도 다 가 보아야 했다. 하나는 황석영문학제(황석영석방대책위원회·민족문학작가회의·민족예술인총연합 합동 주최, 현암사·창비·시와 사회사 후원)인데 오후 3시로 되어 있고, 또 하나는 국민학교 명칭 개정에 관한 공청회(한국외국어대학교 사회연구소 주최, 일본문제대책위원회·대한교과서주식회사 후원)인데, 이것 역시 오후 3시부터 6시까지로 되어 있다. 그래 우선 작가회의 쪽에서 하는 황석영문학제 쪽에 먼저 가 보고, 시간 봐서 공청회로 가야겠다고 문학제가 있는 종로 2가 수운회관으로 갔다.

여기 먼저 간 것은, 최근 여러 번 작가회의에서 연락이 왔지만 황석영 씨 공판정에 한 번도 가지 않았기 때문이다. 시간을 좀 일찍감치 잡아 갔는데도 길이 막혀 3시가 좀 지나 회관에 도착했다. 들어가니 그 넓은 강당이 벌써 꽉 차서 앉을 자리가 없고, 뒤에 서 있을 자리도 비좁았다. 그런데 어떤 분이 자리를 양보해서 자꾸 앉으라 했다. 할 수 없이 앉아 있는데, 곧 시작이 되었지만, 사회하는 사람의 말도, 신경림, 문익환, 천승세…… 나가서 말하는 이런 사람들의 말도 소리가 울려서 그런지 조금도 알아들을 수가 없었다. 4시까지 앉아 있다가 할 수 없이 나와 버렸다.

그리고는 곧 대학로에 있는 흥사단 건물 3층에 갔더니, 강당에 약 백 명이 앉아 있는데, 앞 단 위에는 박창희, 조덕송, 이항녕, 이성은, 박영석 이렇게 다섯 분이 앉아 있었고, 토론 시간인데 박영석 씨가 이야기하고 있었다. 앉아서 들으니 일본 제국에 부역한 사람들의 짓과 독립투사들의 이야기를 아주 올바른 관점에서 이야기하면서 국민학교 이름을 어떻게 해서든지 고쳐야 한다고 말했다. 참 좋은 이야기라 앉아 있는 젊은이들이 아주 진지한 몸가짐으로 듣고 있었다.

그다음 이항녕 씨가 말했는데, 국민학교 이름을 고치는데, 무슨 이름으로 고치나 하는 것은 온 국민의 의견을 들어서 거기에 따라야 하고, 먼저 누구보다도 국민학교 어린이들의 의견

을 들어야 하고, 국민학교 선생님들의 의견을 들어야 한다는
것, 그리고 중학교, 대학교 교사와 교수들의 의견을 듣고, 학부
모 의견을 듣고, 이래서 고쳐야 하지, 지난날같이 결코 행정 하
는 사람들이 멋대로 지어서는 안 된다고 했다. 그러니까 조덕
송 씨가 하는 말이, 그런 의견이 매우 좋은 원칙이지만, 국민학
생은 아직 세상일을 잘 모르니까 어른들의 의견을 따라가기
예사고, 국민학교 선생들도 거의 모두가 국민학교 이름을 왜
고쳐야 하는지도 모른다고 했다. 그러니까 이 일을 하자면 널
리 홍보를 해서 모두 우리와 같은 생각을 가지게 해야 한다고
말했다. 그 한 수단으로 여기 모인 분들부터 일간신문의 독자
란 같은 데를 이용해서 국민학교는 부끄러운 이름이니 하루
빨리 고쳐야 한다는 것을 자꾸 글로 써서 보내어서 여론을 일
으켜야 한다고 했다.

　이러다가 이성은(이분은 이화여대 교수인데, 여자였다) 씨가
갑자기 "이 자리에는 오랫동안 교직에 계셨고 아동문학을 하
시는 이오덕 선생님이 와 계시니 의견을 좀 들어 보는 것이 어
떤지요?" 해서 마이크를 나한테 보냈다. 그래 나는 다른 모임
에 갔다가 좀 늦게 왔다는 것, 박영석, 이항녕, 조덕송 세 분의
이야기가 참 좋았고, 모두 공감이 가는 말씀이란 것, 그래서 달
리 더 할 말이 없다는 것을 말한 다음, 이 국민학교 이름 고치
는 일을 해내려면 법을 고쳐야 하고, 법을 고치려면 국회의원
을 움직여야 하고, 국회의원을 움직이려면 국민 전체의 여론

을 일으켜야 하는데, 그 일을 우리가 앞으로 어떻게 하나 하는 것이 우리 역사를 앞으로 밀고 나가는 엄청난 큰일이니, 이 일을 해내기 위해 모든 힘을 모으도록 궁리를 해야 한다는 말밖에 할 것이 없다고 했다.

그러고 나서 거기 참석해서 듣고 있던 사람들 대여섯 분이 의견을 말하고 마쳤다. 결론은 앞으로 이것을 하나의 운동으로 전개할 수 있도록 하는데, 계획을 세워서 연락을 하면 다시 한자리에 모이도록 하자고 해서 모두 주소와 이름을 적어 냈다.

마치고 박창희 선생이 가자고 해서 남기범 선생하고, 그 밖에 젊은이들 몇이와 어느 음식점에서 불고기와 술, 저녁을 차려 놓고 8시까지 얘기하다가 헤어졌다.

1993년 10월 9일 토요일 맑음

오전에 세 군데 연재 원고를 복사해서 속달우편으로 부쳤다.

오후에는 KBS 창작동요대회 심사를 하는 데 가겠다고 했기에 1시 40분에 나서 바쁘게 갔더니 3시 10분에 닿았다. 나 말고 함께 심사하는 사람들은 모두 일곱 사람쯤 되었는데 모두 먼저 와서 기다리고 있었다. 그중에 얼굴을 아는 사람은 정채봉 씨뿐이었다.

예선에서 뽑힌 작품 19편을 차례로 아이들이 나와서 부르게 하여 점수를 매겨 가는데, 3시 50분쯤 시작해서 중간중간에 다른 것을 넣어서 진행하다 보니 7시가 지나서 끝났다. 그런데 최우수상(대상)을 하나 뽑는데 상금은 백만 원이었다. 그리고 같은 아이들이 인기상을 뽑게 하여 상금은 30만 원을 주게 되어 있다.

　심사한 결과를 발표한 것을 보니 내가 점수를 가장 많이 준 아이는 아니었다. 내가 점수를 가장 많이 준 아이는, 아이들 쪽에서 인기상을 받았다. 이러고 보니 나와 아이들의 느낌이 비슷했다는 것을 알 수 있었다. 심사한 사람들이 어떤 기준으로 채점했는지 모르지만, 아이들의 느낌과 판단이 정확하다는 데 새삼 믿음을 가지게 되었다.

　오늘 동요대회에 몇 가지 적어 둘 것이 있다.

　첫째, 시작하기 전에 관중석에서 기다리는 아이들을 보고 한참 동안 방송 준비하는 사람이 아주 재미없는 말로 계속 고함을 지르고 있어 아주 기분이 나빴다. 그 말도 아이들이 알 수도 없는 어른들의 어려운 말—적발, 손상, 병상, 퇴장, 압수……따위로 되어 있었다.

　둘째, 아이들을 상대로 하는 일은 어떤 일이든지 교육이란 것을 생각해야 한다. 이런 동요 잔치만 해도 상금을 그렇게 많이 한 사람에게만 줄 것이 아니다. 이 행사 취지가, 이렇게 동요를 발표해서 온 나라 아이들이 즐겨 동요를 부르면서 자라나도록 하는 데 있다면, 다섯이고 열이고 좀 많이 뽑아서 온 나라에 보급하도록 하는 것이 좋다. 아이들에게 백만 원을 주는 것도 문제다. 이 동요대회가 몇 해 전부터 해마다 있는 모양인데, 방송국에서는 교육보다 사람들의 눈길을 모으는 일에 더 마음을 쓰는 것 같다. 순전히 장사를 하기 위해 벌이는 행사란 것을 알 수 있었다. 다음 해에는 아무리 간청하더라도 내가 나오지 말아야지 하는 생각이 들었다.

셋째, 중간에 자주 어른들, 또는 아이들이 나와 흥미를 끌기 위해 노래를 불렀다. 그런데 그 노래의 말이 내용이 비어 있고, 또 노래와 함께 춤추고 몸놀림을 하는 것이 그저 웃기거나 눈길을 끌기 위한 천박한 것이었다.

넷째, 출연한 노래부터 별로 마음에 안 들었다. 노랫말은 거의 모두 자연을 상상으로 곱게 그린 것이었는데, 그것은 한결같이 일제시대 이후 같은 투로 나오는 판에 박은 동심의 세계였다. 생활을 말한 것은 거의 없었고, 있다고 해도 이것 역시 언제나 쓰는 투의 것이었다. 이래 가지고서야 아무리 동요를 부르자고 하더라도 교실 밖에서는 안 부를 것이다. 우선 늘 그 맑은 동심만을 되풀이하니 재미가 없어서도 안 부를 것이다. 대관절 아이들의 삶이 없다. 뭔가 가슴에 바로 와 닿는 내용, 곧 시가 없다.

다섯째, 사회하는 아가씨가 참 가관이었다. 옷이고 커다랗게 달려 흔들리는 귀고리고 온통 번쩍번쩍했다. 아이들이 저런 꼴을 쳐다보고 무엇을 느끼고 생각했을까. 참으로 한심했다.

여섯째, 심사하는 자리는 바로 내 왼쪽 옆에 정채봉 씨가 앉

아 있기에, 이 행사에서 대상 하나에만 백만 원을 주는 것이 잘
못되었다는 말을 했더니, 아무 대답도 없었다. 내 생각과는 다
른 모양이었다. 또 오른쪽에는 KBS 직원인데 합창단도 지휘
하고 작곡도 한다고 했고, 김녹촌 씨와 잘 아는 사이라면서 자
꾸 내게 얘기하고 싶어 한 분이 있어서, 역시 상금과 교육 문제
얘기를 했더니 아무 말이 없었다. 그러다가 무슨 말을 하는 것
같았는데 잘 알아듣지 못했다.

마치고 올 때 영등포역 롯데백화점에서 대추와 밤을 사서 오
니 8시가 넘었다.

밤에는 신문을 보고, 우편물을 보고, 일기를 쓰고 나니 12시
가 되었다. 신문은 오늘 한글날 것을 모조리 샀다. 내가 본 신
문은 동아, 한겨레, 한국, 국민, 경향, 서울, 세계, 문화, 조선이
다. 모두 한글과 우리 말에 관한 기사가 조금씩은 나와 있는데,
한겨레만 아무것도 안 났다. 내가 갖다 준 글도 안 실렸다. 이
신문이 정말 문제가 많다는 것을 점점 더 크게 느낀다.

〈세계일보〉는 일전에 기자가 찾아와서 취재해 간 것을 크게
실어 놨는데, 그것은 아직 못 읽었다. 〈한국일보〉에서는 한글
문화원 기사를 썼는데 공병우 선생 이야기를 하면서 나를 "유
명한 이오덕……"이라 써 놓았다.

편지 온 것도 다 못 읽었다. 내일 읽기로 한다.

1993년 10월 14일 목요일 맑음

〈독서광장〉 원고를 쓰다가 오후 4시 반쯤 나갔다. 광화문 네거리에서 21일 대구 갔다 올 차표를 사고, 교보문고에서 책 구경을 좀 하다가 서대문에 있는 동아일보사로 갔다. 거기 11층에서 7시부터 문부식 시집 《꽃들》 출판기념회가 있는 것이다.

사실은 어젯밤 11시 반쯤에, 문부식 씨한테서 전화가 왔는데, 내일 모임에 와 주겠는가, 물었다. 나는, 그렇잖아도 며칠 전에 시집을 받아서 읽는 중인데, 아주 좋은 시라서 반갑고, 내일 꼭 가기로 마음먹고 있는 중이라고 대답했던 것이다. 그런데, 자기 책 출판기념회인데 밤중에 전화를 걸어 와 달라니, 요새 젊은이들이 이런가 싶어 좀 실망하다가, 뭐 그럴 수도 있겠지 하고 잊기로 했는데, 출판기념회 마치고 생각해 보니, 문부식 씨가 워낙 외로운 심정이 되어서 그랬던 것 같다.

출판기념회장에는 출판사 쪽에서 준비했겠지, 많은 음식물들이 가운데 차려져 있었고, 사람이 앉는 자리는 빙 둘러 있었다. 내가 갈 때는 몇이 안 되었지만, 곧 사람들이 모여들어 자리를 메우고, 뒤쪽에 또 많이 서 있었다. 작가회의 쪽의 문인들과 재야 정치 문화 단체에서 많이 오고, 장기수로 갇혀 있던 사람도 몇 분이 왔다. 기념회가 시작되어 몇 분이 문부식 씨의 인간과 문학에 대해 이야기했는데, 그중에서 김근태 씨 얘기가 가장 좋았다. 시 낭송도 있었고, 축하 노래도 두 사람이 불렀는데, 마지막으로 문부식 씨 인사말도 좋았다. 나는 오늘 이 모임에서 문부식 씨가 이 시대에 가장 뛰어난 시인 가운데 한 사람이고, 더구나 앞으로는 더 훌륭한 시인이 될 것임을 확신했다. 오늘날 가장 뛰어난 시인 세 사람을 들라고 하면 서슴없이 김남주, 박노해, 문부식 이 세 사람을 들겠다.

마치고 음식을 배불리 먹고 집에 오니 10시 20분이었다.

1993년 10월 18일 월요일 맑은 뒤 흐림

오늘 새벽에는 시계를 잘못 보고 한 시간도 더 빨리 산에 갔다 왔다. 아주 깜깜한 밤중이라 다니는 사람이 어쩌다가 있을 뿐, 그래서 좀 무섭기도 했다. 왜 이런가 싶어 돌아와 시계를 보았더니 그제야 6시. 보통 산으로 나설 시간이었던 것이다.

오전에 국민학교 이름 고치는 모임 취지문을 쓰고, 연재 원고 복사하고, 회보〈우리 말 우리 글〉 접고 했다. 오후에 뉴코아에 가서 압력솥 뚜껑 수리해 달라고 해서 맡기고, 어제 샀던 운동복이 좋아 한 벌 더 사서 상준이 주려고 했더니 없었다. 그래서 다른 것 잠바 하나와 집에서 입을 골덴 바지 하나를 사고, 와이셔츠 두 장 사고 해서 왔다.

오후 5시쯤 나갔다. 오늘 세실에서 국민학교 이름 고치는 모임을 준비하는 모임이 또 있는 것이다. 모인 사람은 전과 같았다. 오늘은 발기인 선정을 하고, 앞으로 할 일의 날짜를 잡았다. 그리고 내가 쓴 발기문을 주었는데, 양 교수가 써 와서, 두 가지를 보고 어느 한 쪽을 가지고 다른 쪽 것을 참고해 보충 수정해서 정하기로 하고 그것을 박창희 교수가 가져갔다. 양 교수가 써 온 것을 보니 한자 말이 많고 또 국민학교뿐 아니라 다른 일제 잔재 문제도 써 놓았다.

마치고 저녁을 같이 먹었는데, 오늘은 저녁값을 모두 나눠 냈다. 내가 먹은 것은 8,500원이라 했다. 너무 비싼 것을 먹는다는 생각이 들었다. 헤어질 때, 다음에는 회칙을 만드는 것을 또 내가 맡아야 했다. 가뜩이나 바쁜데 이런 것까지 맡았으니 큰 일이다.

오늘 아침에 문익환 목사님이 전화를 걸어 오셨다. 앞으로 통일을 위한 교육을 해야 하는데, 전교조 쪽하고 의논하신다는 것이다. 그러면서 그 가운데서도 말을 통일하는 일이 아주 급하고 중요하니 이 일을 좀 해 줘야겠다고 하셨다. 그렇게 하겠다고 대답했더니, 오늘 저녁에 모이는데 나와 달라고 했다. 나는 국민학교 이름 고치는 문제로 모인다고 했더니, 그럼 할 수 없는데 요담에는 꼭 나와 달라고 하셨다.

그러고 보니 이제 우리 교육은 무엇보다도 통일을 위한 교육이 되어야 하고, 또 통일을 위한 말을 연구하는 것이 아주 중하구나 하고 느꼈다. 통일을 위한 말, 이것을 어떻게 연구하고, 어떻게 널리 퍼뜨릴 것인가. 참으로 큰 일거리가 내 앞에 있다는 사실을 새삼 느꼈다.

1993년 10월 25일 월요일 맑음

점심을 먹고 서울역에 가니 오후 3시 45분에 떠나는 우등열차 표를 살 수 있었다.

9시쯤에 구포역에 닿아 곧 영우네 집을 찾아가니, 방 앞에 온통 신이 수십 켤레 있었다. 자형 영전에서 잠시 묵상한 다음 상주가 된 생질 세 사람을 대하니, 모두 슬픈 얼굴이 아니어서 반가웠다. 얘기를 들으니 자형은 돌아가시는 전날 저녁에도 죽을 조금 잡수시고 온갖 얘기를 하셨는데, 밤에 주무시다가 그대로 운명하셔서, 옆에서 같이 누워 계시던 누님도 언제 가셨는지 몰랐고, 아침에야 일어나지 않으셔서 보니 벌써 가셨더라 했다. 그리고 여러 날 전부터 일어나서 골목을 다니시면서 찬송가를 부르고 하셨다면서, 아주 기쁜 마음으로 지내셨다니, 세상에 위암으로 돌아가신 분치고 이런 어른이 있었겠나 싶었다.

누님은 몇 시간 전에 와 계셨고, 화목에서도 여러 사람이 와 있었다. 밤늦게까지 이야기를 하다가 모두 이불을 깔고 덮고 편안하게, 상갓집에 왔다는 느낌이 들지 않을 정도로 잠도 편하게 잤다.

1993년 11월 14일 일요일 흐림

회보〈우리 말 우리 글〉를 오늘은 다 만들어 놔야 하는데, 저녁때는 혁래 부인이 왔고, 8시가 넘어서 며느리와 상준이, 그리고 누님이 무너미에서 왔다가 9시가 지나서 또 곧 떠났다. 모두 오늘 내 생일이라고 온 것이다. 혁래 부인은 케이크를 가져왔다. 그래 저녁은 그걸 혼자 실컷 먹었다. 무너미서는 아침에 전화하기로 오후에 온다는 것을 교통이 복잡한 날이니 오지 말라고 했다. 그래 안 오는 줄 알았는데 그렇게 늦게 온 것은 역시 길이 막혔기 때문이다. 호박범벅, 과일, 채소 같은 것을 많이 갖다 놓고 갔다. 갈 때 누님한테는 용돈 쓰시라고 10만 원을 드렸다.

무너미서 와 있을 때 한지흔 씨가 한약 달인 것과 양말 같은 것을 가져와서, 잠시 얘기하다가 갔다.

이래서 지금이 밤 12시 반이 되었는데, 아직 회보를 다 끝내지 못했다. 내일은 또 바쁘게 되었다.

대구서 연우가 내 생일이라고 인사 전화를 했고, 현우도 오늘은 오랜만에 일찍(8시 반쯤) 와서 호박범벅을 먹었다.

방 정리도 못 하고 아주 엉망이 되어 있다.

참, 간밤에 이원수 선생 꿈을 꾸었다. 내가 사무실을 차려 놓았다고 했더니 반가워하시면서 "그럼 가 봐야지" 하셨다. 나는 속으로 선생님 오시면 한쪽에 책상과 의자를 놓아두고 늘 거기서 계시도록 해야지, 그래서 여러 가지 의논을 해서 일을 같이하면 되겠구나 하고 생각했다. 그러다가 깨니 꿈이었다. 이원수 선생은 돌아가신 지가 13년째나 되는 현실로 돌아온 것

이다. 그 꿈이 얼마나 생생했던지, 깨고 나니 영 서운해서 견딜
수 없었다. 이렇게 이원수 선생을 꿈에서 만나기는 좀처럼 없
었는데 웬일일까? 오늘 내 생일에 혁래 부인이 찾아오고, 누님
과 며느리, 손자들이 찾아오려고 그런 꿈을 꾸었는가? 박금자
여사도 퇴비로 가꾸어 딴 사과를 한 상자 갖다 놓았다면서 가
지고 오겠다는 걸, 그럼 저녁때 아이들이 차 가지고 오니 가지
러 가겠다고 했는데, 너무 늦어 못 갔다. 모두 내게 고맙게 해
주는 사람들이라, 이런 좋은 날이어서 이원수 선생님이 내 잠
자는 방에 오셨는가, 하는 생각도 든다. 아무튼 이원수 선생님
위해 내가 할 일을 해야겠다는 생각을 또 한번 하게 되었다.

1993년 12월 6일 월요일 맑음

10시 전에 조성천 치과에 가서 이를 보였더니, 어떻게 아팠
던가를 묻고는 엑스레이 사진을 찍어 보아야 덮어 놓은 것을
벗겨 치료를 하든지 한다고 해서 사진을 찍었다. 그리고는 며
칠 동안 다녀야 한다고 하는 말을 듣고 나왔다.

오후에 종로 낙원동으로 옮긴 문 목사님의 통일맞이칠천만
겨레모임 사무실을 찾아갔다. 문 목사님이 기다리고 계셨다.
거기서 같이 일하게 된다는 전교조 해직 교사 두 분을 소개받
았다. 그래 문 목사와 앞으로 할 일을 한참 이야기했다. 문 목
사는 워크숍을 해야 한다고 말했다. 그러다가 각 대학 신문사

의 편집자들을 모아서 공부하게 하면 어떨까, 하는 말도 나오고, 누구든지 자기 글을 써 와서 글 다듬는 공부를 하고 싶은 사람을 모아 보면 좋겠다는 말도 나오고, 광고문이든 성명서든 무엇이든지 글을 다듬어 주는 일을 광고해 보면 좋겠다는 의견도 나왔다.

그러다가 내가 하고 있는 우리 말 우리 글 모임 얘기를 했더니 문 목사는 "그걸 우리가 여기서 지원하는 것으로 해도 되지요" 했다. 또 나는 글쓰기회와 어린이문학협의회, 어린이도서연구회,* 우리 말 살리는 모임…… 이렇게 여러 모임이 이번 겨울에 한데 모여서 아이들 위한 책을 내도록 하는 일도 생각 중이라고 했더니, 그것도 우리가 지원할 수 있지요, 하고 문 목사님이 말씀하셨다. 그래 이 문제는 앞으로 좀 더 생각해서 하기로 하자고 결론을 지었다. 문 목사님하고 얘기를 해 보니 참 마음이 편안하고, 아주 사심이 없이 모든 것을 안아 들이는 분 같아 참 좋았다. 다른 사람 같으면 도저히 이렇게 안 된다. 아무튼 문 목사님 하시는 일이면 앞으로 무엇이든지 나도 믿고 협력해야겠다는 생각이 들었다.

거기서 나와 영풍문고에 가서 원고지와 큰 봉투 같은 것을 사서 돌아오니 6시가 되었다.

• 서울양서협동조합 어린이 분과에서 시작하여 1980년 5월에 창립했다. 바람직한 독서 문화를 가꾸기 위해 좋은 어린이 책을 알리고, 도서관 문화 운동과 책 읽어 주기 운동을 하고 있다. 회보 〈동화읽는 어른〉을 펴낸다.

오늘 안경 맞춘 것은 전화가 와서, 약속한 오후 2시까지 공장에 주문한 자료가 안 와서 내일이라야 된다고 해서 안 갔다.

이는 별로 아프지 않았다. 그래서 치과에서 아프면 먹으라고 한 약도 먹지 않았다. 그래도 이가 괜찮은 것은 아니다. 병원에서 그 이를 두드려 보니 아픈 느낌이 났던 것이다. 오늘은 감자, 고구마, 팥 같은 것을 먹어서 그렇지, 야문 것을 씹었으면 틀림없이 아팠을 것이다.

2부

**1994년부터
1996년까지**

1994년 1월 1일 토요일 맑음

새해 첫날이다. 그런데 내게는 다른 날과 조금도 다른 것이
없다.

새벽에 산에 갈 때, 오늘은 산에 오르는 사람이 그다지 없겠
지, 어쩌면 아무도 못 만날는지 모른다고 생각했는데, 올라가
니 다른 날보다 더 많은 사람들이 산에 오르고 있었다. 제사 지
내는 설은 음력설이니까 사람들은 모두 초하룻날 산에 올라가
는구나 하는 생각이 들었다.

삼성문예상 심사는 오늘 마지막 작품을 보게 되었다. 그래 11
시쯤 되어 안동의 권정생 선생한테 전화를 걸어 보았다. 권 선
생은 나보다 더 늦게 작품을 받았을 터이고, 그 아픈 몸으로 이
제 반쯤이나 보았을까, 그래도 한번 전화를 걸어서, 본 것만이
라도 느낌을 들어 보자 싶어서 물었더니 "다 읽어서 심사 평 써
서 며칠 전에 보냈는걸요" 했다. "그게 짐이 되어서, 아무래도
세 사람이 모여서 의논하는 자리에는 못 갈 것이고, 그렇다면
연초에 우편물 배달이 늦어지면 안 된다 싶어 이틀 반쯤 걸려

다 봤어요" 해서 놀랐다. 또 "그걸 계속 보았더니 머리가 아프고 했는데, 그래도 억지로 다 봤지요" 하기도 했다.

그런데 작품이 어떻던가, 하고 물었더니, 희한하게도 내가 매긴 평점의 차례와 꼭 들어맞았다. 작품을 보는 것이 나하고 권 선생하고 거의 같다는 것을 알게 되어 이번 일은 쉽게 되겠구나 싶었다. 권 선생은 "박완서 선생도 제가 본 것과 같이 보았을 거라요" 했다.

나는 열 편을 다 읽는 데(비록 메모를 하면서 읽기는 했지만) 8일쯤은 걸렸다. 더구나 그중에는 다 읽지 않고 그만둔 것이 두 편이나 된다. 그런데 권 선생은 죄다 읽었는데도 사흘이 안 걸렸다니, 그저 놀랄밖에 없다. 이건 또 내가 너무 일을 게을리하는구나 하는 반성도 되었다.

오후, 그리고 밤 11시가 지나기까지 걸려서 겨우 다 마쳤다.

1994년 1월 5일 수요일 맑음

오전에 〈영남일보〉와 〈어린이 새농민〉에 연재할 원고를 다시 읽어서 다듬어 두었다가 오후에 복사해서 우편으로 보냈다.

12시가 가까워 진주의 남성진 씨가 찾아왔기에 한 시간쯤 애기하다가 보냈다.

오후 우체국에서 돌아와 신문을 보다가 저녁때부터 밤까지는 '우리 말 첫걸음'이란 공책을 만들어 보았다. 이것은 "간

148

다", "본다", "한다", "먹는다"와 같은 중요한 움직씨를 중심으로 해서 우리 말을 어떻게 쓰면 되는가를 조사하는 것인데, 다른 셈씨나 이름씨, 느낌씨, 매김씨도 살펴보고 조금씩 적어 두었다가 우리 말 공부를 하는 책을 만들기 위해서다.

1994년 1월 11일 화요일 흐림

오늘도 날씨가 푸근했다.

아침에 건너편에 가서 책꽂이 여덟 개를 주문해 두었다. 정우가 와서 짜 주기를 기다렸는데, 벽에 고정시키지 않고 옮길 수 있게 하는 게 좋겠다 싶어 그만 맞춰 버린 것이다.

오후에는 삼성문예상 작품 심사 평을 다시 썼다. 그래서 3시 반쯤 나가서 종로 YMCA 다방에서 삼성문화재단에서 온 젊은이를 만나 작품 평을 쓴 것을 주었다.

그리고 문익환 목사님 사무실에 가서 문 목사님과 한참 애기하다가 김민수 선생이 와서 셋이서 애기를 한 시간도 넘게 했는데, 주로 김민수 선생이 중국에 갔던 애기를 했다. 남북의 말을 통일하는 문제로 북쪽 사람들과 만나 이야기도 했다고 하는데, 김민수 선생이 쓴 책(문 목사 사무실에 있었다)을 보니 온통 한자투성이라 이런 분과 어떻게 일을 하겠는가 싶었다. 문 목사님은 그래도 김민수 선생이 북한 말을 깊이 연구한 분이라 해서 많은 일을 해 줄 것을 바라는 모양이었다. 결국 알고 보니 김민수, 문익환, 나 이렇게 세 사람이 좌담을 해서 그것을 기록해서 책을 만들려고 한 것이었다. 그래 오늘은 그 준비 회담을 한 셈인데, 아무래도 이 일은 그렇게 잘되지 않을 것 같다.

세 사람과 젊은이들 세 사람, 모두 여섯 사람이 어느 음식점에 가서 저녁을 먹었는데, 소주에 안주가 먹음직스럽게 들어와 저녁을 아주 배불리 먹었다. 술과 안주와 밥을 차려 놓고 문 목사님은 경락에다 파스를 붙여서 치료를 한 얘기를 아주 재미있게 하셨다. 정말 그 얘기는 신기했다.

마치고 아파트에 오니 10시가 가까웠다. 방에 들어오자마자 이홍철 판사한테서 전화가 왔다. 내일 강연에는 법원장님도 참석하시려고 하니 10시 10분까지 와서 인사할 수 있게 해 달라는 부탁이었다. 그러나저러나 준비가 없어 큰 걱정이다.

1994년 1월 12일 수요일 흐림

오늘은 10시 반부터 12시까지 서울 민사지방법원에서 판사들 약 50명을 모아 놓고 우리 말을 살리는 글쓰기 이야기를 했다. 먼저 내가 가지고 있는 말에 대한 생각을 이야기한 다음 미리 받아 두었던 판결문 두 편을 읽어 나가면서 말다듬기를 했는데, 판사들이 어찌나 꼼꼼스럽게 따지고 묻는지 여덟 장에서 겨우 한 장쯤 나갔을 때 그만 시간이 다 가서 그만두었다. 이 서울 민사지방법원에서는 원장님이 우리 말, 글에 대해 남

다른 관심을 가지고 있는 듯했다. 그래서 판사들 가운데 일곱 사람이 한글위원회를 만들어 우리 말로 판결문을 다듬어 쓰는 일을 연구하고 있다고 했다. 판사들은 모두 백 명이 넘는 모양인데, 그중 40명이 모였으니 근무시간에 일도 있고 한데 참 많이 모였다는 생각이 들었다.

 판사들이 이렇듯 우리 말 우리 글에 관심을 가지게 된 것도 내가 쓴 책을 읽고 깨달아서 그런 생각을 했다니 참 내가 하는 일이 보람이 있는 것이구나 싶어 힘이 났다. 그런데 재판장에서 쓰는 말의 문제를 판사들도 마음대로 못 한다는 사실을 알게 되었다. 그것은 법령의 조문이 모두 일제시대 때 쓰던 말을 그대로 써 놓아서, 그것을 법정에서 안 쓸 수가 없다는 것이다. 그러니 우리 말이 오염된 가장 중요한 근원이 법령에 있다는 것을 알 수 있다. 이 법조문을 고치려면 국회에서 의원들이 그 일을 해야 하는데, 제 이름패조차 한문 글자로 죄다 써서 고치려고 하지 않는 의원들이 법을 어떻게 고치겠는가?

 그래도 오늘 점심을 같이 먹으면서 나를 초청하는 일을 맡았던 이홍철 판사는 "우리가 할 수 있는 데까지 이 구석 저 구석 조금씩 바로잡아 나가다 보면 결국 가장 큰 뿌리도 뽑을 수 있고, 실상 그렇게 할 수밖에 없다"면서 법조문에 관계되는 말은 어쩔 수 없더라도 판결문에서 그 사건 내용을 쓸 때는 누구나 알 수 있는 말로 쓰는 것이 좋고 그렇게 할 수 있다고 했고, 또 박동섭 부장판사도 그렇게 말해서 반가웠다.

음식점에 가서 한글위원회 여섯 분과 같이 점심을 먹으면서도 많은 얘기를 나누었는데, 거의 모두 아주 젊은 분들이 참 좋은 생각으로 일하는 것 같아 믿음직스러웠다.

마치고 집에 오니 2시 반이었다. 좀 쉬었다가 신문 보고 우편물 받아 보고 하다 보니 저녁이 되었는데, 밤에는 서정오 동화집 머리말을 대강 써 보았다.

어제 저녁 먹으면서 문익환 목사님이 얘기하신 것 중 적어 둘 것을 잊은 것이 있다. 파스로 경락에 붙여서 병 고치는 얘기를 할 때, 내가 귀울림이 어째서 나는가, 물었다.

"저는 귀울림이 벌써 20년쯤 되는데, 왜 납니까?"

혹시 고칠 수 있는가 싶어서였다. 그랬더니 문 목사님은 "저는 50년도 더 넘었습니다" 했다. 그러면서 옛날 미국 갔을 때 공부를 하면서 하도 귀울림이 심해서 그것을 잊기 위해 라디오 음악 소리를 틀어 놨다고 했다.

"그걸 그저 들으면서 같이 살아가는 게지요" 했다. 결국 경락 치료도 귀울림은 안 되는구나 싶었다. 그런데 50년이나 됐다니! 나는 아무것도 아니구나 싶었다.

그래도 뭔가 치료 방법이 있을 텐데, 하는 생각은 버릴 수 없다.

오늘도 날이 아주 푸근했다. 그런데 하늘에 구름이 덮였는지, 안개가 덮였는지, 낮에도 밝지 않은 이상한 날이었다. 신문에 난 날씨 예보는 맑음이라고 나왔는데 그랬다.

1994년 1월 19일 수요일 맑음

아침에 산에 갔다 와서 신문을 보니 문익환 목사님이 돌아가
셨다는 기사가 나서 크게 놀랐다. 이게 웬일인가? 며칠 전에도
만났고, 또 며칠 뒤에도 가서 만나고, 다음 주에는 좌담을 한다
고 의논해 놓았는데, 그리고 그처럼 건강하신 분이 돌아가시
다니! 젊은이들이 죽어 가도 문 목사님만은 오래오래, 나보다
훨씬 더 오래 사실 줄 알았는데!

그리고 문 목사가 아니면 그 아무도 할 수 없는 일이 있는데,
누가 무어라 해도 문 목사만은 내가 믿을 수 있다고 생각하는
분인데, 어째 이렇게 하늘은 무정한가? 한참 정신없이 앉아 아
무것도 할 수 없었다.

어제 점심을 그 사무실 가까이 있는 음식점에 와 잡수시고 체
한 것 같아 집으로 가셨다가 병원에 갔더니 사람이 많아 도로
집으로 돌아와 쉬고 있는데 구토가 나고 호흡이 곤란해서 그
만 병원으로 가는 도중에 운명하셨다고 신문에 적혀 있다. 병
원서는 심장경색증?이라나. 내가 보기로는 음식을 잘못 잡수
신 것 아닌가 싶다. 며칠 전에 만나 저녁을 같이 먹을 때, 그처
럼 건강한 모습으로 온갖 병을 파스 붙이는 간단한 경락 치료
로 고쳐 주신 이야기를 하신 분이 어째서 갑자기 심장병이란
말인가?

현우를 학교에 보내 놓고 급히 우체국에 가서 박경선 씨가 보

낸 속달 등기우편물(책 그림)을 받아 와서, 점심을 좀 일찍이 먹고 지하철 쌍문역으로 갔다. 역에 내려서 한일병원을 물어서 찾아갔더니, 마침 병원 영안실 밖에서 목사님 아드님(호근 씨는 아닌데, 얼굴을 보니 아드님이란 것을 곧 알 수 있었다)이 목사님 사진을 가슴에 안고 서 있다. 나를 보더니 "빈소를 한신대로 옮겼습니다. 이 차를 타고 갑시다" 했다. 그래 그 승용차를 타고 가는데, 내가 아무 말 없이 앉았으니 그 아드님이 "선생님은 아버님하고 앞으로 좋은 일을 같이하시려고 했다지요?" 한다. 다 알고 있는 모양이었다.

내가 "목사님 평소에 병원에 자주 가셨습니까?" 하니까 "병원에는 가신 일이 없습니다"고 했다. 내 짐작대로였다. 그래서 "신문에는 심장경색증인가 썼지만, 어제 낮에 음식 잘못 잡수신 것 아닙니까?" 했더니 "얼마 전부터 하시려고 한 일이 뜻대로 잘 안 되어 마음이 많이 피곤하셨습니다" 하면서 돌아가신 까닭이 정신 문제에 있는 것처럼 말했다. 나는 "문 목사님이 이북으로 보낸 편지를 신문에서 봤습니다. 저도 그 내용에 아주 공감했지요. 그래서 며칠 전에 목사님께, 목사님 주장에 반대하거나 비판하는 사람들이 있습니까? 제가 보기로는 너무나 당연한 일인데요, 했더니, 생각이 굳어진 사람들이 많다는 대답을 하셨어요. 그러나 목사님 자신의 생각은 아주 확고한 것 같았어요" 하니까 "무엇이든지 좋은 생각이라고 다 찬성하는 것이 아니고 어떤 정서에 젖어 있는 사람들이 많습니다"

고 했다. 통일 운동을 하는 사람들의 분위기를 대강 알 것 같았다. 그때 문 목사님 말씀에서 기억나는 말이 있다. "통일 운동의 통일이란 있을 수 없어요" 하시던 말이다. 참 지당한 말씀이라고 생각되었다.

한신대학에 가니 이제 막 빈소를 강의실에다 차리고 있었다. 거기 들어가서 영전에 묵상을 잠시 하는데, 하필 내 앞에 ○○ 씨가 나가서 내가 그 뒤에 따라가니, 또 영전에서 두 사람이 나란히 서게 되었다. 그래도 서로 마주 볼 기회도 없어 인사도 안 하고 말았다.

빈소에서 나오니 옆 교실 대기하는 방은 아직 앉는 자리도 마련하지 않아 많은 사람들이 서 있었다. 아는 사람도 별로 없고 해서 그만 나와 버렸다. 오늘 할 일이 있기 때문이다.

그길로 돌아와서, 오늘 저녁 모임에서 공부할 자료를 만든 다음 다시 을지로 인쇄소에 가서 회보〈우리 말 우리 글〉인쇄한 것을 오일우 씨와 같이 들고 왔다. 과천 와서 오 씨와 저녁을 같이 먹고, 7시부터 한참 회보를 접다가 준비한 자료를 가지고 공부를 하고 나니 10시가 되었다. 오늘은 여덟 사람이 모였고, 한지흔 씨가 차를 가지고 와서 나눠 마셨다. 진주서 신정숙 씨가 왔다.

오늘은 종일 마음이 우울했다. 문 목사란 한 시대의 큰 사람을 잃었다. 김구 선생만큼 큰일을 한 큰사람을 잃었다. 앞으로 통일 운동이 어떻게 될지 걱정이다. 더구나 내가 하려는 우리 말 살리기 운동은, 가장 큰 기둥을 잃은 셈이니 어찌할까? 문 목사도 글에 어느 정도는 빠져 있는 분이라 할 수 있지만, 지금 민주 운동을 하는 진영에서 지도자라 할 수 있는 사람으로 그 어느 자리든지 문 목사만큼 우리 말 살리는 일을 이해하고 관심을 가진 사람은 없었다. 이런 분을 잃었으니 내가 아주 맥이 다 빠진 것이다.

1994년 1월 21일 금요일 낮에 맑고 밤에 눈

오전에 〈영남일보〉와 〈한화〉에 연재하는 글을 보냈다. 〈한화〉는 속달우편으로, 영남은 오늘까지 보내야 한다고 해서 늘 가는 복사하는 곳에 갔더니 팩스가 있었다. 그런데 한 장에 5백 원씩을 달라고 해서 놀랐다. 17장을 보냈는데 모두 8,500원이지만 6천 원 내라고 해서 주고 나오니, 어떻게 해서라도 팩스를 고쳐 써야겠구나, 하는 생각이 들었다.

1시에 이상석, 황시백, 황금성, 이성인 네 사람이 와서, 구단지에 가서 점심을 같이 먹고 방에 와서 글쓰기회 연수회 이야기를 한참 하다가 사무실에 가서 또 이야기를 했다. 4시쯤 되어 모두 나갔다.

진주서 신정숙 양이 와서, 오는 2월 27일 졸업식을 하는데, 그러면 바로 오겠다고 했다. 아버지가 객지에 딸을 보내는 것을 걱정해서 반대하시는 것을, 다른 일은 다 양보했지만 이 일만은 생각을 굽히지 않고 "제가 갈 길을 가야 합니다"고 주장

해서 겨우 허락을 받아 이번에도 여비를 얻어서 왔다고 했다. 그러면서 여기 와서 있을 곳을 한지흔 선생한테 알아보았더니 자기가 사는 마을에 방이 헐하니 오라면서 구해 보겠다고 했다기에 고맙기도 하면서 한편 걱정이 되었다. 그래서 내가 좀 알아봐야겠다고 생각했다.

신 양이 온다고 해서 걱정이다. 그렇게 쉽게 오리라고 생각하지 않았다. 전에 몇 사람—부산, 인천 같은 곳에서 내 일을 돕고 싶다고 전화를 하거나 편지를 한 사람들이 있었다. 그런데 한 사람도 찾아온 사람이 없었다. 부산의 어느 젊은이는 편지로 대단한 열성을 보이기에 참 기특한 청년이구나 싶어 뒤에 가서 편지를 해도 회답이 없고, 전화를 걸었더니 그런 사람 없다고 했다. 그런데 이번에는 신 양이 아주 이렇게 바로 실천을 한다고 할까, 이것저것 따지고 생각하지 않고 바로 행동으로 살아 보이는 것이 놀랍다. 그래도 내가 걱정되는 것은 아직 아무것도 뚜렷하게 하는 일을 정하지 않았는데, 무엇을, 무슨 일거리를 맡기나 하는 것과, 보수를 얼마쯤 주나 하는 것이다. 월급을 주고 사람을 쓰면 그만큼 일거리를 벌여야 하겠는데, 거기에 따른 여러 가지 새로운 걱정거리가 따를 것이다. 이제 그만 혼자 책이나 읽고 글이나 쓰고 했으면 하는데, 이렇게 일을 벌이는 것이 내가 갈 길을 가는 것인지 모르겠다. 세상일을 한다고 해 봐도 무엇 하나 되는 것이 없었다는 것이 내가 살아오면서 깨달은 것이 아니던가.

6시에 지식산업사 편집부장이 왔기에 박경선 씨가 보내온 교
정지와 그림을 주면서, 내가 고친 것, 박경선 씨가 쓴 것을 편
집부에서 마음대로 손대지 말 것과 손대어 고친 것을 도로 그
대로 해서 내라고 아주 엄하게 말해서 보냈다. 신 양은 한 씨한
테 회보〈우리 말 우리 글〉를 갖다 주러 간다면서 갔다. 내일 진주
로 돌아간다고 했다.

밤에 인지 천 장을 찍으니 11시가 지났다. 인주가 나빠서 힘
들었고, 그래서 시간이 걸린 것이다. 산하에 줄 것이다.

내일 아침에는 문 목사님 장례식에 가야 하는데, 밖에는 함박
눈이 쏟아져 내리고 있다.

1994년 2월 2일 수요일 맑음

오전에 신문을 오려 붙이고 있는데 정우가 왔다. 알고 보니
정우는 며칠 전에도 내가 없는 때에 와서 텔레비전 수신기를
손봐 놓고 갔다. 오늘은 팩스를 고쳤다. 나는 점심을 먹자 곧
성북에 있는 광운대학교로 간다고 정우가 팩스를 다 고치는
것을 보지 못하고 나갔다.

광운대학교 이과대학 2층 강의실에서 서울 지역 대학 신문
편집자들 약 50명 앞에서 우리 말 우리 글 쓰기 이야기를 2시
부터 4시 40분까지 했다. 본래는 4시까지 하기로 했는데, 시계
도 없어서 안 보고, 또 교재가 너무 많아서 그렇게 되었다. 마

치고 오니 6시 반이 되었다.

오늘 강의는 그런대로 잘했다.

강사료를 주는데, 와서 보니 5만 원이었다. 그런데 그 돈이 적어서 불쾌한 생각은 조금도 들지 않았다.

오전에 윤동재 씨가 전화를 걸어 왔다. 벌써 개학을 한 모양이었다. 윤 씨는, 며칠 전 대구 가는 차 안에서 〈시사저널〉을 사 보았더니, 올해 포항공대 수석 합격 학생이 〈시사저널〉 부장과 마주이야기를 하는데, 지금까지 읽은 책에서 가장 충격을 받은 책이 내가 쓴 《우리 글 바로 쓰기》였다는 말을 했다고 한다. 내가 쓴 책이 젊은이들에게 그렇게 큰 영향을 주고 있는가 싶으니 기쁘고, 정말 앞으로 더 힘을 내어 일해야겠다는 생각이 들었다. 그래 곧 나가서 전화국 앞 책방에서 〈시사저널〉을 사 왔는데, 저녁에 그걸 읽어 보니 그 학생이 아주 똑똑하다는 생각이 들었다. 참 믿음직스런 학생이라, 이런 학생들이 있는데 내가 뭘 비관하는가 하는 반성도 해 보았다.

1994년 2월 16일 수요일 맑음

오늘 아침 7시 반에 김남주 시인 영결식이 민주 국민장으로 있게 되어 꼭 가기로 했는데, 11시에 동아일보사에 가겠다고 약속을 해 버려서 생각 끝에 장례식에는 안 가기로 했다. 그 까닭은, 동아일보사에는 봉투에 원고와 사진 따위를 넣어 가지고 가야 하는데, 그걸 들고 장례식에 가기가 거북했고, 또 어제부터 눈이 좀 붓고, 밖에 나가니 눈물이 자꾸 나와서 감당할 수 없기 때문이다. 더구나 새벽에 나가게 되면 눈물이 자꾸 나서 남 보기에도 난처하고, 눈을 자꾸 닦고 있으면 나중에는 눈이 아프기까지 하다. 그래 이번에도 문 목사님 장례식 때처럼 안 가기로 했다.

10시쯤 나서니 동아일보사에는 11시가 좀 넘어 닿았다. 특집부에 찾아가서 원고를 주고(읽어 보라고 하니 읽지도 않고 받아서 책상 서랍에 넣었다), 사진도 주고 나서, 다시 건물 뒤에 가서 찍기도 했다.

동아일보사에서 나와 지식산업사에 가서 박경선 씨 인지를 주고, 김 사장과 조동걸 교수와 또 한 분 어느 대학교수하고 모두 넷이서 점심을 같이 먹고 헤어져 왔다.

조동걸 선생이 길을 가면서 말했다.

"이 선생님, 이렇게 말하면 어떨지 모르지만 이제는 죽음을 준비해야 한다는 생각을 안 해 보셨는지요. 저도 나이는 아직 얼마 안 되지만……."

내가 "왜 안 해요. 죽음은 언제나 아주 가까이 있다고 생각해요" 했더니 조 선생 다음 말이 이랬다.

"암에 걸려 죽는 것은 참 좋다고 봐요. 갑자기 교통사고로 죽는다든지, 고혈압으로 쓰러지면 죽음에 대한 준비도 못 하잖아요. 암이면 적어도 몇 달, 잘하면 한두 해는 살아 있으니까 그동안 준비도 하고, 얼마나 좋아요."

참 좋은 말이다. 암이란 세상에서 가장 고약한 병이라 모두가 생각하는데, 이렇게 보는 수도 있구나 하고 놀랐다. 점심 먹는 자리에 앉아서 내가 "방금 오다가 조 선생님이 암에 걸려 죽는 사람은 참 다행하다고 하셨어요. 이런 말은 어디서도 못 들어 본 말이지요. 정말 그렇게 봐야 되겠구나 하는 생각이 들었습니다." 이래서 또 죽음에 관한 이야기를 하게 되었는데, 조 선생은 우리 역사에서 멋지게 죽은 여러 사람의 이야기를 해서 참 귀한 것을 생각하고 깨닫는 시간이 되었다.

점심을 먹고 바로 돌아왔는데, 내일이나 모레나 급하면 책을 고속으로 싣고 대구로 가겠다고 했다.

집에 와서 저녁 모임에서 공부할 자료를 만들어 사무실 우리 말 연구소에 갔다. 오늘은 나하고 모두 여덟 사람이 모여 공부했다. 마치고 난 다음 요즘 한자 교육을 하자는 주장을 하는 사람이 많고, 더구나 〈조선일보〉가 아주 유달리 그런 주장을 한다는 말이 나왔다. 내가 〈서울신문〉도 그렇다고 했더니 박종배 회원이 한자를 같이 쓰면 좋은 점이 있지 않는가 하고 말을 해서 모두 그런 생각은 잘못이라고 했다. 우리 회원조차 이러니 참 답답하다. 박종배 회원은 한의과대학에 다니는 학생이다. 한의학에서 한자가 많이 나오고, 자기가 한자 공부한다고 어린아이들까지 한자 배우게 하고, 한자를 함께 쓰는 것이 좋다고 말하니 이래 가지고 뭐가 되겠나? 이 학생은 전에도 무슨 말을 하는데 아주 자기중심으로 된 관점만 고집해서 말하는구나 싶었던 일이 있었다.

어제 사무실에 온 우편물을 오늘 뜯어보았더니, 그중에 서울민사지방법원 이홍철 판사가 보낸 자료와 편지와 돈 2만 원이 들어 있었다. 2만 원은 부장판사와 자기가 회원 우리 말 모임으로 들겠다고 회비를 보낸 것이었다. 이래서 내가 질 책임이 점점 더해졌다.

1994년 3월 15일 화요일 맑음

오전에 〈영남일보〉 연재 원고와 박경선 씨 장편 원고 다듬은 것을 우송했다. 오후에는 사무실에 갔다가 5시쯤에 신정숙 양이 왔기에 얘기를 들으니 며칠 동안 감기에 걸려서 좀 고생했다고 하면서 기침을 자꾸 하고 있었다. 그래 잠시 얘기하다가 아파트에 데리고 와서 차를 끓여 주고, 식은 밥이지만 김치하고 저녁을 같이 먹고, 갈 때는 꿀을 한 병 주어서 달여 먹으라고 해서 보냈다. 밤에는 〈한화〉 연재 원고를 쓰는데, 자꾸 졸음이 와서 다 못 썼다.

오늘 오전에 박경선 씨 장편 동화 우송한 것, 그걸 어제 밤늦게까지 읽고 아주 큰 감동을 받았다. 그것은 윤경렬 선생이 3년 동안 일본 인형 만드는 걸 배운 해독에서 벗어나려고 30년 동안 애썼다는 것인데 그 얘기가 어쩌면 내 삶과 그렇게도 같은가 하는 느낌이 들어서다.

　나는 일본 말 공부를 보통학교 6년, 졸업 후 2년, 농업학교 2
년, 또 취직해서 2년, 이렇게 모두 12년 동안 한 셈인데, 생각
해 보니 해방하고서 1986년 퇴직하기까지 꼭 42년 동안을 고
민하고 절망하고 몸부림치면서 살아온 것이 따지자면 그 일본
말 귀신에서 벗어나지 못해서 그랬다는 것을 비로소 깨달을
수 있다.

　나는 윤경렬 선생이 살아오신 역사를 박경선 씨 동화로 읽으
면서 내가 살아온 한평생의 뜻을 더욱 확실하게 붙잡게 되었
다. 내가 42년 동안 몸부림치다가 죽지 않았던 것만 해도 얼마
나 다행스러운 일인가! 나는 드디어 이긴 것이다! 나는 어젯밤
잘 때 내 삶의 뜻을 다시 발견했다는 기쁨으로 가슴이 꽉 찼다.
그래 올봄에는 어떻게 해서라도 윤경렬 선생을 한번 찾아가야
겠다는 생각이 들었던 것이다.

　저녁에 박경선 씨를 전화로 걸어서, 원고 고친 것을 보냈으니
잘 읽어 보고 참고해서 다시 고쳐 써 보라고 했다. 그리고 이건
아주 좋은 작품이니 부디 많은 사람들이 읽을 수 있도록 글을
잘 다듬으라고 부탁했다.

1994년 3월 22일 화요일 비

회보〈우리 말 우리 글〉를 추가해서 몇 군데 부치고, 또 편지를 몇

군데 더 쓰고 하다 보니 하루가 갔다.

밤에는 청탁 원고를 쓰기 위해 구상을 했지만 쓰지는 못했다.

10시가 좀 지났던가, 권정생 씨한테 전화를 걸었다.

"아침 자셨어요?"

"예"

"여긴 비가 옵니다. 날씨가 좀 쌀쌀하고요"

"그러네요. 여긴 구름이 꽉 끼었어요."

"지난번 부친 작품, 대강 보셨는지요?"

"예, 다 보고 그저께 부쳤으니 내일이나 모레쯤 갈 겁니다."

"뽑아 보일 만한 게 있던가요?"

"ㅅ 씨 동화는 내용이 좋고 문장도 좋아서 아이들에게 읽힐 만해요. 그리고 ㄱ 씨 동시도 그런대로 하고 싶은 말이 있어서 괜찮아요. 그런데 나머지는 모두 안 되겠어요. ㄹ 씨 동화는 왜 그렇게 성의 없이 썼는지 한심스럽고, ㄱ 씨 동화는 정성은 들였는데 자연을 그렇게 모르고 어떻게 동화를 쓰려고 하는지, 개구리가 개울에서 튀어나오다니 어디 그럴 수 있어요? 그리고 또 한 분 동시 여러 편 쓴 것은, 그게 아무것도 내용이 없는 걸 동시라고 그런 모양으로 썼으니……."

"제가 본 것과 꼭 같네요."

"그런데 전에 말한 것같이 무슨 신인상이라 해서 발표하는 것은 말았으면 좋겠어요. 그냥 발표하면 되는 것이지요. 다른 데서 그런다고 그걸 또 흉내 내면 어떻게 해요."

"저도 그렇게 생각합니다. 그렇게 하도록 의논해 보지요."

"하이고, 참 이젠 동화도 쓸 수가 없어요. 여기 농촌엔 아이들도 얼마 없지만, 그 아이들이 얼마나 기가 막히게 되어 가는지⋯⋯."

"아이들이 모두 도시 아이들같이 영악하게 되었지요."

"영악한 정도가 아니고 아주 살벌해요. 살벌하다고요. 그러니 무슨 동화를 쓰겠습니까. 아무것도 이야깃거리가 없어요."

권 선생은 혼자 계속해서 이야기를 했다.

"여기서 한 키로쯤 떨어진 데 고속도로가 지나가요. 글쎄 거기굴을 판다고 산을 다 망가뜨려 놨어요. 또 길 닦는다고 높은 데는 깎아 없애고 낮은 데는 돋워 올리고 그게 무슨 꼴입니까?"

"냇물도 다 썩었어요. 옛날에는 버들뭉치, 피리, 부구리⋯⋯얼마나 많았습니까. 지금은 그런 고기 한 마리도 없어요."

"그리고 요즘 시골에는 사냥꾼들이 자주 옵니다. 총 가지고다니는 것 보니 아이고 제발 그것들 없었으면 좋겠어요. 그것들 못 하게 해야 되겠어요. 얼마나 보기 싫은지 모르겠어요."

"아이들이고 어른들이고 잘못되어 가는 것 바로 볼 수 있게하는 이야기를 써 주어야겠어요."

"그런데 아이들이 내 동화를 읽고 왜 그런 슬픈 얘기만 씁니까, 해요. 아이들은 옛날부터 잘 먹고 잘살았다는 얘기라야 좋아하는 모양인데⋯⋯"

"이제 말이 꽉 막혀 버렸으니 언제까지나 그런 얘기만 써 줄 수 없어요……."

"그렇지요. 그런데 아이들은 히히 웃기는 것만 좋다고 읽지……."

한참 듣다가 나는 말머리를 돌렸다.

"벌써 3월도 얼마 남지 않았네요."

"이젠 아주 봄이지요. 어제는 요 뒷산에 올라갔더니 그래도 할미꽃이 피었어요. 민들레도 피고요."

"벌써 민들레꽃이 피었어요?"

"그래요. 피었어요. 그래도 산에는 그런 꽃들이 펴서……."

"할미꽃, 민들레꽃을 보러 가고 싶네요. 제가 어렸을 때는 한 해 중에 이른 봄이 제일 기다려졌어요. 그 추운 겨울에 내복도 제대로 못 입고……."

"내복이 아주 없었지요."

"그래요. 내복도 아주 없이 떨면서 지냈지요. 그런 겨울 동안 기다린 것이 봄이지요. 그래 이른 봄에 뒷산 기슭에 올라가 마른 잔디 속에서 할미꽃을 발견하는 순간이란 말도 할 수 없을 만큼 기뻤지요. 그리고 잔대 뿌리도 캐 먹지요. 양지쪽에서 먼저 피어난 참꽃은 찾아내면 얼마나 가슴이 뛰었습니까? 그 참꽃들이 온 산에 피면 꽃잎을 따 먹을 수도 있고, 벼랑에 살구꽃이 피어나 아침 해에 비쳤을 때는 눈물이 날 만큼 기뻤지요. 그런 봄이 왔는데 요즘 아이들은 그걸 모르고 살지요. 언제 봄이 왔는지, 무슨 꽃이 어떻게 피었는지 관심도 없고 기쁨도 모르고, 이러니 아이들이 어떻게 사람다운 마음을 가지겠어요."

"선생님, 이러다가 어찌 되지요? 어떻게 해야 하지요? 선생님이 하시는 우리 말 운동도 글을 쓰고 문학을 하는 사람부터 앞장서 고쳐야 하는데 조금도 그런 기색이 안 보이니……."

"가장 반성이 없는 것이 문인들입니다."

"어떻게 하지요? 교육도 그렇고 문학도 그렇고 정치도 그렇고……."

"하는 데까지 해야지요. 경종을 울리고 비판을 하고 그래도 안 될 겁니다. 사람들이 모두 돌았어요. 미쳤어요. 이대로 가는 데까지 가다가 혹시 어떤 큰 이변이라도 터져서 가는 방향이 바뀔는지도 모르지요. 그렇지 않으면 끝까지 가서 망하는 것이지요."

"망해야 되지요."

"망해도 빨리 망해야 잿더미 속에 다시 새 목숨이 생겨납니다. 그때까지 그저 해야 할 말을 하는 수밖에 없어요."

"이러다가 전화 요금이 너무 오르겠는데요."

"걱정한다고 되는 것이 아니니까 우리 목숨이나 잘 지켜 나갑시다."

"예, 몸조심하시고요……."

"부디 무리하지 마세요."

1994년 3월 31일 목요일 맑음

오전에 어제 써 둔 글을 다시 읽어서 다듬고, 회보〈우리 말 우리
글〉우송을 했다.

오후에는 사무실에서 어린이도서연구회에서 온 이송희 씨를
만나고, 일본서 온 이명희 씨를 만났다. 이송희 씨에게 원고를
주었더니, 읽어 보더니 "우리가 조금도 생각해 보지 못했던 일
들을 지적해 주셨어요" 하면서, 도서연구회 회원들과 자리를
같이 해서 이야기할 수 있으면 좋겠다고 해서 그렇게 하자고
대답했다. 그리고 스님 한 분이 우리 말 살리는 모임 입회하신
다고 1년분 회비를 주셨다면서 돈을 내주는데, 1만 2천 원과
또 다른 봉투에 돈이 들어 있어, 이건 무슨 돈인가 물었더니,
무슨 불경을 그 스님이 우리 말로 옮겼는데, 그게 깨끗한 우리
말이 되었는지 봐 달라면서 주셨는데, 그 돈은 "뭐라고 해야
할까요. 그래서 드리는 겁니다." 말하자면 수고비 같은 것이었
다. "이런 일 가지고 돈을 보내다니, 참……." 그러나 되돌릴
수도 없고 받았다. 그 자리에 앉았던 한지흔 씨는 "선생님, 이
런 일 하시는 데 보태 쓰시라고 하시는 거니 받아 두세요" 했
다. 한지흔 씨는 어제저녁때 전화할 때, 신정숙 양 방을 잘 알
아보지도 않고 계약해 버려서 미안하다고 하더니, 다시 사과
하러 왔다고 하면서 옆에 앉아 있었던 것이다.

이송희 씨와 한지흔 씨를 보내고, 이명희 씨와 한참 얘기했

다. 일본 쓰쿠바대학 대학원 박사과정 중간 논문 〈역사교육에
관한 R. G. 콜링우드의 역사철학의 의의(歷史敎育における R.
G. コリングウッドの歷史哲學の意義)〉란 책과 사사이 히데오《생
활철방생성사(生活綴方生成史)》복사한 것을 내놓았고, 나한테
또다시 1950년대에 글쓰기 교육을 연구 실천한 동기를 물었
다. 그건 그전에 말해 준 것 같은데 또 물어서, 좀 자세히 말해
주었다.

  그리고 일본의 생활 작문 교육 운동이 세계에서 가장 앞선 교
육 운동이라면서, 어째서 그런 뛰어난 교육 운동이 일본에서
일어날 수 있었는가 하는 의문이 생겨서 일본 사람들에게 물
어보았더니 아무도 대답해 주는 사람이 없더라면서, 자기는
일본의 철학자 니시다 기타로의 사상이 널리 교육계에 영향을
주어서 그런 창조적 실천을 할 수 있었던 것이 아닌가 생각한
다고 했다. 그래서, 그런 점도 있겠지만 내 생각으로는 그 밖에
도 두 가지 더 있을 듯한데, 그중 하나는 일본이 기독교의 영향
을 다른 어떤 나라보다도 적게 받으면서 자기 나라의 신앙 전
통을 지키고 있는 나라인데, 기독교 문화가 위에서 내려오는
문화라고 할 수 있다면 생활 글쓰기는 그와 반대로 땅에서 올
라가는 것이니, 이래서 일본 땅에서 싹튼 글쓰기 교육 운동이
생겨났다고 할 수 있다고 했다. 그리고 그다음은 일본의 글자
문제를 말했다. 일본의 글자가 50자밖에 안 되어, 어린아이들
이 세계 어느 나라 아이들보다도 빨리 익혀서 글을 쓸 수 있다

고 했다. 그랬더니 이명희 씨는 참 그렇다고 말했다. 지금 생각하니, 또 하나 있다. 그것은, 일본의 군국주의다. 군국주의의 교육 탄압이 다른 어떤 나라보다 심했다고 볼 수 있는데, 그런 탄압에 맞서 아이들을 지키는 수단으로 생활 작문 교육의 사상이 생겨난 것이다.

. 이명희 씨는 갈 때 입회비를 "일본까지 부칠라면 우편료도 많이 든다"면서 2만 5천 원이나 내놓고 갔다.

그리고 곧 아파트로 왔지만, 우편물 받아 보고 일기 쓰고 하니 그만 저녁이 다 가서 벌써 10시 반이 되었다. 〈문학사상〉에 보낼 원고를 언제 보나 걱정이다.

1994년 4월 22일 금요일 맑음

종일 선경 작품 심사를 했다.

아이들 글이 전보다 못하다. 점점 나빠지는 것 같다. 이제는 줄글마저 제대로 쓴 것이 거의 없다. 모두 글짓기 학원에 가서 논리 글짓기 공부하고 동화 쓰기 흉내 내니 이렇게 된다.

1994년 5월 7일 토요일 맑음

아침 8시 반에 서울역에서 출발하는 새마을 열차를 타니 오후 2시 8분에 진주에 닿았다. 신정숙 양하고 바깥 새잎이 눈부신 산과 들을 바라보면서 이야기하다 보니 어느새 진주에 닿았던 것이다. 남성진 씨가 역에 마중 나와 있었다. 회장인 어느 성당 교육회관에 가서 잠시 있으니 부산의 김정섭 선생이 왔다. 김 선생은 신문 보도를 보고 왔다고 했다. 이래서 진주 우리 말 우리 글 살리는 모임 결성 대회는 4시에 시작되었는데, 모인 사람은 50명쯤 되었는지 모른다. 경과보고, 회장 인사, 격려사, 결의문 낭독…… 이런 차례였는데, 격려사를 본래 나한테 20분쯤 해 달라고 하는 것을, 김정섭 선생한테 먼저 하라고 하고 나는 그다음에 '우리 몸에 배어 있는 못된 버릇 고치기'에 대해 한 30분쯤 얘기했다.

 이 결성 대회를 1부로 하고, 2부에는 강연회를 하는데, 회장이 된 박종석 씨가 강연을 했다. 강연이라기보다 우리 말 우리 글의 여러 가지 문제를 하나씩 보기를 들어 마치 학생들 앞에서 강의하듯이 이야기했다. 하는 말이 모두 옳고 바른 것이었으나 내가 책에서 말한 것을 다시 되풀이하는 것 같아 나는 자꾸 잠이 와서 애먹었다. 그리고 연사가 꼭 아이들에게 강의하듯이 자꾸 되묻고 해서 좀 어울리지 않았는 데다가 쉴 새 없이 이리 갔다 저리 갔다 하며 움직여서 사람이 경망해 보였다. 그래도 마치고 나서 김정섭 선생은, 자기가 생각하고 있는 것과 꼭 같다면서, 아주 연구를 많이 했다고 칭찬을 많이 했다. 그걸 듣고, 내가 칭찬할 줄 모르는구나 하고 뉘우치고는 나도 좋은 말을 했다고 말해 주었다.

마치고 나서 떡과 안주며 술을 차려 놓고 한참 둘러앉아 얘기하다가 어느 식당에 가서 저녁을 먹고 여관에 가서 12시까지 또 얘기를 했다.

1994년 5월 8일 일요일 맑음

여관에서는 김정섭 선생하고 둘이서 한방에 잤는데, 김 선생은 어젯밤에 누워서도 한 시간쯤 자기가 하고 있는 일의 어려움을 이야기했다. 그런데 오늘 아침에는 내가 이런 얘기를 했다.

"김 선생님, 저는 김 선생님이 쓰시는 글이 참 깨끗하고, 그런 글을 많은 사람들에게 보여 주고 싶어요. 그런데 우리 회원 가운데는 김 선생님 글을 아주 싫어하는 사람이 있는데, 글 가운데 어쩌다가 나오는 죽은말 같은 걸 보고 그러는 모양입니다. 가령 부부를 '가시버시'라고 하는 경우인데, 그런 말을 모두 싫어하고, 그런 말을 쓰는 김 선생을 별난 사람으로 봅니다. 그런 말은 사실 다시 살려 쓸 수도 없지요. 이런 말도 있구나, 옛날에는 이런 말을 썼구나, 하는 것을 알게 하는 좋은 점도 있겠지만, 그런 좋은 점보다 잃는 점이 더 많다고 봅니다. 그래서 다시 살려 쓸 수도 없는 말을 쓰게 되면 운동에 지장이 된다고 생각해요……."

이랬더니 김 선생은 내 말을 그렇다고 수긍하면서도 "사실 우리 말을 살려 쓰는데 어디서 어디까지를 살려 쓰고, 어디까지를 한자 말 그대로 쓰는가, 하는 잣대가 없는 것이 문제입니다……" 하고 또 언젠가 들은 잣대 문제를 꺼냈다. 내가 여러 번 말했고, 벌써 내 책에도 그 기준이 저절로 밝혀져 있는데도 김 선생은 그것을 모르는지 수긍하지 않는지 알 수 없었다. 학교 공부를 하지 않고 책과 글 속에 빠져 있지 않는 사람들이 쓰는 말, 쉽게 알아들을 수 있는 말, 이것이 기준이란 것은 내 책을 읽은 사람 누구나 다 알아차릴 수 있는데, 그걸 왜 모르고 또 이런 말을 하는지 알 수 없다. 그러니까 가시버시니 모람이니 말글살이니 하는 말을 쓰고 싶어 하는 것이다. 김 선생이 잇달아 그런 말을 하면서 자기 생각을 주장하기에 이번에는 다른 이야기를 해 보았다.

"김 선생님, 중·고등학생이나 국민학교 학생들에게 글쓰기나 작문을 가르칠 때 흔히 선생들이 유명한 문학가의 작품 이야기를 해 주고 그 작품의 한 구절을 들려주고는 자, 이 얼마나 아름다운 글입니까, 여러분도 이런 글을 한번 써 보십시오, 하고 말하는데, 이것은 가장 졸렬한 수업 방법이고, 학생들에게 글을 못 쓰게 하는 가장 정확한 방법입니다. 그런 선생님 말을 들으면 아이들 기가 질려 아무도 쓸 사람이 없습니다. 아이들에게 글을 쓰게 하려면 그 아이들과 비슷한 생활을 하고 있는 같은 또래 아이들이 쓴 정직한 글을 읽어 주거나 읽도록 하는 것이 가장 좋습니다. 그러면 '나도 그런 일이, 그와 비슷한 일이 있었는데, 그런 글쯤이야 나도 쓰겠다' 하고는 쉽게 글을 쓰게 됩니다. 우리 말 살려 쓰는 운동도 이와 같이 해야 합니다."

이렇게 말했더니 그제야 김 선생은 "그것 참 옳은 말씀입니다" 하고 공감하는 듯한 대답을 해서 비로소 마음을 놓았다.

8시 반쯤 박종석 씨, 남성진 씨 들이 와서, 모두 같이 근처에 있는 촉석루에 올라가 보았다. 그런데 남강 물이 아주 시궁창 물 같아서 놀랐다. 내가 "논개가 저런 물을 봤다면 저런 더러운 강물에 몸을 던져 죽을 마음이 나지 않았을 겁니다"고 했더니 모두 웃었다.

9시 35분에 진주서 출발하는 통일호를 신 양하고 같이 탔는데, 박종석, 남성진, 또 그 밖에 몇 분이 전송을 해 주었다. 오늘도 날씨가 좋아, 간밤에 잠을 제대로 못 자 몸이 좀 고달팠지만 눈부신 바깥 풍경을 바라보면서 오는 길이 즐거웠다. 서울역에 오후 4시 반 도착, 과천 오니 5시 반이었다.

1994년 6월 1일 수요일 맑음

낮에는 〈어린이〉지에 나온 독자 투고 작문을 대강 훑어보고 표를 해 두었다. 이걸 회보에 연재했다가 우리 아이들의 작문 교육사, 또는 우리 아이들의 글쓰기 역사를 써 봐야겠다는 생각이 들었다.

밤에는 내일 강의할 자료를 만들었다.

오늘 저녁 6시에 통일맞이칠천만겨레모임에서 행사가 있다고 엽서가 여러 번 왔지만 안 갔다. 이제 특별히 내가 가서 해야 할 일이 없으면 그 어디에도 안 가기로 했다.

1994년 6월 15일 수요일 맑음

낮에 박금자 씨가 점심을 같이 하자고 해서 뒷건물 1층에 가서 우거지국이란 것을 먹었다.

오늘 저녁 월례 공부 모임에는 열세 사람이 모였는데, 공부할 거리를 따로 준비하지 않았지만 몇 가지 유익한 의논을 했다. 공부는 박종배 씨가 지난번 가져와서 못다 한 자료 중 일부를 다시 복사해서 같이 보았는데, 그 내용이 아주 좋았다. 그리고 오늘은 진주에서 서정홍 씨가 와서 그곳 소식도 듣고, 또 진주 사람이 의논했다는 것인데 〈우리 말 우리 글〉 월간지를 낼 수 없는가 알아보라고 한다 해서, 그 얘기를 한참 하고, 아무튼 이제 회보를 1년 동안 냈으니 이제 앞으로는 좀 새로운 길을 열어 나가도록 해야겠다는 것과, 잡지 내는 것은 글쓰기회 쪽과도 연락해서 의논해 보겠다고 말했다. 또 박종배 씨가 "지방 회원들도 회보만 받아 볼 것이 아니라 우리 말 살리는 일을 위해 뭔가 한 가지씩 할 수 있도록 하자고 하면서, 그런 일을 위해 부서를 나누어 일을 밀고 나가도록 하는 것이 어떤가, 했다. 그래서 내가 "지금까지는 우리 말 살리는 모임이라고 했지만 나하고 오 선생하고 신정숙 씨 셋이서 회보 만드는 의논을 하

고, 글도 대부분 내가 썼는데, 이제 앞으로는 회의 틀을 짜서
회칙도 만들고 부서도 나누어서 하고, 사업도 정하고, 좀 규모
있게 해 나가야 하는데, 그러기 위해 한 차례 모여서 창립총회
도 가져야 하고 총회를 열기 위한 의논이며 준비 같은 것도 해
야 하니, 다음에는 그 의논을 좀 할 수 있도록 미리 생각해 와
달라"고 했다.

　모두 마치고 나니 9시 반이었다. 서정홍 씨는 돌아갈 기차표
를 사 두었다면서 의논 중에 먼저 나갔다. 멀리서 일부러 왔는
데, 저녁도 대접 못 하고 보내서 참 미안했다.

1994년 6월 17일 금요일 맑음

　오후 교육방송국에 가서 1시 반부터 교육 말 바로 쓰기 7회
분을 녹음하고 왔다.

　그리고 한 시간 남짓 쉬고 다시 나가서, 신이문 전철역 근처
에 있는 안기부에 가서, 그곳에서 교육을 받고 있는 신입 사원
48명에게 〈우리 말 우리 글〉 회보를 나누어 주고, 우리 말을 잘
못 쓰고 있는 실상과 그 원인, 바로 쓰는 길을 7시 10분부터 9
시 20분까지 이야기했다.

　이것은 지난달이던가 그곳에서 부탁을 해 와서 약속한 것이
다. 그 교육 기획을 담당한 분의 말을 들으니, 공문서나 보고서
같은 것을 쉬운 말로 써 내면 윗사람들이 받아들이지 않아서,

이번에는 새로 들어오는 직원들만이라도 이렇게 교육해 보고 싶어서 하는 것이라면서, 내가 쓴 《우리 글 바로 쓰기》두 권과 《우리 문장 쓰기》는 48명이 전원 가지고 읽고 있는 중이라 했다. 이런 자리에서도 우리 말을 살리는 일에 관심을 가진 분이 있구나 싶어 이야기를 잘해 보려고 했지만 그간 워낙 바빠서 준비를 제대로 하지 못해 썩 잘한 것 같지 않다. 그러나 마치고 난 다음에 회원으로 들고 싶다면서 묻는 사람도 몇이나 있어 다행이란 생각이 들었다. 더구나 그 교육을 맡고 있는 분(김명식이란 분이던가)의 생각이 참 좋아서 반가웠다. 마치고 돌아오니 10시 40분이었다.

1994년 6월 20일 월요일 맑음

오전에 연재 원고를 네 곳에 모두 속달로 우송했다. 〈독서광장〉, 〈영남일보〉, 〈한화〉, 〈라디오매거진〉이다.

오후와 밤에는 법령 용어 정비 책을 보고 낱말에 대한 의견을 적어 나갔다. 밤 11시 10분까지 해서 겨우 반쯤 나갔다.

1994년 6월 28일 화요일 맑은 뒤 밤에 비

어젯밤에 현대중공업 노조에서 만들어 내는 〈민주항해〉 5·6월 호에 있는 '반공 소년 이승복은 조작이었다'는 글을 읽고

큰 충격을 받았다. 그 이승복 애기는 전부터 엉터리로 만들어
낸 것인 줄 짐작은 했지만, 이렇게 한 소년과 그 가족을 잔인하
게 죽여서 반공 영웅으로 만든 줄은 몰랐다. 이것은 참 너무나
어처구니없는 일이고, 인간이란 동물을 도무지 믿을 수 없게
하는 기막힌 일이다. 이 지구에서 인간은 다 없어져야 한다. 그
것밖에 희망이라고 말할 수 있는 것이 없다. 도대체 사람에게
무엇을 바란단 말인가!

 오늘은 몇 군데 회보〈우리 말 우리 글〉를 모아 보내고, 내 책도
보내고, 편지도 쓰고 했다. 그리고 밤에는 어린이문학 문장 자
료를 보충해서 썼다.

1994년 7월 1일 금요일 비

 얼마 전부터 또 잡지 만드는 일을 해야겠다고 생각해 오다가
어제부터는 그만 아주 포기해 버렸다. 아무래도 내 힘을 그 일
에 다 바치기에는 너무나 그 일이 확실하지 않다. 그리고 그보
다 더 급하고 꼭 해 두어야 할 일이 있다고 깨달은 것이다. 그
래서 오늘은 두어 해 전에 만들어 두었던 우리 말 바로 쓰기 자
료를 사무실에 갖다 놓고 앞으로 할 일을 계획했다. 우리 말 바
로 쓰기 사전을 만드는 일이 가장 급하다. 그다음은 글쓰기 지
도법을 체계를 세워서 쓰는 일이고, 아동문학 이론서를 정리
해 내는 일이다. 이런 것은 내가 해야 할 아주 확실한 일이다.

이제는 이것저것 하려고 결코 헤매지 말아야겠다는 생각을 하게 되었다.

오후 3시까지, 부산에서 온 수도원 회규에 관한 질문서와 또 어느 스님이 보내온 불교 관계 글 다듬는 일을 대강 마무리해 놓고, 아람유치원에 가서 어린이문학회 월례 연수회에 참가했다. 오늘은 양상민 씨가 동화를 써 왔는데, 모두 읽고 의견을 말해 주었다. 양 씨는 동화를 잘 쓸 수 있을 것 같았다. 그리고 여름 연수회 의논을 하고, 작품집 편집과 출판 의논을 하고 나서, 저녁을 같이 먹고 헤어졌다.

1994년 7월 4일 월요일 흐림

유치원 아이들에게도 과외 교습이란 것을 해도 좋도록 한다는 법을 제정하는 준비를 하고 있다고 해서 내일은 어디에서 교육 운동을 하는 많은 단체들과 유치원 교육을 맡은 교육자 대표들이 모여 공청회인가를 한다고 한다. 그래 내가 그 자리에는 못 가지만 글이라도 하나 써 보낼까 해서, 오늘은 원고지 여남은 장쯤 써서, 이것을 〈우리 말 우리 글〉 14호 임시 호라고 써서 한 장짜리로 만들었다. 이걸 내일 신정숙 씨 편으로 보내서 아람유치원 박문희 원장한테 읽어 보라 하고 괜찮으면 복사해서 그 회장에서 나눠 주라고 해야 되겠다.

아침에 누님께 20만 원을 주었다. 그리고 8시 20분에 나섰다. 누님은 내가 떠날 때 "이젠 우리 형제 다 죽고 우리 둘만 남았다……" 하면서 또 "성경 잘 보고 예수 믿고" 했다.

금왕까지 정우 내외가 나와 주었다. 8시 40분 차로 동서울 오니 10시가 좀 지났다.

과천 오는데, 감자, 고추, 현미 떡 같은 것 들고 온다고 땀이 났다.

우편물 정리하고 신문 보고, 사무실에 가니 신정숙 씨하고 한지흔 씨가 있기에, 내려가서 우리 밀 국수를 같이 먹었다. 가지고 온 현미 떡과 고추는 반쯤을 나누어 신정숙에게 주었다.

오후에 글을 쓰는데, 신정숙 씨가 "지금 한 선생한테 전화가 왔는데요, 김일성이 죽었다 해요. 방금 방송 들었답니다. 오늘 새벽에 심장병으로 갑자기 죽었다고요" 했다. 아까 점심 먹으러 내려갈 때 가게 옆에서 젊은이들이 김일성이가 죽었으면 어쩌고 하는 것 같더니, 그때는 흔히 하는 농담으로 알았더니 사실이구나 싶었다. 드디어 죽었구나. 그런데 모처럼 정상회담을 하기로 되어 있었는데, 이제 어찌 되나. 기왕이면 회담을 해서 통일의 길을 열어 놓고 죽었더라면 좋았을 것을, 하는 생각이 났다. 김이 죽으니 온갖 생각이 났다.

밖에 나가니 1시 20분인데 〈중앙일보〉가 안 왔다. 그래서 사무실이 덥기도 하고, 글 쓸 자료를 집에 두었기도 해서 좀 일찍 아파트로 왔다.

글을 쓰다가 5시쯤 되어 신문을 사러 나갔더니 〈경향신문〉 호외가 지하도 들머리에 쌓여 있는데 김일성 사망이라 크게 나 있었다. 〈중앙일보〉도 머리기사가 김일성 사망으로 되어 있다.

미국 어느 정보 계통에서는 병사가 아니고 무슨 일이 있었던 것 아닌가, 하고 말하는 모양인데, 가만히 생각해 보니 병으로 죽은 것이 분명하다. 얼마 전 미국에서 간 전직 대통령과 회담 할 때 그렇게 건강한 모습을 보였다고 하더니, 지난 7월 1일 이후 공석에 나타나지 않았다고 하는 것을 보면 병사라고 해 도 갑자기 죽은 것이 아니고 적어도 일주일 이상 누워 있었던 것이 분명하다. 그렇다면 이번에 미국 전 대통령과 만나 그렇 게 새로운 제안을 하고, 미국에도 가 보고 한다고 말한 것은 예 사로 생각되지 않는다. 말하자면 자기가 죽기 전에(그는 그 죽 음을 예감한 것 아닌가 싶다) 놀라운 일을 해 보겠다고 한 것 이리라. 사람은 누구든지 죽기 바로 전에 아주 생기를 보이면 서 남들이 놀라워하는 일을 흔히 한다고 하니, 그도 그렇게 한 것이 아닌가 싶다.

밤 11시까지 임명삼 씨 부탁한 '우리 말에 스며든 일본 말' 글을 썼지만 아직도 쓸 것이 많이 남았다.

1994년 7월 27일 수요일 맑음

신정숙 씨가 제 친구를 데리고 왔기에 셋이서 점심을 도시락으로 먹었다. 정숙 씨 친구란 아가씨는 어려운 가정에서 공부를 하면서 학교에서는 '운동'을 아주 순진하게 열심히 했는데, 지금은 그런 일에 회의도 느끼고 해서 취직을 하려고 왔다는 것이다. 무엇을 할 수 있을지, 아무튼 세상을 좀 알기 위해서도 앞으로 고생을 해야 되겠구나 싶었다.

오후 4시까지 정지용, 김소월 편 시 선정을 대강 해 놓고 4시 반에 아람유치원에 갔더니, 며칠 전에 나온 유아들의 글과 그림책이 나와 있었다. 그걸 보니 아이들 말과 글이 아주 재미있었다. 이건 소월이고 지용이고 하는 시보다 낫겠다는 생각이 들어, 이걸 가지고 유아들의 시집을 만들자고 했더니 박 원장도 좋아했다. 사실은 오늘 어머니들의 글을 보러 갔는데, 그 글을 유치원 교사들이 어디 놓아두었는지 모른다니, 어머니들 것은 뒤에 하기로 하고 아이들 것을 먼저 내야겠다는 생각이 들었다.

대강 의논을 하고 나서 박 원장 따라 방배역 근처에 있는 채식을 주로 하는 뷔페식당에 가서 신정숙 씨와 셋이서 저녁을 실컷 먹고 왔다.

밤에는 권정생 동시 선집에 넣을 작품을 뽑아 보았다.

1994년 7월 28일 목요일 맑음

지식산업사에 가려고 했더니 김 사장이 과천으로 온다고 해서, 12시까지 준비해서 사무실에 나갔다. 12시 반이 되자 정승각 씨가 먼저 오고, 곧 김 사장도 왔다.

점심을 먼저 먹고 와서 책 내는 일을 의논했다. 우리 아이들에게 우리 겨레의 정서를 이어 주기 위한 시집 발간은, 첫 회로 윤동주, 정지용, 김소월, 권정생 이 세 권을 내기로 해서 내가 선정해 놓은 작품을 보여 주고 책 모양이며 그림 같은 것을 의논했다. 다음은 아람유치원 아이들의 글과 그림책, 그리고 글쓰기 회원들이 써낸 《자연과 목숨을 살리는 교육》 책 원고까지 내주고 의논했다.

수박을 먹고 다시 한참 얘기하다가 두 분을 보내니 4시가 넘었다.

저녁에는 어제 자료 모은 것에 좀 더 보충해 넣는 일을 했다.

1994년 9월 3일 토요일 맑음

아침 7시 남부터미널에서 박금자 씨와 같이 홍성 가는 버스를 타니 9시 반쯤에 홍성읍에 내리게 되었다. 곽 선생이 기다리고 있어서 봉고 차로 풀무학교 풀무농업고등기술학교에 가니 홍 교장 선생이 문간에 나와 마중해 주었다. 잠시 연구실에서 앉왔다가 곧 학생들이 기다리는 강당으로 가니 전교생이 모여 있었다. 약 한 시간 동안 이야기한 내용은 첫째, 저보다 어린 사람한테 배우자. 둘째, 쉽고 바른 우리 말을 쓰자, 이런 것이 었는데, 한두 아이가 처음부터 자고 있었을 뿐 모두 잘 들었다.

풀무학교는 온 지가 다섯 해쯤 되었던 것 같다. 그래 처음 왔을 때 느낌을 거의 잊어버렸는데, 이번에 와 보니 새삼 학교가 마음에 들었다. 연구실(교장실)에 앉아 창밖을 바라보니 들판에 익은 벼들이 보이고, 그 멀리 나지막한 산들이 보이는데, 바로 창밖, 학교 교사 둘레에서는 쓰르라미 소리가 쉴 새 없이 들렸다. 그리고 강당에 들어가 봐도 둘레가 나무로 우거져 있었다. 들리는 소리라고는 매미 소리뿐이었다.

강의를 마치고 나와 교내를 한 바퀴 둘러보았다. 새로 지은 기숙사가 잘되어 있었고 식당도 잘되어 있었다. 난초, 국화를 기르는 비닐 집에도 들어가 보았는데, 그런 일들을 모두 학생들이 한다고 했다. 또 고개 넘어 운동장에 가 보았더니 넓은 운동장에 풀이 우거져 있었다. 그 운동장 곁에 집이라도 지어 살고 싶었다.

홍 교장 선생을 따라 식당에 가서 점심을 먹었는데, 밥맛, 반찬 맛이 아주 좋았다.

오후에는 홍 교장 선생하고 홍동 면내의 여러 곳을 찾아가 보았는데, 풀무소비조합, 신용협동조합, 우리 밀 가루 만드는 공장, 오리 농법으로 농사짓는 곳, 버린 식용유로 가루비누 만드는 공장, 퇴비 만드는 공장 짓는 곳, 대강 이렇다. 이런 일들을 모두 풀무학교 출신들이 하고 있다니 참 놀라웠다. 이 밖에도 홍성읍에 가면 또 풀무 출신들이 좋은 일을 많이 하고 있다고 들었다. 홍 교장이 풀무에서 한 일은 우리 교육사에서 가장 큰 업적으로 남아야 할 것이란 생각이 들었다.

풀무학교에서는 현재 수용하고 있는 학생에게 필요한 기본 시설은 대강 다 갖추었는데, 한 가지, 논이 모자라 식량 자급이 안 된다고 한다. 그래서 논 3천 평(한 평 만 원, 그러니 3천만 원)만 장만하면 오리를 길러 좋은 농사법도 가르치고 싶다고 했다. 3천만 원은 그다지 큰돈도 아닌데, 하는 생각이 들었다.

4시쯤 되어 곽, 박 선생 부부가 사는 곳으로 왔다. 오자마자 염소 우리를 둘러보았다. 염소가 모두 250마리쯤 되는 모양인데, 모두 먹을 것을 실컷 먹고 배도 불렀고, 새까만 털이 윤기가 났다. 새끼들이 뛰어노는 것이 너무 귀여웠고, 그중에는 어제오늘 낳은 것도 있어, 그런 것들은 잘 서지도 못하고 앉았다가 일어서 두어 발 걸어가고 했다.

산에는 풀이 키로 자라 무성했는데, 곧 염소들을 산으로 올려 보내서 풀을 먹게 한다고 했다.

염소 우리 뒤쪽에 개집이 있는데, 한 집에는 어미 개가 며칠 전에 낳은 새끼 아홉 마리(11마리였는데, 두 마리는 죽었다고 한다)를 데리고 있었고, 다른 한 집에는 젖을 뗀, 좀 큰 강아지들이 열 마리 놀고 있었다.

내가 가까이 가니 모두 철망 쪽으로 발과 주둥이를 내밀었다. 그래서 손가락을 넣어 주니 서로 빨려고 다투었다. 그래서 두 손바닥을 다 펴서 넣어 주었더니 거의 모든 강아지들이 달려들어 빨고 핥고 발을 내밀고 했다. 그중에서도 주둥이가 좀 길고 얼룩덜룩한 두 놈이 가장 극성스러웠다. 그런데 주둥이가 좀 짧고 좀 노란빛을 띤 두 마리는 가까이 오지도 않고 뒷전에서 혼자 장난하고 있었다. 이것이 모두 한배에서 난 것들일까? 물어보지 못했다.

저녁밥을 풀무학교 학생들도 일고여덟 명 오고 해서 염소 고기를 굽고 아주 큰 잔칫상같이 해서 먹었다. 홍 교장 선생은 저녁 식사를 마치고 가셨다.

밤에도 11시까지 주로 밖에 앉아 풀벌레 소리를 들으면서 이야기하다가 잤다. 곽 선생이 한 염소 이야기가 가장 재미있었다. 한 우리 안에 있는 염소들 가운데서 힘이 가장 센 두 놈이 싸우는 이야기, 조금만 당하면 마구 고함쳐 우는 엄살쟁이 염소 얘기, 설사하고 감기 걸리고 하품하고 방구 뀌는 것이 사람과 똑같다는 얘기…… 그리고 그 많은 염소들이 죄다 다른 개성을 갖고 있다는 얘기도 재미있고 많은 것을 생각하게 했다.

1994년 9월 4일 일요일 맑음

오전에 곽, 박 두 부부와 뒷산에 올라가 보았다. 밤송이가 다

굵어져 있었고, 상수리도 알이 차 가고, 도토리는 거의 다 굵어져서 가을빛으로 익기만 기다리고 있었다. 염소들이 산에서 풀을 뜯어 먹는 것이 참 보기 좋았다. 풀밭에서 사진을 찍었다.

점심을 국수를 실컷 먹었다.

낮에 호두나무 밑에서 달개비꽃을 한참 관찰했다. 시캐덤불꽃이 연푸른빛이란 걸 처음 발견했다. 꽃 중에서 파란 꽃은 달개비밖에 없고, 푸른빛 꽃이 있다는 사실도 처음 알았다. 어제 오후에 그토록 장난치고 까불며 좋아하던 고양이가 오늘은 나오지 않아 고양이가 어디로 갔는가 보다 했더니 곽 선생이 "자는 모양이지요" 했다. 그래 호두나무 밑 평상에 앉아 있는데, 갑자기 조그만 개구리 한 마리가 제 키의 수십 배를 펄쩍펄쩍 뛰며 앞을 지나가기에 그 순간 "뱀한테 쫓기나 보다" 하고 느꼈더니 그러자 곧 풀숲에서 너불대가 한 마리 쏜살같이 나와 개구리를 따라갔다. 이크! 내가 일어나 그 뒤를 따라 몇 발자국 갔을 때는 이미 그 아래 언덕바지 풀숲으로 개구리가 뛰어들어갔고, 뱀도 그 속으로 들어갔다. 자갈돌 하나를 던졌지만 어찌할 수 없었다. 개구리는 잡아먹혔을 것이다. 너불대는 조그만 놈이었는데……. 근년에 뱀을 본 것도 처음이다.

그리고는 호두 떨어진 것을 주워서 까 보니 모두 알이 차 있어서 몇 개 까먹기도 했다.

4시쯤 되어서야 고양이가 나왔다. 나오자마자 뛰어다니면서 또 장난을 친다. 개미가 기어가는 것을 가만히 보면서 따라가

기도 하고, 잠자리가 낮게 날아가니 훌쩍 뛰어오르고, 엎드려 무엇을 노리다가 훌쩍 뛰어서 잡는 것을 보니 메뚜기였다. 메 뚜기는 고양이 발에 걸리지 않고 머리 위로 튀어 올라갔고, 고 양이는 쳐다보다가 또 다른 것을 찾았다. 내가 호두 알을 던져 주었더니 그걸 가지고 한참 구르고 잡고 하며 놀았다.

그러더니 내 옆에 오기에 손가락을 움직여 뛰어와 잡게 하고, 손을 내밀어 붙잡으니 아무런 경계하는 기색도 없이 잡혔고, 무릎에 올려놓고 머리며 턱이며 목을 쓰다듬어 주니 눈을 지 긋이 감고 있었고 목에서 고르릉 소리가 났다. 아마 이 고양이 가 나서 처음으로 사람 손에 안겨 보았을 것이다. 그러다가 고 양이는 내 손가락이며 손바닥을 핥았고, 핥다가 입으로 깨물 었다. 아직 깨무는 법을 몰라서 이빨 끝이 날카로워 아팠다. 발 톱도 너무 세워서 아팠다. 그러다가 한참 뒤에는 덜 아프게 물 었고, 발톱도 덜 세우는 것 같았다.

이 고양이는 다시 혼자 뛰어노는 것을 이번에는 내가 가까이 가서 붙잡아도 달아나지 않고 잡혔다. 이제는 온전한 집고양 이가 된 것이다.

곽 선생이 저녁 7시 차표 사고, 또 ○○이 학교 데려다 주고, 올 때 홍 교장 선생과 같이 온다면서 나가고 난 다음 박 여사가 감자를 삶아 왔다. 껍질을 까서 먹으니 참 맛이 있어 여러 개 먹었다.

5시쯤 되어서 홍 교장 선생이 와서 보잘것없는 선물이라면서 주는데, 지난번 일본 갔을 때 그곳 마을에서 만든 조그만 과일 칼과 또 하나 종이로 싼 것이었다. 보니 "민예품·하가타 닌교 (民藝品·博多人形)"라 씌어 있다. 참 고마웠다. 호두나무 밑에 서 홍 교장 선생하고 얘기하고 있는데 박 여사는 또 옥수수를 쪄서 갖고 왔다. 그것은 너무 야물었지만, 금방 밭에서 따 온 것이라 참 고소했다. 옥수수를 먹으면서 홍 교장 선생은 나를 부디 홍성으로 오라고 했다. 여기 오면 이 곽 선생 있는 골짜기 에 집을 마련해도 좋고, 풀무학교 옆에도 오시고 싶으면 집 마 련할 땅은 얼마든지 드리겠다고 했다. 이곳 와서 아이들한테 나 농사꾼들한테 가끔 좋은 얘기 들려주고, 글쓰기도 가르쳐 주면 큰 도움이 되겠다고도 했다. 홍 교장 선생은 내 생각과 교 육관을 진심으로 공감하는 듯했다. 그래서 나도 머지않아 서 울 생활 정리하고 시골에 올 생각인데, 지금 보아서 이곳 홍성 쪽으로 올 마음이 많다고 했다. 서울 일은 정리한다고 하더라 도 두 해쯤 걸릴 것 같다고 했더니 "그렇구 말구요. 너무 서두 르지 마시고 천천히 하시는 것이 좋지요" 했다. 내 속으로 풀 무학교 뒤 고개 너머 운동장 옆 어디에 땅을 얻어 집을 지었으 면 좋겠다 생각했지만, 그 말은 하지 않았다.

그리고는 홍성읍 버스 정류장에 나와 차를 타는데, 곽 선생, 홍 교장 선생이 마중 나와 주었다.

7시 10분에 버스가 떠났는데, 예산부터 천안까지 몇 군데서 길이 막혀, 예정보다 한 시간쯤 늦게 남부터미널에 닿았다. 그때가 10시 40분. 전철을 타자고 했더니 박 선생이 아직 전철은 한 번도 타 보지 않았다면서 모범택시로 가자고 했다. 돈을 두세 배 더 주지만 안전하다고 해서 모범택시를 타고 1단지 앞에서 먼저 내리고 보냈다. 집에 오니 11시가 넘었다.

이번 여행에는 갈 때와 올 때, 차비를 모두 박 선생이 댔다.

올 때 버스 안에서도 박 선생하고 홍성으로 옮겨 가는 얘기를 한참 했다.

1994년 9월 15일 목요일 맑음

오후 3시부터 덕수궁에 있는 국립국어연구원에서 국어심의회(국어순화분과)가 있어서 갔더니, 심의위원들이 모두 모였는데 15, 16명쯤 되었다. 임업 용어 순화안과 봉제 용어 순화안, 두 가지를 가지고 문제가 있는 말만 가지고 논의를 하는데 5시 반까지 해도 다 못 해서 봉제 용어 순화안에서 다 못 한 것은 다음 26일에 다시 모여 의논하기로 하고 헤어졌다.

오늘 논의를 할 때 맨 처음 골막이―골매기, 바닥막이―바닥맥이, 기슭막이―기슭매기, 흙막이―흙매기…… 이런 말에서 "막이"를 써야 되는가, "매기"를 써야 옳은가에 대해 한참 논란이 있었다.

먼저 산림청 실무자가 설명을 하는데, 현장에서 모두 매기를 쓰고 있고, 여러 문헌에서 매기로 되어 있으니 매기로 쓰는 것이 좋겠다는 의견을 냈다. 여기에 대해 한두 사람이 사전에 막이로 나와 있고 막이로 써야 제 뜻이 나타난다고 했다. 그래서 내가 이런 말은 무엇보다도 현장에서 어떻게 쓰나 하는 것이 중요하니 현장에서 쓰는 대로 매기로 하는 것이 옳다고 본다고 했더니, 다른 사람들이 모두 매기로 해서는 안 되고 막이로 써야 한다고 말했다. 그래 할 수 없이 내가 "그러면 이렇게 하는 수는 없습니까. 막이와 매기를 다 쓰도록 해서 어느 것이든지 많이 쓰는 쪽으로 결정하도록 말입니다." 그러나 이 의견도 모두 반대해서 결국 막이로 되어 버렸다.

학자들이 말에 대해 가지고 있는 생각과 태도가 이래서 문제다. 사전에 있으니까 사전대로 써야 한다, 표준말이 그렇게 되어 있으니까 그렇게 써야 한다……. 현장에서 쓰는 말, 실제로 백성들이 쓰고 있는 말은 아주 무시하고, 책에 적어 놓은 것을 표준으로, 옳은 말로 보는, 이것은 아주 잘못된 생각이요, 옳지 못한 태도다.

오늘 토의할 때, 두 사람이나(그 가운데는 정재도 씨도 들어 있었다) "저도 말을 할 때는 매기라 합니다만 막이로 쓰는 것이 옳습니다"고 했다. 이건 무슨 말인가? 실제 말은 그렇게 하더라도 글은 그렇게 안 써야 한다는 말인가? 말과 글은 이런 일상의 말에 나오는 낱말에서부터 달라야 한다는 말인가? 참 알 수 없는 사람들 태도다.

"~매기"라고 하는 것은 어제오늘 그렇게 하는 말이 아니다.

이것은 백 년 전부터 하여 온 말이다. 아니, 그보다 훨씬 더 옛날부터 쓴 말이다. 그걸 왜 그대로 써서는 안 되는가? 실제로 쓰는 백성들의 말을 한사코 안 쓰겠다고 해서 쓰지도 않는 표준말로 우리 말을 묶어 놓고 싶어 하는 학자들, 이런 학자들이 얼마나 자연스런 우리 말의 발전을 가로막고 있는가. 참으로 한심하다.

마치고 나올 때 우연히 나카무라 오사무 씨를 만났다. 며칠 전에 왔는데, 19일에 돌아가게 되어 이번에는 조용히 얘기할 시간이 없다고 했다. 학생들을 데리고 여행을 온 모양이었다. 그러면서 일본과 한국의 아동문학 교류 문제를 다룬 글을 쓰고 있는데 "이 선생 하시는 일도 될 수 있는 대로 잘 소개하려고 합니다" 했다. 나는 내가 한 것이 아무것도 없다고 말하고, 이원수 문학의 밤 행사를 다음 달 29일에 하게 되는데, 그런 자료를 우송해 주겠다고 하고 헤어졌다.

집에 오니 7시.

오늘은 국어심의회에 가서 토론한 것이 아무래도 마음에 남아 사라지지 않는다. 우리 말에 대해 나와 같은 견해를 가지고 있는 사람이 한 사람도 없다는 것, 학자들이 책과 글말과 표준말에만 매여 있다는 것이 우리 말과 말을 하는 백성들과 그 백성들이 이뤄 가야 하는 사회와 역사의 벽이란 생각을 떨쳐 버릴 수가 없다.

1994년 9월 25일 일요일 맑음

추석 때문에 이번 달 모임(우리 말 살리는 모임)을 못 한 대신 오늘 일요일 등산을 하자는 말이 있어. 그러면 10시 반까지 사무실로 오라고 했더니 50분까지 기다려도 아무도 안 와서, 갑자기 생각나서 무너미로 가기로 했다.

신정숙 씨와 둘이서 강변역으로 가서 12시 차를 타고 무너미 가니 1시 20분쯤 되었다. 점심을 먹고 밤을 따러 산에 올라갔는데, 웬일인지 밤나무가 없어서 한참 헤매다가 내려오니, 덕동 갔던 지식산업사 김 사장하고 정우가 우리를 찾아 산으로 올라갔다 해서 다시 며느리가 앞서고 해서 올라가 만났다. 그래서 밤을 줍고 따고 해서 한참 산에서 놀다가 내려와 저녁을 먹고, 7시 45분 차로 금왕을 나서니 9시 50분에 동서울터미널에 닿았다. 과천 오니 11시. 밤은 주운 것하고 정우가 또 따고 얻어 놓은 것하고 김 사장, 신정숙, 나 셋이 두어 되씩 얻어 가지고 왔다.

밤 11시 반쯤 되어 권정생 씨 전화가 왔다. 아까 걸었는데 안 받더라면서, 오늘 저녁에 소쩍새 소리를 들었다는 것이다. 어젯밤에도 듣고 오늘 밤에도 들었는데, 소쩍새가 이른 봄에도 우는 것 보니 철새가 아닌 모양이지요, 했다. 나는, 책을 보니 9월 하순이면 우리 나라를 떠난다고 되어 있더라 했다. 가을에 운다는 것은 나도 올해 처음 알았는데, 옛날에도 가을에 울었는지. 내 어릴 적뿐 아니라 10년 전까지도 시골에서만 살았는데, 가을에 우는 것을 못 들었는데, 요즘에 와서 생태가 달라져서 가을에도 울게 되었는지, 옛날부터 그랬는데 우리가 못 들었는지 알 수 없다고 서로 얘기했다.

그러고 나서 권 선생은 《한국의 불가사의》란 책을 읽었다면서, 그 가운데 해인사 팔만대장경과 전라도 어디에 있는 돌탑 얘기를 하면서, 옛날 사람들이 가지고 있던 놀라운 정신력을 이제는 다 잃어버리고 돈과 기계에 의존해서 사람들이 병들고 타락했다면서, 우리가 다시 그런 정신을 회복하면 못 할 것이 없을 것 같다고 했다. 나도 그 책을 사 봐야겠다고 하고, 비숍 여사가 쓴 《한국과 그 이웃 나라들》이란 책을 샀는데 아직 안 읽었지만 참 좋은 내용이더라고 했더니, 자기도 얼마 전 안동 가서 그 책을 사려고 책방에 가서 물어보았더니, 아직 안동에는 안 왔다 하더라 했다.

권 선생은 책을 참 많이 읽는구나. 참 부럽다는 생각이 들었다.

1994년 10월 21일 금요일 비 뒤 흐림

밤새도록 비가 왔는데, 아침에도 그치지 않았다. 사무실에 가는데 내복을 입어도 쌀쌀했다.

신정숙 아가씨가 11시쯤 되어 나와서 하는 말이, 지금 버스 타고 오다가 방송을 들었는데, 성수대교가 무너져서 차들이 떨어져 사람이 48명이나 죽었답니다, 했다. 드디어 올 것이 왔구나 하는 생각이 들었다. 다리가 위태롭다고 그토록 말썽이 나도 들은 척도 하지 않던 서울시며 정부가 이 일을 어떻게 처리하고, 앞으로 어떻게 해 나갈지. 참 기가 막히는 정치요, 기가 막히는 세상이다. 어디 이 일로 그치겠는가? 앞으로도 끔찍한 일들이 연달아 터져 나올 것이다.

오후에 신문을 보니 다리가 중간에 뭉청 내려앉았다. 아침 7시 반쯤에 학교 가는 학생들, 출근하는 이들이 참상을 당한 모양이다. 차가 몇 대나 떨어졌는지, 사람이 얼마나 죽었는지 아직도 정확하게 알지 못하는 모양이다. 아, 이것이 지옥이다. 이제 우리는 모두 지옥에 가고 있는 것이다.

온종일 우울했다.

어제 가지고 온 교정지를 밤까지 보면서, 내가 쓴 글을 편집부에서 여기저기 멋대로 고쳐 놓은 것이 또 마음을 상하게 했다. 원고를 그 출판사에 준 것이 후회가 되었다. 자꾸 이렇게 고치고 편집도 내 뜻대로 안 하면 거기서 내는 것은 그만두어야겠다고 생각했다.

1994년 10월 23일 일요일 맑음

낮에는 통일맞이겨레모임에서 하게 되는 강의 요지를 쓰고, 밤에는 그동안 쌓였던 책과 우편물 들을 정리했다.

지난번 홍성에서 얻어 온 우리 밀 가루로 그저께부터 수제비를 만들어 먹고 있는데, 우리 밀이 이렇게 맛이 있는 줄 몰랐다. 내가 아주 어렸을 때는 모르고 먹었는데, 그러니까 해방 이후 지금까지 국수고 수제비고 밀가루, 라면 모조리 미국 밀가루만 먹어 왔으니 그 맛이 전부인 줄 알았던 것이다. 이 수제비 맛은 쌀 수제비보다 더 고소하고 맛있다. 오늘 저녁에는 너무 맛있게 먹다가 그만 혀를 깨물었다. 나중에 거울을 보니 혀가 두 군데 살점이 떨어졌다. 그게 자꾸 아프고, 몸이 이상하게 몸살기가 난다. 고만한 상처로 몸살이 나는 게 이상하다. 지금 11시 40분이다. 이젠 자야겠다.

1994년 11월 2일 수요일 흐리고 저녁에 잠시 비

낮 12시에 동부 주차장에서 오일우 씨를 만나 차표를 사 주고 12시 30분에 보냈다. 타기 전에, 그곳에 가면 한 달에 50만 원을 주어야 한다니, 이걸 가지고 가서 우선 한 달 것만이라도 주라고 해서 가지고 갔던 50만 원이 든 봉투를 주었더니, 갑자기 오느라고 은행 돈을 못 내서, 있는 돈 16만 원만 가지고 가는데, 다음에 돌려 드릴 때 꼭 받으셔야 합니다, 하고 받았다. 보낸 뒤 무너미에도 12시 반에 떠났다고 전화를 걸었다.

과천 오니, 웬일인지 오늘은 생선을 먹고 싶어서 제일쇼핑 지하에 가서 청어구이 밥을 먹었다.

저녁에 또 나갔다.

종로 4가 종로성당 3층에서 통일맞이칠천만겨레모임에서 하는 강좌 '우리 말 우리 글과 통일'이 7시부터 10시까지 있어, 약 40명이 모인 자리에서 이야기를 했다. 내가 얘기를 한 시간 남짓 얘기한 다음 조현용(경희대 국어국문학과 교수) 씨가 몇 가지 생각을 말하고, 질문을 하고, 또 수강생들의 질문도 받고 하다 보니 세 시간이나 걸렸다. 조현용 씨도 말을 잘했고, 수강생들도 잘 듣고 좋은 질문을 했는데, 내가 잘하지 못했다는 생각이 들었다. 그리고 오늘 그 자리에서 가장 좋은 말을 들었던 것은, 맨 나중에 수강생 가운데 몸이 좀 장애가 있어 입을 벌려 말을 하는데 아주 힘들게 말하는 사람이 있었는데, 그 말 가운데 이런 말을 한 것을 잊을 수 없고, 이것이 바로 내가 하고 싶었던 말이구나 싶었다.

"우리 말을 살리는 일이 바로 통일을 하는 일입니다."

참 좋은 말이라, 나도 이 말을 많이 해야겠다는 생각이 들었다.

마치고 과천 오니 11시가 지났다. 생각도 안 했는데 강사료를 주는데, 와서 보니 15만 원이었다. 나는 그저 그 사람들 일 도와준다고 나갔는데……

1994년 11월 26일 토요일 맑음

오늘은 무너미에 가는 날이다. 아침 10시가 좀 지나서 조용명, 노미화 두 부부가 사무실로 왔다. 그래서 《이오덕 글 이야기》 50권을 가지고 신정숙 씨와 같이 조용명 선생이 운전하는 차로 나섰다. 10시 반에 나섰는데, 가다가 조 선생이 길을 잘못 들고 해서 무너미에 닿은 것이 12시 20분이 되었다. 아직 아무도 오지 않았고, 며느리는 마을의 노인들 서너 사람과 음식을 장만하고 있었다.

저녁때가 되어서야 오기 시작해서 모두 모인 사람이 32명이었다.

저녁은 주로 여러 가지 채소 반찬으로 먹고, 떡, 과일 들과 술로 맨 뒤에 온 대구 사람들을 기다리며 시간을 보내다가 밤 10시 반이 가까워서야 겨우 이상석 회장 사회로 이야기를 나누었다. 내 칠순 생일 이야기는 별로 안 하고 주로 글쓰기회 운영 문제와 글쓰기회보와 〈우리 말 우리 글〉 회보를 합치는 문제를 두고 내가 생각해 온 것을 회칙 개정안까지 말하면서 얘기해서 "이것은 지난 대전 모임에서 나왔던 의견에 대해 내 개인으로 구상해 온 것이니 참고해서 다음 겨울 총회 때 결정할 수 있도록 했으면 좋겠다. 회보를 합치는 일보다 글쓰기회 운영을 현재대로 해서는 안 되니 뭔가 새로운 길을 찾아봐야 할 것이다" 대강 이런 얘기를 하고는 "오늘 모임은 이 이상 더 다른 얘기 하지 말고 모처럼 모인 자리니 누구 핑계 대고 모였든 즐거운 시간을 보내 주기 바란다"고 말하고는 새벽 3시까지 같이 앉아 얘기도 하고 더구나 노래를 많이 불렀다. 내가 옛날 불렀던 동요를 몇 가지 불렀더니 그게 좋다면서 모두 따라 불렀고, 그 뒤로 모두 차례로 노래를 부르는데, 오늘은 대개 동요를 부르게 된 것이 참 기쁘고 다행이었다.

3시에 방에 들어가 자려고 했지만 잠이 안 왔다. 잠이 들려고 했을 때는 방바닥이 뜨거워 또 잠들 수 없어, 그럭저럭 그대로 밤을 넘겼다.

1994년 11월 27일 일요일 맑음

간밤에 한숨도 잠을 못 자서 일어나니 다리가 무겁고 했지만 이상하게 머리가 아프지는 않았다. 이렇게 건강이 좋아졌나 놀랐고, 이런 일은 생전 처음인 것같이 느껴졌다.

젊은이들은 거의 모두 새벽이 되어서야 좀 누워 잤던 것 같다.

아침이 되어 큰 상에 과일이며 떡이며 여러 가지 음식을 잔뜩 올려놓았다. 지식산업사 김 사장은 나한테 세수를 하고 옷을 새것으로 갈아입으라 했다. 나는 올 때 입은 옷을 벗고 운동복으로 있었던 것이고, 세수도 오늘만은 안 하겠다고 그냥 있었는데, 모두 아침도 안 먹고 나만 보고 기다리는 판이라 할 수 없이 화장실에도 가고, 면도는 안 했지만 이번에 회원들이 사준 새 옷을 입고 넥타이도 매고 해서 상 앞에 앉았다. 그랬더니 이상석 선생이 사회를 하면서 정우한테 잔을 치게 하고, 정우네 식구들, 회원들(세 차례로 나누어)이 절을 하게 하고, 다음

은 윤구병 선생과 황시백 선생 두 분이 차례로 인사말을 하게
했다. 그러고 나서 어제 배운 동요를 같이 부르게 하고, 내가
쓴 '개구리 소리' 동요도 부르게 했다. 나는 옆에 앉아 계셨던
누님께 기도를 해 달라고 해서 누님께서 서서 기도를 해 주셨
다. 그러고 나서 내가 인사말을 하고, 사진을 찍고 했다. 이런
짓을 싫어하는 나로서 너무 쑥스럽고 불편했지만 어쩔 수 없
었다. 그러고 나니 10시 반이 지났기에 모두 식당에 가서 아침
겸 점심을 먹는데, 나도 같이 먹었다.

이래서 이번 모임은 끝나, 12시 앞뒤로 모두 떠나게 되었는
데, 나는 류인성 선생이 운전하는 차를 김경희 사장, 박문희 원
장, 신정숙 씨 이렇게 같이 타고 맨 먼저 나왔는데, 일요일이지
만 막힐 때가 아니라서 한 시간 반 만에 과천까지 잘 왔다. 류
선생은 아파트 앞까지 와서 가방까지 문 앞에 갖다 주고는 나
갔다. 참 너무 고맙고 미안했다.

이 밖에 적어 둘 것은 어제저녁에 무너미로 내 이름이 적힌
축전이 왔는데, 보니 보낸 분이 "국민회의 상임대표 김상근, 함
세웅"으로 되어 있고, 전문은 "고희를 축하하오며 더더욱 건강
하시기를 기원합니다"고 되어 있었다. 누가 이런 소식을 알렸
을까? 알고 보니 윤구병 선생이었다. 오늘 회의가 있는데 이런
일이 있어서 못 간다고 했더니 그래서 보낸 모양이라고 했다.

책 50권 가져간 것은 온 사람들에게 모두 나누어 주고 몇 권
만 남았다.

울진서 김진문 선생이 부인과 함께 왔는데, 귀한 새우 반찬과 그 밖의 반찬을 마련해 왔고, 대구에서 온 세 분은 굵직한 수삼을 많이 가져왔다. 부산에서 백영현 씨가 삼을 보내왔고, 사무국에 있는 노광훈 씨가 김을 가져왔다. 그 밖에도 여러 분이 음식을 가져온 줄 안다.

내가 한 일이 아무것도 없는데 이렇게 대접을 받고 보니 어찌할 바를 모르겠고, 정말 이 젊은이들이 나를 채찍질하는구나 하는 생각을 하게 되었다. 정신 차려서 남은 삶을 제대로 사람 노릇 하면서 살아가리라 굳게 마음먹었다.

하룻밤 꼬박 잠을 안 잤는데도 끄떡없으니, 더구나 어젯밤에는 음식을 너무 많이 먹었는데도 무사했다. 오늘 차 타고 올 때 멀미도 거의 안 한 것을 생각하니, 이것이 모두 나를 생각해 주는 많은 사람들의 은혜고, 하느님의 은혜로 깨닫는다. 그저 고맙고 기쁜 일이다.

1994년 12월 2일 금요일 흐림

오후까지 걸려 아름드리출판사에서 받은 원고를 다 다듬고, 그것을 다시 정리해서 잘못 쓴 말을 한눈으로 볼 수 있게 표를 만들어 놓았다.

저녁에는 아람유치원에 가서 어린이문학협의회 월례 모임에 참석해서 겨울 연수회 의논을 했다. 그 의논을 하기 전에 원장실에 들어갔더니, 오늘 유치원에서 사계절 책 전시를 했다면서 그 책들을 놓아두었기에 보았더니 유치원 애들이 보는 그림책들이 죄다 번역한 것이었는데, 그 내용이며 문장들이 참 말이 아니었다. 이러다간 우리 아이들이 모조리 서양 아이가 다 되겠구나 싶었다. 그래 그걸 얘기했더니 협의회 겨울 연수 주제는 번역 동화를 논의하는 것으로 하자는 의논이 돌아 그렇게 하기로 한 것이다.

마치고 난 다음에 지식산업사 김경희 사장이 와서 또 한참 얘기했다. 김 사장은 요즘 〈조선일보〉에서 연재하는 영어 조기교육을 부추기는 글이 참 큰 문제인데, 그걸 그냥 두어서는 안 된다고 했다. 그래 그 얘기로 모두 흥분해서 얘기를 하게 되었다.

또 한 가지 얘기한 것은 김녹촌 씨가 얼마 전에 이영호 씨를 만났는데, 이 씨가 말하기를 문예진흥원에서 내년 5월 문화의 달 인물로 이원수 선생이 되어 있는데, 행사 보조금을 신청하라는 말이 있어 신청했다고 하더라 했다. 그러면서 우리가 신청할 때는 기한이 아주 임박해서 바빠 서둘러 신청했는데, 그 기한도 다 넘긴 다음에 이번에는 도리어 그 관변 쪽에서 다른 단체에다 신청하라고 한 것은 아무래도 이상하다고 했다. 그러니까 박문희 선생은, 그런 돈 얻으려면 실무자들에게 돈을 얼마쯤 쥐여 주어야 하는 것 아닙니까, 다 그런 줄 아는데요, 했다. 그래 이 문제 가지고 모두 걱정하는 것을 보고 내가 말했다.

"그 돈 타 내기 위해서 단돈 천 원도 교제비로 써서는 안 됩

니다. 그런 짓 해서 행사하는 것은 이원수 선생도 절대 바라지
않을 것입니다. 그렇게 해서 성대한 행사 치르는 것보다 차라
리 일체 행사 안 하는 것이 그분 뜻을 좇는 것이 됩니다. 우리
는 그저 기다려 봅시다. 돈이 나오면 그것으로 행사 예정대로
할 것이고, 안 나오면 그만두고 그저 우리 힘으로 늘 하던 대로
하는 것이지요. 우리가 언제 관청의 돈 얻어서 무엇을 했습니
까. 조금도 흔들릴 것 없습니다. 언제나 올바르고 당당하게 살
아가는 것을 자랑스럽게 여겨야지요."

모두 그렇다고 해서 무척 기뻤다.

마치고 돌아오니 10시가 되었다.

1994년 12월 17일 토요일 맑음

오전에 작품 심사하고, 오후에는 보리출판사에 가서 글쓰기
회 연구위원회에 참석했다. 오늘은 글쓰기회보와 〈우리 말 우
리 글〉 회보를 합치는 데 따라 앞으로 만들 회보 편집 계획을
해서 글을 쓸 사람을 작정했다. 마치고 저녁을 같이 먹고 돌아
오니 8시 40분이었다. 그리고는 11시 20분까지 동시 심사를
했는데, 1차 예선을 우선 마쳤다.

두 회보를 하나로 하는 일에 대해서는 모두가 찬성해서 그렇
게 하기로 했다. 회보 이름도 '우리 말과 삶을 지키는 글쓰기'
로 우선 정했다.

1994년 12월 22일 목요일 맑음

낮에 동시 선평을 팩스로 〈한국일보〉 문화부에 보내고, 오후에는 어린이도서연구회에서 온 아가씨에게 연재 원고를 주어 보냈다. 도서연구회 아가씨는 선물로 곶감을 가져왔다. 내가 쓴 원고를 읽어 보라 했더니 읽어 보고 나서 "이 동화를 저는 좋은 작품으로 보았는데요. 아무 뜻이 없는 이야기로 보지 않았고, 옥수수 알맹이가 여러 가지 앞날에 일어날 것을 기다리는 따뜻한 마음 같은 것이 있다고 보았는데요" 했다. "그렇던가요? 내가 잘못 보았다면 다음에 다시 보태어 쓰지요" 하고 저녁에 와서 그 작품을 읽어 보았더니, 내가 쓴 것이 잘못되지 않았다. 작품을 빈 마음으로 받아들여야지, 필요 이상으로 해석하고 생각을 만들고 하는 것은 좋지 않다.

오후 남은 시간은 아람유치원에서 보낸 책을 보고 저녁에는 집에 와서, 봉화 전우익 씨한테 전화를 걸어 볼까 싶어 몇 해 전에 적어 둔 번호를 눌렀더니 엉뚱한 데가 나왔다. 그래 정우한테 전화를 걸어 바뀐 전화번호로 걸었지만 받지 않았다.

오늘이 동짓날이다. 이런 밤은 누군가 조용히 전화로 얘기라도 했으면 싶은데, 아무 데도 걸 데가 없다. 단 한 사람도!

참 오랜만에 외롭다는 느낌이 든다. 발등에 떨어진 불을 대강 꺼 놓으니 이런가도 싶다. 이래서 사람은 죽을 때까지 일에 쫓겨야 하는가?

1995년 1월 14일 토요일 맑음

아침은 영하 10도였고, 낮에도 영하로 내려 있어 온종일 춥게 보냈다.

아침에 사무실에 나갔다가 곧 지식산업사로 갔다. 김 사장이 일전에 배가 자꾸 아프다고 병원에 가서 며칠 동안 진찰을 한다더니, 알고 보니 식중독이라 마음을 놓았다. 점심을 같이 먹고, 인세 80만 원을 받고, 2시부터 가까운 박물관에서 있는 고구려 특별전과 고구려연구소지금의 고구려발해학회 개소식을 보러 김 사장과 같이 갔다. 고구려연구소는 안국동에 마련한 모양인데, 서길수 씨가 운영하는 곳이다. 이번 전시도 서길수 씨가 마련한 것이다. 개소식에서 서길수 씨 애기를 듣고, 또 축하하러 온 몇 분의 말을 들어 보니 서길수 씨가 지금까지 한 일이 아주 엄청났다. 중국 동북쪽 일대를 스물여섯 차례나 찾아가서 옛 고구려 성 백 여 곳을 조사해서 사진을 찍고 기록을 했다고 하니 말이다. 참 대단한 업적이고, 아무도 하지 못한 일을 해냈다. 서 교수는 "고구려는 우리 겨레의 자존심이다"고 했지만, 이것은 자존심에 그치지 않고 우리들 마음가짐, 행동에까지 큰 변혁을 일으킬 수 있는 관점과 자리를 마련한 것이라 생각되었다.

개소식 마치고 전시한 고구려 시대의 유물이며, 산성 사진을 한참 둘러보았는데, 그 넓은 대륙에서 말을 달리면서 살던 우리 겨레가 오늘날에는 이 좁은 반도에 몰려와서 아귀다툼으로 살고 있다는 것, 그리고 그 옛 성들과 놀라운 벽화들이 모두 허물어지고 벗겨지고 있어도 보존하지도 못하고 버려진 상태로 있는 것을 생각하니 서글픈 생각을 어찌할 수가 없었다.

집에 오니 6시가 넘었다.

밤에는 회보를 쓰고, 또 16일과 17일에 강의할 자료를 준비했다.

1995년 1월 28일 토요일 맑음

사무실에 갔더니, 어제저녁 늦게까지 신정숙 씨가 혼자서 회보〈우리 말 우리 글〉봉투를 다 붙여 놓았다. 그래 서둘러 주소 종이를 붙여서 우체국에 가져가서 우표를 붙여 내고 나니 1시가 되었다.

1시 50분쯤 되어 최종순이 찾아왔다. 수표 180만 원을 가져왔기에 영수증을 써 주고, 나머지 다른 사람 빚도 갚으라고 하고 보냈다. 그리고 나니 신정숙이와 같이 간다는 사람이 차를 가져왔기에 남성진 씨한테 보낼 책 〈이원수 아동문학 전집〉을 아파트에 와서 실어서 보냈다.

오후에 다시 사무실에 갔다가 오면서 백화점에 가서 빵과 대추를 사고, 청어도 샀다. 헌책방에 들러서 풀무학교에 보내기로 한 책을 보고, 다음 정우가 왔을 때 가져가기로 했다.

밤에는 삼성문예상 작품을 읽었다.

그때가 지난 11월 며칠이었지. 글쓰기회 회원들하고 무너미에서 모였을 때다. 마치고 올 때 정우가 돼지머리 눌린 것이 이제 왔다면서 플라스틱 통으로 한 통 넣어 주었다. 그걸 가지고 와서 신정숙이도 좀 주고 한지흔 씨 책방에도 가져가고 했는데 현우 먹으라고 남겨 놓은 것이 그래도 많이 냉장고에 있는 것을 얼마 전에 알았다. 현우가 먹지 않았던 것이다. 나도 억지로 몇 조각 먹고는 안 먹었다. 두 달쯤 지났지만 꽁꽁 얼어서 상하지는 않았다.

그러나 그걸 누구 먹으라고 줄 수도 없어 어떻게 할까 하다가, 오늘 오후 헌책방에 들렀을 때 고양이 주려고 한지흔 씨한테 물어보았더니 "고양이를 누가 또 몰래 가져갔어요" 했다. 그러면서 "제집에 강아지도 있고 고양이도 있으니 주세요" 해서 그러겠다고 하고 왔는데 밤에 가만히 생각해 보니, 그저께 밤에도 사무실 가는 아파트 사잇길에 고양이가 게 껍질을 물고 지나가는 것을 보았고, 그 고양이가 가엾게 생각됐다. 게 껍질 물고 가서 무엇이 먹을 것이 있겠는가? 근년에는 고양이들이 다 얼어 죽었는지 잡혀가 죽었는지 잘 안 보이지만 어쩌다가 그렇게 눈에 띌 때면 저것들이 무엇을 먹고 사는지 궁금하고 불쌍한 마음이 들어 어쩔 수 없다. 한지흔 씨 집 강아지나 고양이야 주인이 거두니까 안 줘도 되겠다. 쫓겨나 숨어 다니는 고양이에게 주자.

그래서 11시 반쯤 되어 플라스틱 통 안에 든 고기를 얇은 종이에 세 무더기로 쌌다. 그걸 다시 비닐봉지에 넣어 나갔는데, 고양이가 다닐 것 같은 곳 쓰레기통 옆에 있는, 겨울에도 퍼런 바늘잎이 달려 있는 조그만 나무 밑, 그것도 전깃불이 바로 안 비치는 곳을 한참 돌아다니면서 찾아서 세 군데 하나씩 놓아두고 왔다. 그걸 물고 가기 전에는 얼어서 상하지는 않을 것이다. 오늘 밤 당장 찾지 못하더라도 며칠 동안은 괜찮겠다는 생각이 들었다. 나무 밑이라 누가 치워 없애지도 잘 안 할 것이다. 사람이 볼까 봐 둘레를 살피다가 얼른 놓고 왔는데, 내가 놓은 곳은 결국 우리 아파트 들어오는 앞에 두 무더기, 그리고 1단지 관리 사무실 지나서 고양이를 몇 번 본 일이 있는 곳 한 곳이다. 다른 곳은 전깃불이 너무 밝아 고양이가 잘 안 다닐 것 같았다.

아, 고양이들이 부디 그걸 찾아내서 잘 먹고, 이 겨울을 넘기는 데 힘이 되었으면 얼마나 좋겠나.

지금 벌써 12시가 넘었다.

1995년 1월 29일 일요일 맑음

간밤에 눈이 많이 왔고, 아침 기온이 영하 10도였다.

종일 문예상 응모 작품을 보았다.

저녁때 바람 쐬러 사무실에 나갔다가, 백화점에 들러 왔지만 아무것도 사지는 않았다.

오늘 종일 집에서 작품을 읽으면서, 내년에 옮겨서 살게 될 곳과 집을 생각해 보았다. 양지바른 산기슭에 좀 넓은 방 하나와 조그만 방 하나 그리고 부엌과 화장실, 이런 집을 다음 달에는 지어 놓고 싶다. 큰방에는 책을 모두 갖다 놓고, 작은방은 내가 자는 곳이다. 겨울이면 이 작은방에 장작으로 군불을 때 놓고, 온종일 이불 덮어쓰고 책 읽고 글 쓴다. 남쪽으로 난 영창은 나지막하게 해서 방바닥이 아침부터 환하게 볕이 들어오도록 하고 싶다. 여름이면 채소를 가꾸고, 가을이면 산에 올라가 밤을 줍고……. 내가 평생 그리워하던 그 삶을 70 고개를 넘어서야 실현하게 된다고 생각하니 어린애처럼 가슴이 뛴다. 아, 어서 한 해가 갔으면 좋겠다.

1995년 2월 7일 화요일 맑음

오전에 은행에 갔다 와서, 글을 좀 쓰다가 시루떡을 다시 찜통에 넣어 쪄서 사무실에 가져갔다. 한지흔 씨가 헌책을 가져

왔기에 시루떡을 내놓았더니 한 씨 역시 시루떡을 내놓았다. 알고 보니 그 떡도 지난번 정우가 갖다 준 현미찹쌀로 만든 것이라 했다. 떡을 펴 놓았는데 또 남기범 선생이 왔기에 같이 먹었다. 남기범 선생은 벽산 사무실에 처음 왔다. 국어심의회에서 심의했던 봉제 용어에 대한 의견을 한참 말했는데, 아주 좋은 의견이었다. 모두 보내고 나서 오후에는 신문을 보다가 좀 일찍 아파트로 왔다.

저녁에는 보리에서 내기로 한 '글쓰기 교육' 원고 중 내가 맡았던 것을 다시 쓰기 시작했다.

밤 10시쯤 되어 권정생 선생이 전화를 걸어 왔는데, 지난 5일에 윤석중 선생 일행이 왔다 간 얘기를 한참 했다. 윤석중 선생을 따라온 사람이 노원호, 정두리였고, 또 신문기자들이 여럿이 와서 방에 들어올 수도 없이 바깥에서 있다가 갔는데 "그런 챙피한 꼴을 당하니 화가 났어요" 했다. 그리고 윤 선생한테는 "왜 상을 주면 미리 물어보지도 않고 주는가, 상을 받아 고마운 사람도 있고 받고 싶지 않은 사람도 있는 것인데, 어디 이럴 수 있는가" 하고 한참 말하니까 윤 선생은 가만히 듣고 있는데 따라온 노원호란 사람이 어디 선생님께 함부로 그런 말을 하는가, 선생님, 그만 나오시지요, 하고 밖에 나가더라 했다. 그래서 그 일 있고 난 뒤 며칠은 밤에 잠도 못 자고, 아침에 일어나니 어지러워 정신을 차릴 수가 없었는데 "제가 기도를 한 경험이 있어서 기도를 하고 나니 겨우 몸을 지탱할 수 있었어요"

했다. "윤석중 선생이 그런 사람인 줄 몰랐어요"라고도 했고, 최근에 낸 동시집을 주고 갔는데, 그걸 읽어 보니 이원수 선생하고는 너무나 다르고 대조가 되었다고도 말했다.

나는 이런 결과가 되리라고 미리 짐작은 했지만, 권 선생이 그만 오는 것을 그대로 두는 수밖에 없다고 해서 그대로 만나보라고 했는데, 아무튼 권 선생이 이번에 아주 귀한 체험을 한 것 같다. "이번 일을 글로 써서 어디 발표하고 싶어요" 해서 꼭 그렇게 하자고 말했다.

1995년 2월 18일 토요일 맑음~19일 일요일 맑음

며칠 전 대학 유아교육과를 졸업한 연우가 왔기에(오기는 어제 왔는데 이모 집에서 자고 아침에 왔다) 한참 얘기하다가 칼국수 집에 가서 점심을 먹고 다시 사무실에 가서 좀 있다가 오후에 글쓰기회 연구위원회가 있어 벌써 인천의 노미화, 조용명 선생들이 왔기에 연우는 보냈다. 그리고 연구위원회를 두어 시간 하고 나서 건너편 중국집에 가서 저녁을 같이 먹고 헤어졌다.

중국집에 갔을 때 헌책방 한지흔 씨가 만나고 싶어 해서 갔더니 "지금 오일우 선생이 아주 위급한 상태라고 전화가 왔다"면서 눈물을 흘렸다. 그러면서 같이 가 줄 수 없나 했다. 그래서 글쓰기회 연구위원들이 저녁을 먹고 있는데 좀 기다려 달라

했다. 그랬더니 조금 뒤에 "아무래도 먼저 가 봐야겠는데, 거기 가서 전화드리겠으니 집에 가 계시지요. 지금 전철 타려고 나와 있습니다" 했다. 그래 연구위원들과 헤어져서 집에 와서 한참 있으니 전화가 왔는데, 목메인 소리로 "선생님 지금 아주 급해요" 했다. 곧 가겠다고 하고는 아무래도 내일 거창 가기로 한 것은 그만두어야겠다 해서 전화를 걸어 놓고 나가려고 전화번호를 찾고 있는데 또 한지흔 씨가 전화를 걸어 "오일우 선생이 운명했습니다"고 했다. 결국 가고 만 것이다.

그래서 먼저 무너미에 전화를 걸어서 내일 못 가게 되었다고 알리려 했더니 아무리 걸어도 안 받았다. 다음에 거창 주중식 선생한테 거니, 주 선생은 받아서 사정 얘기를 했다. 홍성 박금자 선생도 전화를 못 했다. 받지 않았고, 이상한 잡음만 들렸다. 할 수 없이 오일우 씨한테 간다고 나서서 버스 정거장에 한참 기다려 겨우 9번을 타고 가는데, 피곤해서 눈을 잠시 감고 있다가 뜨니 차가 산 고개를 넘고 있어, 이것이 사당의 신림동으로 넘어가는 고개인 줄 잘못 알고, 고개 넘으면 첫 정거장이라 싶어서 산 모양이 좀 이상하기는 했지만 내렸다. 그런데 걸어가다가 아무래도 이상해서 잘 살펴보니 남태령 고개를 넘는 길이었다. 정신이 없는 꼴이 되었다. 그래 또 한참 걸어서 이번에도 전철을 타고 다음 역인 낙성대에 내려서 걸어갔다. 걸어갔는데 또 정신없는 짓을 했다. 그 집 근처까지 가서 골목을 잘못 들어가 이리저리 찾으면서 30분을 헤맸다. 세 번쯤 와 본 곳을 이렇게 못 찾으니 기가 막혔다. 하다 못해 공중전화를 찾아내어 전화를 걸었더니 손화순 양이 나와서 따라갔다.

　방에서 고인이 이불을 덮고 창백한 얼굴만 보이고 눈 감고 있었다. 손화순 씨와 노경화 씨 두 사람만 앉아 어찌할 줄 몰라 했다. 한지흔 씨는 가게에 가서 좀 정리해 놓고 온다며 갔다고 했다. 손화순, 노경화, 한지흔 세 여성들이 임종을 지켜본 모양이었다. 열흘 동안 굶어서 그런지 마지막에는 그다지 괴로워하지도 않고 아주 편안한 모습으로 갔다는 것, 몸이 아주 깨끗했다는 것 들의 이야기를 했고, "오늘 아침에도 화장실에 갔다 왔어요" 하고 손화순 씨가 말했다. 장례를 어떻게 해야겠는가, 집안의 장지가 있는가 물었더니 "오빠가 집주인과 마을 사람들한테 폐가 안 되도록 죽었다는 말을 하지 말고 밖에 봉고 차 불러 놓고 아픈 사람 병원에 실어 가는 것처럼 안고 가서, 아주 헐한 관에 넣어 밤 동안 그대로 두었다가 다음 날 화장터로 싣고 가도록 하라는 말을 남겨 놓았는데, 그러니까 병원에 갈 필요도 없고, 수의도 필요 없이 입고 있는 옷 그대로 두라고 했어요" 했다. 그래 아무한테도 알리지 말고, 친구 두 사람한테만 알리라 했다고 손화순 씨가 말했다. 그래도 병원에 안 가고 어떻게 할 수가 없어 오빠 친구분한테 부탁했는데, 오늘이 토요일이라 받아 주는 데가 잘 없고 영안실이 비어 있는 곳도 좀처럼 없는데, 한 군데 있을 것 같다면서 알아보고 오겠다고 하더라 했다. 그리고 진단서는 한 선생이 김지영 원장님한테 부탁해 놓았고, 염은 전부터 약속한 한원식 선생이 내일 와서 해 주겠다고 한다, 했다.

한참 지나 한지흔 씨가 왔다. 한 선생은 그동안 가장 자주 문병을 한 사람인데, 고인이 그 동생 손화순 씨한테도 말하지 않았던 여러 가지 이야기와 부탁을 유언으로 해 준 것을 알았다. 그것은 대강 이렇다. 장례 형식에 관해서는 손화순 씨가 말한 것과 같다. 그런데 부모님들이 아직 살아 계신다고 해서 놀랐다. 나한테는 다 돌아가셨다고 했는데. 그 아버지는 이름을 말하면 누구나 다 잘 알고 있는 사람으로 국회의원도 지냈는데, 지금 성남에 있다고 했고, 어머니는 동경제대를 나온 사람이라 했다. 그런데 이혼을 해서 별거를 하고, 남동생이 하나 〈보물섬〉이란 월간지 편집장으로 있다고 했다(또 누님이 한 분 있다고 하는 것을 뒤에 그 친구들한테서도 들었는데, 한지흔 씨는 못 들었다고 했다). 오일우 씨가 왜 부모하고 그처럼 멀어졌는가 하면, 서울대 의대 예과까지 나와서, 그만 의사 되기는 죽어도 싫어서 학교를 그만둔 것이 주로 아버지하고 대립이 되어 버린 원인이었다고 한다. 아버지는 맏아들에 큰 기대를 걸어 의사를 시켜서 큰 병원을 경영하도록 하려 했는데(지금 생각하니 의과대학에 다녔다는 말은 언젠가 나한테도 말했던 것 같다), 그 꿈이 깨져서 아주 아들을 돌보지도 않았던 것이다(아들은 그 뒤 영문과로 가서 공부를 했지만, 워낙 세상과 타협을 하지 않고 꿋꿋하게만 살아서 언제나 살아가기에도 힘들게 고생을 했다고 그 친구들이 말했다). 그리고 또 손화순 씨는 친동생도 사촌 동생도 아니고 한 친구의 동생인데, 그 친구가 죽을 때 자기 동생의 뒤를 좀 걱정해 달라고 부탁해서 그래 같은 집에 있으면서 영어도 가르치고 여러 가지 요리사 자격증도 따게 해서 살아갈 수 있게 했다고 한다. "화순이가 참 마음도 착하고 행실도 바르고 모든 것이 나무랄 데 없으니 한 선생님, 부디 잘 돌봐 주세요. 무슨 음식점을 하시고 싶으면 데려다가 쓰시면 좋겠어요" 하더라 했다.

책의 처리 문제도 들었다고 했다. 언젠가 내가 갔을 때 오일우 씨는 책 이야기를 말하면서 5만 권쯤 가지고 있었는데, 많이 없애 버리고 지금은 3만 권쯤 된다고 했다(내가 들은 말). 학교에 다닐 때 용돈을 아주 넉넉하게 주는 것을 모조리 책을 샀다고 했다. 그래서 오 씨는 이 세상에서 단 한 가지 관심이 있다면 책 읽는 것이고, 단 하나 집착이 있다면 그것도 책이라 보인다. 그렇게 몸이 형편없이 쇠약해서 누워 있는 것이 고통스럽게 되었을 때도 무슨 책을 읽고 싶다, 무슨 책을 갖다 달라고 나한테도 여러 번 말했고, 한지흔 씨한테도 부탁했다. 그리고 가서 만날 때마다 책 이야기가 많았던 것이다. 그런데 오 선생이 책 처리를 걱정한다는 말을 한 씨한테서 듣고는 한번은 가서 책을 줄 곳이 없으면 풀무학교 도서실에 보내는 것이 좋겠다고 했더니 아무 대답이 없어 내가 너무 경솔한 의견을 냈구나 하고 후회했는데, 한지흔 씨 말 들으니 풀무학교 학생들에게는 안 맞으니 한 선생이 필요하면 필요한 것만 골라서 가지고 가고, 나머지는 팔지는 말고 이오덕 선생한테 맡겨서 마음대로 할 수 있게 해 달라고 했다는 것이다.

손화순 씨 얘기인데, 내가 알기로는 동생이었는데, 친동생이 아니고 몇촌 동생이었다. 성이 다른 것은 오 씨 자신이 성도 바꾸었다고 들었다. 그런데 오늘 밤 한지흔 씨한테 들으니 친구의 동생을 극진히 돌보아 주고 있는 것이었다. 그리고 이 일 때문에 연세대에 출강할 때 한 학생이 청혼해 와서 결혼이 될 뻔한 것을 그 여학생 집에서 손 씨와 같은 집에 있는 것을 오해하여 일이 결단 나고, 이 일이 신문에도 나고 큰 상처를 입었다고.

이 밖에 또 아주 엄청난 부탁이 있었던 모양이다. 한 선생이 여러 날 전부터 "오 선생이 말한 것을 누구한테 말해야 하나, 그만두어야 하나, 괴로워서 견딜 수 없습니다"고 몇 번이나 말한 것이 있었는데, 그걸 오늘 저녁 고인의 시신이 누워 있는 옆에 앉아서 "이제는 말할 수 있게 되었다"면서 이렇게 말했다. "오 선생님이 저에게 약을 구해 달라고 말했어요. 약을요. '이대로 있으면 주변 사람들에게 폐만 끼칠 뿐이니 하루 빨리 떠나는 것이 좋겠어요' 하고 갈 때마다 말하고, 전화로도 자꾸 독촉을 받아 견딜 수가 없었어요" 했다.

이러고 보면 열흘이나 단식한 까닭이 좀 더 환하게 드러난다. 손화순 씨가 말한 것과 종합해 볼 때, 언젠가 내가 갔을 때 "선생님, 단식을 좀 해 볼까 합니다" 해서 나도 찬성했지만, 몸이 너무 쇠약하니 한 이틀쯤 해 보라고 했더니 "한원식 씨는 아주 한 달이나 두 달 하면 더 좋다"고 한다 했다. 그렇게 단식을 하려고 했던 때는 음식을 거의 소화시킬 수 없게 되었을 때(손 씨 말)였다. 그래서도 단식의 방법을 써 볼 생각이 났고, 한원식 씨도 권했고, 또 한편 이대로 괴롭게 목숨을 이어 가는 것보다 차라리 굶어서 빨리 죽는 게 낫겠다 싶어, 이래저래 단식을 할 처리와 결심이 되었던 것이 틀림없다.

오일우 씨는 벌써 여러 달 동안 음식을 제대로 못 먹었다. 그래서 무척 먹고 싶었는데도 그것이 안 되었다. 그래 단식을 시작했을 때 처음 하루 이틀 동안에는 먹고 싶어서 괴로웠을 것 같다. 그러다가 사흘쯤 지나고 나니 먹고 싶은 생각도 없어지고 마음이 편안해짐에 따라 아주 며칠이고 자꾸(몸이 아무리 쇠잔해져도) 안 먹게 되었으리라 생각된다.

아무튼 고인은 자꾸 찾아 준 한지흔 씨에 대해 남달리 고마움을 느끼고 누님과 같은 정을 가지게 되었던 것 같다(마지막에 누님이라고 말했단다). 그래서 아무한테도 하지 않았던 말을 유언으로 말해 주었다고 생각된다.

한지흔 씨와 나는 방에 앉아 고인의 친구들이 오기를 기다리며, 여러 가지 얘기를 했다. 책은, 제일 좋은 방법으로 석낭한 집이 있으면 거기에 모두 갖다 두어서 오일우 기념 도서실이라고 하는 것을 만들면 좋겠다고 내가 말했더니, 그게 참 좋겠다고 했다. 그리고 시신을 유언대로 그렇게 하나, 병원으로 가

게 하나 하는 것은 어찌해야 좋을지 결단이 안 되어, 손화순 씨
와 고인의 친구들이 온 다음 모두 같이 의논하기로 했다.

밤 2시쯤 되어서야 고인의 친구들이 둘 오고, 〈보물섬〉 편집
장이란 동생이 와서, 그때부터는 모든 일을 이들이 의논해서
하는 대로 맡기는 수밖에 없었다. 그래서 병원으로 가기로 했
고, 누님과 부모님들한테도 알린다고 했다. 나와 한지흔 씨는
고인의 유언을 중요한 부분만은 지켜야 하지 않겠나 했고, 손
화순 씨도 부모들 부르지 말라고 했지만 여러 가지 책임도 따
르고 해서 그럴 수 없다고 했다. "살아서 마음대로 못 한 세상,
죽은 뒤 어찌 마음대로 할 수 있겠는가, 되는 대로 버려두자"
고 내가 말했고, 한지흔 씨도 단념했다.

4시쯤 되어 앰뷸런스 차가 와서 시신을 실었고, 우리는 모두
대림역 근처에 있는 한독병원으로 가서 영안실에 들어갔다.

그 영안실에는 자그마한 분향대를 다섯 개 놓았는데, 다 비어
있고 우리가 가니까 한구석에만 촛불이 켜져 있고 아가씨의
사진이 놓여 있는데, 그 언니인 듯한 사람이 흰옷을 입고 앉아
있었다. 커다란 화환이 그 앞 양쪽에 세워져 있는데, 한쪽에는
"근조 대영사 직원 일동"이라 되어 있고, 또 한쪽에는 "경제
건설 임직원 일동"이라 되어 있었다. 어느 공장 노동자가 죽은
모양인데, 이런 데도 경제 건설이고 뭐고 허울 좋게 적어 놓고
그 공장의 임직원이란 사람은 보이지 않는 것이다. 그리고 왜
저 흰옷 차림의 여인 혼자만 앉아 있나 했더니 잠시 뒤 남자 몇

218

사람이 와서 얘기하고 있었다.

우리는 그 맞은편 구석 분향대에 촛불을 켜고 향로를 피웠지만 사진도 없었다. 다만 "고 오리온 신위"라고만 써 붙였다. 문상 온 사람도 없으니 그저 그렇게 자리만을 표해 두는 것이다. 오일우 씨가 성을 고쳤다는 것은 손화순 씨를 동생이라고 했으니 말을 맞추기 위해 나한테 그랬던 것 같다.

오리온이라고 써 놓은 것을 보고 한지흔 씨가(말을 들었겠지) "오 선생님이요, 본이름이 오리온이랍니다"고 했다. 오리온, 오리온, 좋다면 참 좋은 이름이다. 별 이름을 가져서 그만 별같이 사라진 것일까?

잠을 못 자서 몸이 잔뜩 괴로운 데다가 영안실 공기가 나쁘고 거기다가 담배를 이 사람 저 사람 자꾸 피워 대니 영 괴로웠다. 시간이 왜 그렇게 안 가는지, 신 벗고 분향대 앞에 앉아 있으니 앉은 자리가 차갑고, 의자는 두어 개밖에 없고, 앉았다가 서서 왔다 갔다 하다가, 밖에 나가니 시원하지만 춥고, 다시 들어가고, 이래서 괴롭기가 말할 수 없었다.

영구차를 부르면 되지만 돈을 많이 달라고 하겠는데, 봉고 차가 있으면 좋겠다고 해서 6시가 되어 정우한테 전화를 걸어 봉고 차에 관을 들여놓을 수 있는가 하고 물어보았더니 못 넣는다고 했다. 알고 보니 영구차는 8만 원에서 11만 원 사이에 몇 가지가 있는 모양이었다. 그걸 가지고 봉고 차를 그 멀리서 가지고 오려 했으니 잘못되었다.

12시가 가까이 되어서 덕동의 한원식 씨가 왔고, 정우가 지성이를 데리고 왔다. 그래서 모두 점심을 같이 먹고 입원비를 한참 다투어서 결정을 하고(수의도 병원에서 요구한 대로 입히고, 염도 병원에서 하는 대로 두었다) 오후 1시 40분이 되어서야 겨우 벽제 화장터로 떠났다. 부모들은 예상대로 안 왔고, 누이도 안 왔지만, 고인의 얼굴도 모르는 장기수 노인 윤희보 씨는 한지흔 씨 얘기를 듣고 찾아와 사진도 없는 분향대 앞에서 절을 했다. 그리고 화장터까지 가시려는 것을 말렸다. "저도 안 갑니다. 잠을 못 자서 멀미가 날까 싶어 안 갑니다" 했다.

병원서 과천 와서 3시부터 두 시간 가까이 잠을 자고 깨어나니 5시쯤 되었는데, 그때 정우한테서 전화가 와서, 이제 마치고 무너미로 나선다고 했다.

거창 주 선생한테 전화를 걸었더니 20일부터 방학을 시작했다고 해서, 방학 동안에 갈 수 있으니 이번 주에 곧 가야겠구나 싶어 무너미로 전화해서 5시쯤에 벽제서 나섰으니 곧 집에 오면 전화 걸어 달라 말하라 했더니 10분도 안 되어 정우가 집으로 가는 길에 또 전화를 했다. 아마도 무너미로 전화를 걸어 나한테서 전화 왔다는 말을 들었던 모양이다. 그래 주중식 씨 사정 얘기하고 내일이라도 갈 수 있으면 가자고 했더니 모레 가면 좋겠다, 했다. 그래서 다시 주 선생한테 모레 간다고 전화를 했다.

홍성에는 오늘도 전화를 안 받아서 할 수 없이 풀무학교로 전화를 걸었더니 홍 교장 선생도 나가고 없었다. 그래서 염소 먹이는 곽 선생 집으로 오늘 찾아가겠다는 이런 사람이 못 간다는 말을 전해 달라고 부탁했던 것인데, 저녁이 되어서야 박금자 씨가 전화를 해 왔다. 그래서 오늘 못 가게 된 사정을 말하고 모레 가겠다고 해 놓았다.

밤에는 저녁을 먹고 일기를 쓰고 나니 10시가 넘었다.

이제 하루쯤 밤을 새워도 그대로 견디니 체력에 어느 정도 자신이 생긴다.

1995년 4월 22일 토요일 비

온종일 선경 응모 작품을 보았다.

오전에 이해학 목사님이 전화를 걸어 왔다. 해방 50주년을 맞아 오는 8월에 민주와 통일을 이룩하기 위한 여러 운동 단체를 모두 아울러 큰 행사를 하기 위한 커다란 연합체를 결성하게 되는데, 나를 고문 자리에 넣도록 했으니 승낙해 달라는 것이었다. 나는 "그런 자리에 앉을 만한 사람이 못 되고, 바빠서 도와 드릴 수도 없으니 부디 용서해 달라"고 했지만 막무가내로 부탁하는 것이었다. "남북이 하나 되기 위한 이런 모임에 한글학자가 없으니 선생님 꼭 허락해 주셔야 됩니다. 도움 주실 만한 일은 다음에 또 의논하겠습니다"고 했다. 그리고 오늘 연세대학에서 오후에 행사가 있으니 웬만하면 나와 주시고,

바쁘시면 5시 반에 결성식이 있으니 그때는 나와 주셨으면 좋겠다고 했다. 나는, 대단히 미안하고 죄송하지만 할 일이 많이 쌓여서 도저히 갈 수 없다고 했다. 그리고 고문은 내 이름이 꼭 필요하면 그렇게 하시는데, 정말 도와 드리지 못하고, 오늘도 갈 수 없는 형편에서 너무 미안하다고 했더니, 매우 바쁜지 서둘러 전화를 끊었다. 아마 다른 많은 분들과 전화 연락을 하는 형편 같았다. 그런 일에 가 보지 못해 참 미안하지만 할 수 없었다. 그 일이 더 크다는 것은 알고 있지만, 나만이 할 수 있는 더 작은 일을 하는 것이 나로서 성실하게 살아가는 길이란 생각을 바꿀 수는 없었다.

내일까지 작품 심사와 어린이문학협의회 원고, 오월 행사 책자에 낼 강연 원고를 대강 다 준비해야 하는데, 그것을 아무리 생각해도 내일까지 마칠 것 같지 않아 애를 태우고 있는 터라, 이해학 목사는 "잠시 결성식에 나오셨다가 가시면 되겠습니다" 했지만, 잠시 갔다 와도 몇 시간 걸리는 것이고, 오후와 밤을 다 써야 하니 아무리 생각해도 갈 수 없다는 결론을 내린 것이다.

1995년 4월 29일 토요일 맑음

아침에 은행에 갔다 와서, 신정숙 씨가 어젯밤에 잠이 안 와서 2천 장 다 찍었다면서 가지고 온 인지를 받아 놓고 곧 나갔다. 신정숙은 사무실로, 나는 사당 지하 문구점 앞에 가서 11

시에 선경 직원을 만나 작품 심사한 것을 내줘야 하는 것이다.

심사한 작품을 주었더니 심사료를 백만 원이나 주었다. 심사해 달라는 편지에는 심사료가 60만 원이라 적혀 있었는데, "심사료가 적다고 해서 올렸답니다"고 했다.

그길로 돌아와서 점심을 먹고, 곧 인지를 가지고 산하출판사에 가서 주고, 작가회의 사무실에 갔더니 회장, 부회장 들이 벌써 와 있었다. 오늘 이사회에는 20명쯤 출석했다. 여러 가지 협의를 한 가운데 내년 '문학의 해' 준비할 것과, 기관지 발행에 대한 의논을 오랫동안 했다. 내가 보기로 모두 너무 일을 적극 나서서 하려고 하지 않는다. 오늘 의논도 하도 지루해서 나와 버릴까 하다가 참았다.

그런데 회의 시작하기 전에 내가 사무실에 들어갔을 때, 실무를 맡아 보는 젊은이인 듯 "저번 엽서에 말을 빠뜨렸어요" 했다. 말이 안 되는 엽서를 작가회의 회장 이름으로 보냈다고 내가 한 말이 귀에 갔던 모양이다. 그래서 기왕 말이 나왔으니 다 해 버리자는 생각이 들어 "그거 '만남의 날'이란 말이 우리 말이 아닙니다. '만나는 날'이라 해야 되지요" 했더니 송 회장도 그것 참 그렇지, 고쳐야겠어요, 했다. 이래서 우리 말 바로 쓰는 문제가 나와서 내가 한참 큰 소리로 얘기했다. 내가 작가회의 사무실에서 목소리 높여 얘기한 것은 처음이다. 내 얘기를 듣고 새로 상임이사를 맡은 유시춘 씨도 《거꾸로 읽는 세계사》를 쓴 사람이 내 책을 읽고 그 책을 죄다 고쳐서 새로 이번에

냈다고 해서 반가웠다. 그리고 오늘 작가회의 사무실에 들어가자마자 실무자한테, 미리 준비해 간 돈 30만 원을 찬조금으로 내주었다. 얼마 안 되는 돈이지만 이것이라도 내주는 것이 최소한도의 체면을 세우고 회원으로 도리를 지키는 것이라 생각했던 것이다. 나는 고문으로 되어 있어서 회비는 안 내도 되도록 되어 있지만, 지금까지 너무 성의 없이, 회의에도 안 나갔던 것이다.

이사회는 3시에 시작해서 5시에 마치고 곧 돌아와, 이정옥 씨 집에 갔다. 오늘 저녁에 만나기로 했는데, 나는 이원수문학상 제정 문제를 이제는 아주 결정하든지 그만두든지 해야겠다고 생각했던 것이다.

사모님은 보기에 얼굴이 좋았다. 그런데 혼자 일어날 수 없어 따님이 옆에서 부축을 해서 겨우 밥상 앞에 앉고, 또 화장실에도 가고 했다.

따님 두 분과 저녁을 같이 먹으면서 주로 이정옥 씨하고 세상 이야기, 고양이 이야기, 문학 이야기, 문학상 이야기를 많이 했다. 문학상 기금은 지금 3천만 원을 마련해 두었다면서, 욕심으로 1억쯤 만들고 싶지만 적어도 5천은 되어야 안 되겠는가, 했다. "상금을 5백만 원은 주어야 되지 않아요" 했다. 나는 백만원이면 된다고 했다. 무엇이든지 돈으로, 돈의 액수로 그 가치를 매기는 풍토를 바꿔야 한다고 말했다. 상금이 많아도 권위가 없을 수 있고, 상금이 적어도 권위가 있을 수 있다고 했다. 그래서 아무튼 내가 좀 천천히 문학상 운영의 틀을 짜 보겠다고 했고, 그렇게 해 달라고 이정옥 씨가 말하고 해서 사모님께 인사하고 나왔다. 이정옥 씨는 이런 상을 제정하면 같이 끼어들어 하고 싶어 하는 사람들이 있는 것을 가장 걱정하는 것 같았다. 나는 권정생 선생하고 내가 있으면 외부 인사가 하나쯤 있어도 염려할 것 없다고 말했다.

이정옥 씨 집에는 아직도 고양이가 한 마리, 개 한 마리와 같이 방 안을 돌아다녔다. 그 고양이는 아주 온순하다고 하면서 집 앞, 길가에 버려져 있는 것을 주워 와서 키웠다고 했다.

이원수 선생 집 둘레 그리고 앞뜰에는 온통 꽃으로 가득했다. 그중에서도 황매화꽃이 울타리에 가득해서 볼 만했다.

그리고 소쩍새가 여기는 밤에도 울고 낮에도 운다고 했다. 과천서는 한 번도 못 들었는데, 서울에서 소쩍새 소리를 듣다니! 또 무슨 산새들이 많이 뜰에 온다고도 했다. 그런데 나올 때 그 골목을 걸어 나오니 과연 소쩍새 소리가 등 뒤에서 났다. 참 여러 해 만에 처음 듣는 소쩍새 소리였다.

집에 와서 우편물과 신문 정리하고 나니 11시가 되었다.

1995년 4월 30일 일요일 맑음

오전에 〈한화〉 원고를 쓰고, 오후에 〈영남일보〉 연재 원고를 썼다.

밤에는 이원수 아동문학상의 운영 계획이며 시상 규정을 만들어 보았다. 글쓰기 교육상도 이와 같이 만들어야겠다는 생각이 들었다. 전 같으면 이런 것을 아주 신이 나서 했겠는데, 이제는 "내가 이런 것을 공연히 또 만들어 스스로 귀찮은 짐을 지려고 하는 것이 아닌가" 하는 생각이 들어 한편 좀 주저되기도 했다. 과연 이런 상이란 것이 좋은 결과를 가져오는 것인지 아주 분명하게 믿기지도 않는다.

1995년 5월 3일 수요일 맑음

12시에 한지흔 씨 찻집에서 약속한 대로 미국에서 온 조병옥 선생을 만났다. 그래서 바로 그 뒤에 있는 쌈밥집에 가서 한지흔 씨와 셋이서 점심을 먹으면서 여러 가지 얘기를 했다. 조 선생은 연세대학교에 교환교수로 와 있는데, 앞으로 한 해쯤 있게 된다고 했다. 그는 음악을 들려주면서 여러 가지 학습활동을 하는 교육 방법을 가르치는데, 인기가 아주 있는 것 같았다. 그 음악이란 것은 우리 농촌의 아이들이 부른 노래나 쓴 글에서 노랫말을 짓고 곡을 붙인 것인데, 내가 낸 아이들의 문집에서 자료를 얻은 것이 많고 앞으로도 그렇게 하고 싶으니 양해해 달라는 말이었다. 그는 저작권의 문제가 있으니 내가 허락해 주지 않으면 안 된다고 하는 것이었다. 나는, 그런 좋은 일을 하는 데 쓰게 된다면 참 반갑고 다행하다고 말했다.

조 선생은 몇 해 전에 남편과 사별하고, 지금 아들하고 같이 서울에 있다고 했다. 그리고 서울 와서 머리가 아프고 목이 따가워 한동안 견딜 수 없어 병원에 가서 치료를 받았다고 하면서, 의사한테 치료 방법을 물었더니 "다른 방법이 없고 그저 참고 6개월쯤 견디면 저절로 적응이 됩니다"고 하더라 했다. 또 "수돗물을 먹으니 그 냄새가 아주 고약해서 혼이 났어요"라고 말하기도 했다.

아, 우리 나라 사람들은 이래서 모두 병들어 있는 것이다. 거기에다 다리가 무너지고 땅 밑의 가스가 터지고 해서 사람들이 한꺼번에 수십 명 수백 명이 죽는 일이 자꾸 생겨나니, 이게 바로 지옥이 아니고 무엇인가?

점심 밥값을 내가 내려고 했더니 조 선생이 기어코 냈다. 그리고 차까지 선물로 주고 갔다. 너무 미안했다.

오후 4시쯤 책을 보고 있는데 김용희 선생이 전화를 해서 지금 과천에 와 있는데 30분쯤 뒤에 찾아가겠다고 하더니, 조금 있다가 오는데 다섯 사람이나 왔다. 모두 시흥고등학교에 있는 선생님들이었는데, 오늘 시험 마치고 관악산을 넘어왔다는 것이다. 한참 교육 이야기를 하면서, 가지고 온 참외를 깎아 먹었다. 모두 갈 때 책이라도 한 권씩 주고 싶었는데, 없어서 그냥 보내서 미안했다.

밤에는 〈녹색평론〉 3·4월 호에 실려 있는 글 '아흔 살의 관점'을 다듬었다. 하도 좋은 글이라 우리 회보에 낼까 싶었지만

위낙 문장이 잘못된 데가 많아 다듬다가 둔 것인데, 오늘 저녁
에 몇 시간을 들여도 다 다듬지 못했다.

다음 일요일에 산나물 하러 무너미 가는 것은 그만두기로 하
고 주순중 선생한테도 전화하고, 무너미에도 전화했다. 연휴
때라 가고 오는 데 고생하고 싶지 않았기 때문이다. 이제는 될
수 있는 대로 어디 차 타고 다니는 일을 하지 말아야겠다고 마
음먹었다.

1995년 6월 30일 금요일 흐림

어제저녁에 대구 박경선 씨가 전화를 했는데, "서울 서초에
있다는 삼풍백화점이 무너졌다는데, 걱정이 되어서 전화를 걸
었습니다" 했다. 라디오고 텔레비전을 안 듣고 안 보니 알 수
없는데, 내일 아침이면 신문에 날는지 모른다 싶어 그냥 잤다.
그런데 아침 신문을 보니 큰 백화점 건물이 아주 폭삭 내려앉
았다. 사람이 8백 명쯤 그 안에 있었던 모양인데, 얼마나 죽었
는지, 병원에 간 사람만도 7백 명이 넘는다고 했다. 어제저녁 6
시에 일어난 일이었다.

참 어처구니가 없다. 그 건물이 금이 가고 비가 새어 위험하
다고 전부터 말이 많았던 모양인데, 백화점 주인은 그런 것 다
묵살했다. 돈벌이에 눈이 뒤집힌 것이다. 그리고 그 이전에 그
런 건물을 짓고, 그걸 검사해 주고 한 놈들부터 모조리 사형을

시켜야 한다는 생각이 들었다. 또 그런 것을 묵인하면서 자리 차지하기에만 정신을 팔았던 고관들, 그런 썩어 빠진 것들만 자리에 앉혀 놓은 정치권력자들부터 모두 처단해야 한다. 그게 1989년 준공했다니까 노태우 정권 때다. 외국 다니면서 외교나 하고 싶다던 그 노태우 같은 것들이 대통령으로 되어 있었으니 이런 꼴이 안 날 수 있는가?

그리고 따지면 그런 사람을 대통령으로 뽑은 것이 국민이니까, 결국은 제 손으로 그런 집을 지어서 그 집에 깔려 죽게 되었으니 당연한 결과라고 할 수도 있다. 이런 사건에서 국민들이 스스로 깨닫지 못한다면 이 나라는 영원히 존재할 길이 없을 것이다. 그런데 이 어리석은 국민들이 깨달을 것 같지 않다.

오전에 〈어린이동산〉 원고를 복사해서 우송하고, 은행에 가서 공과금을 냈다. 재산세도 있어서 이번에는 30만 원이 넘었다.

오후와 밤에는 짧은 청탁 원고 두 편을 썼는데, 밤에는 또 앞 상가 만물상회에 가서 오랜만에 텔레비전을 보았다. 지난번 마산MBC에서 특집으로 기획한 〈이원수 선생〉이 아주 잘된 것으로 선정되어 서울에서 전국에 방영한다고 보라 하는 기별이 왔던 것이다. 8시 반부터 25분 동안 나왔는데, 참 애를 써서 잘 만들었구나 싶었다. 마지막에 내가 이원수 문학에 대해서 말한 것도 나왔지만, 소리가 적게 나서 내가 무슨 말을 했는지 들리지 않았다.

김녹촌, 박홍근, 나카무라 오사무 씨 들도 나와서 이원수 선생에 대해 조금씩 얘기했다.

1995년 8월 6일 일요일 맑음~8월 7일 월요일 맑음

　오늘은 오전에 원종찬, 김옥성, 박종성 씨 세 사람의 주제 발
표를 듣고 질의응답도 하고 했다.

　오후에는 분과로 나뉘어 협의하고 작품 합평도 했다.

　밤에는 작품 합평을 하고, 10시에 마치고서 나는 곧 방에 들
어가 누웠는데, 다른 사람들은 모두 숲 속에 가서 밤늦도록 논
모양이었다. 10시에 들어와 누웠는데, 잠이 안 오면 어쩌나 걱
정했더니 뜻밖에 곧 잠이 들었다. 한참 자고 깨어나 화장실에
갔다가 와서 시계를 보니 2시가 되었는데, 다시 누워서 '이제
한번만 잠들면 이번 연수는 잘되겠다' 하고 자려고 할 때 녹촌
선생이 들어왔다. 술을 잔뜩 한 것 같았다. 그래 누웠는데, 녹
촌 선생은 한두 마디 말을 하는 것 같더니 곧 그 놀라운 콧소리
가 시작되었다. 나는 그 소리를 각오한 터라 예사로 여기고 자
려 했는데 잠이 안 왔다. 견디다 못해 얇은 이불 하나 가지고
옆방에 가서 누워 있었다. 거기는 나 말고 네 사람이 누워 있었
는데 코 고는 사람은 아무도 없었지만 웬일로 잠이 안 왔다. 한
참 누웠다가 보니 날이 벌써 새는 판이었다. 그래 도로 내 방에
거의 누워 있다가 결국 잠은 못 자고 그만 화장실에 가서 세수
하고 늘 하는 지압과 체조를 했다.

오전에, 어제 협의 토론한 것을 분과별로 보고하는 시간이 있었는데 두 시간이나 걸렸다. 사람이 많아 작품 합평은 많은 분과로 나눠서 했기 때문에 보고도 그렇게 시간이 걸린 것이다. 그러고 나시 내가 나가서 작품 합평한 것을 종합해서 의견을 말해 주는데 아마도 40분쯤 걸렸던 것 같다. 그러고 나서 점심을 먹고, 1시 반쯤 서울 회원들과 같이 버스를 타고 동부터미널에 내리니 5시가 지났다. 과천 오니 6시.

이번 연수회에서는 이호철 씨 시 지도에 관한 얘기, 원종찬 씨 중등 글쓰기 지도에 관한 얘기, 윤구병 씨 실험학교 농사짓는 얘기가 참 들을 만했고, 작품 합평은 더러 좋은 의견을 말해 주는 사람도 많았지만, 새로 들어온 사람들 가운데는 알지도 못하면서 말만 자꾸 많이 늘어놓는 사람이 적지 않아서, 정회원 아닌 사람을 같이 앉혀 놓고 토론한 것이 잘못되었다는 생각이 들었다. 그리고 윤구병 선생이, 이제는 농사지으러 가 있기 때문에 글쓰기회에는 전같이 참가하기 어렵다고 해서, 내가 "글쓰기와 일하기를 아주 다른 것으로 보지 않아야 합니다. 변산반도에 우리 글쓰기회 실습장이 있다고 생각하고 더러 가서 회원들이 일하는 공부를 해야 되겠어요. 회 이름까지 좀 바꾸어서 '일하기와 글쓰기' 연구회로 해야 되지 않을까 생각합니다"고 말해 주었다. 농담이 아니고 진정으로 그렇게 생각했던 것이다. 일하지 않고서는 말이고 글이고 살릴 수 없다는 것을 정말 이제는 모든 회원들이 깨달아야 한다.

1995년 8월 25일 금요일 비

 오후 2시에 국어심의위원회가 있기에 민속박물관에 갔다. 오늘은, 이미 소위원회에서 자세히 검토한 것을 가지고 특별히 문제가 된 것만을 논의하게 되어 한 시간 반 만에 다 마쳤다. 그런데 "일상용어로 쓰이는 일본 말투"라 해 놓고 가가미, 가감, 가감승제부터 시작해서 경어, 달변 따위까지 나오는데 취급, 인상, 인하 따위는 없다. 신문에서 가장 많이 쓰고 있는 취급, 인상, 인하 따위가 왜 없는가 말했더니 국어연구원 송 원장이, 그런 것 다 들면 한이 없어요, 했다. 그래 생각해 보니 이런 말을 선정해 놓은 것이 모두 음식점이나 거리 시장 같은 데서 하는 말을 중심으로 한 것이구나, 지식인들이 잘못 쓰는 말이 중심으로 되지는 않았구나 싶었다. 국어 순화를 한다는 곳에서 하고 있는 것이 이런 데부터 문제가 있는 것이다.

 그런데 달변이란 것이 일본 말이라고 하는 것은 또 웬일인가? 정재도 선생은 이것이 중국에도 없었고 우리 말에도 없었다, 한다. 들으니까 우리 책에 없었다는 것이다. 결국 우리 말인가 아닌가는, 실제로 썼나 안 썼나가 아니라 우리 책에 나오나 안 나오나에 달린 것으로 보는 모양이다. 이것도 잘못되었다.

 "공구리"를 "콘크리트"로 하자고 해 놓고는 여기에다 "양회 반죽"을 하나 더 넣자고 하기에 나는 "공굴"을 넣자고 했더니 그건 공구리와 비슷하다면서 모두 반대했다. 밖에서 들어온 것을 우리 말같이 만들어서 쓴 말이니 공굴은 아주 우리 말이라 봐야 하는데, 이런 말을 안 쓰고 콘크리트란 영어는 그렇게 좋은 말인지, 여기에 또 양회 반죽을 좋다고 쓰고 싶어 하니 내 생각과는 모두 달라 이런 모임에 나오고 싶지 않았다. 결국 "달변"은 아주 빼어 버리자고 해서 그렇게 하기는 했지만, 언제까지 내가 이런 데 나와야 하는지 모르겠다.

마치고 오니 저녁 먹을 때가 되어 감자를 쪄서 먹었다. 요즘은 감자를 깎지 않고 쪄서 먹는데, 그게 더 맛이 있다.

1995년 11월 18일 토요일

꼭 일주일 만에 일기를 적는다. 이렇게 일기를 못 쓴 적은 처음이다.

10일 시작한 몸살이, 13일에는 기침이 조금 나더니 다음 날부터는 아주 심하게 났다. 처음에는 좀처럼 안 가던 약방에 가서 감기약을 사 와서 세 번 먹었지만 아무 효험이 없어 중지했다. 그다음에는 연우가 대추, 생강, 계피를 달여 주어서 자주 마시고, 생강, 파 뿌리를 달여 또 마셨다. 무너미서 정우가 두 번이나 여러 가지 조약을 달인 것을 가져와 마시고, 중국에서 가져와서 누가 먹어도 잘 듣는다는 기침감기약을 먹었지만 가져온 것 다 먹어도 조금도 낫지 않았다. 가장 못 견디는 것이 기침인데, 뜨거운 물을 마시고 땀을 내고, 땀을 닦고 또 마시고, 수없이 되풀이해도 안 되었다. 신정숙이는 "방이 너무 탁하고 공기가 나쁘다"고 했다. 그래서 문을 열자고 하고, 나는 문을 열면 방이 차가워져서 안 된다고 했다. 한번은 한종배 씨 내외까지 와서 진맥을 하고 등과 어깨, 발, 팔에다 침을 놓고, 음식 요법과 치료에 대한 조언을 하고 갔다. 그다음 날 박 씨는 한약을 여섯 첩 지어서 신정숙 편에 보냈다. 그걸 두 첩 달여 먹고, 나머지 네 첩은 정우 내외가 와서 모두 달여서 병에 담아 놓고 갔다. 정우 내외는 또 세 번째 와서 가습기란 걸 사 와서 방 안 습도를 조절하도록 하고 보온 물통에다 파 뿌리, 생강 달인 물을 언제든지 뜨끈뜨끈한 것을 마실 수 있도록 해 놓고 갔다.

이렇게 해도 감기는 안 낫고, 기침은 계속 났다. 밤마다 기침 때문에 잠을 못 자는 것이 가장 고통스러운데, 새벽에 가서야 겨우 멎어서 잠시 잘 수 있었다.

이러다가 바로 어제 정우가 왔을 때 용각산 얘기를 했다. 기침 원인을 치료해야지, 우선 목이 간지러운 증세 없앤다고 될 일이 아니라고 해서 사 먹을 생각을 안 했는데, 정우 보내고 난 저녁때 또 기침이 자꾸 나서, 연우가 왔을 때 사 오게 해서 목에 떨어뜨렸더니 조금 나은 듯했다. 그런데 현우가 와서 한참 얘기하고 보낸 뒤에 누워 있으니 기침이 감당할 수 없이 나오는데, 용각산을 정한 양의 두 배를 목에 넣어도 조금도 도움이 되지 않았다. 이래서 간밤에도 밤중이 지나기까지 기침 때문에 고통을 당했던 것이다.

오늘 아침에 눈을 떠 생각해 보니, 이래서는 안 되겠구나 싶었다. 지금까지 온갖 감기약을 다 먹어도 조금도 효과가 없다. 그러니 이제부터는 약을 일체 안 먹어 보자. 그리고 보통 때 내가 낮 12시까지는 아무것도 안 먹는데, 그래서 과일만 먹어도 체한 기분인데, 이번 아픈 동안에는 열량이 있는 온갖 조약이며 한약을 먹었으니 이것부터 내 몸의 질서를 파괴했으니 큰 잘못이다. 아무리 목이 말라도 물도 먹지 말자. 이렇게 결심하고 다시 한참 누워 있다가 일어나니 기침이 안 나고, 마스크를 벗어도 시원하고, 이불을 젖히고 나오니 더 몸이 가벼웠다. 뭔가 몸이 다 나은 기분이었다. 그래서 나와서 글쓰기 의자에 앉아 있으니 조금도 춥지 않고 좋았다. 이제 다 나았구나 싶었다.

연우가 일어났기에 다 나았다고 하니 놀랐다. 신정숙이는 11시쯤에 왔는데, 알고 보니 어제 무너미에 따라가서 내 내복 같이 빨고, 마늘도 같이 심고 해서, 내복을 또 가지고 왔다. 내가 다 나았다고 하니 정숙이도 놀랐다.

낮에 신정숙이와 한참, 한국여성개발원에서 보낸 원고 가지고 문장 다듬는 일을 같이 했다.

점심은 연우와 정숙이는 연우가 사 온 만둣국을 끓여 먹고, 나는 팥죽을 데워 먹었다.

저녁때, 지난 엿새 동안에 와 있는 우편물을 접수부에 적었다.

밤에 현우가 왔는데, 기침이 좀 났다. 그러나 걱정이 안 되었다. 오후에 또 귤, 사과를 먹은 데다가 저녁에는 두 아이가 낮에 쉬었다고 안 먹는 범벅을 한 그릇 먹고 난 뒤 연우가 또 남길 것 같은 팥죽까지 먹기를 거들었는데, 그것이 과식이 된 것이다. 기침은 이래서 과식으로 난다는 것이 분명해졌다. 오늘 저녁에는 나더라도 내일부터 절대 과식만 안 하면, 조금만 먹으면 낫겠지. 현우는 텔레비전 수상기를 사 왔기에 "보는 사람도 없는데 뭣 때문에 그런 걸 사 왔나" 하고 야단쳐 보냈다.

이번 감기 몸살 전후에는 다른 일, 내 맘을 괴롭히는 일도 있었다. 지난 일요일 현우 엄마가 왔을 때, 신림동서 차로 과천 오면서 연우 엄마가 연우를 올겨울에 미국으로 어학연수를 보내야 되는데, 비용을 좀 대어 달라고 했다. 그래서 나는 그 어학연수란 것이 연우가 앞으로 공부하려는 유아교육학과 아무 상관이 없고, 그런 것은 돈 있는 사람들이 자기 아들딸들을 돈 쓰러 보내는 짓이니 찬성할 수 없다고 했던 것인데, 그 뒤로 두고두고 그 일이 생각났다. 어학연수, 텔레비전 수상기, 엄마나 아들이나 살아가는 태도가 나와는 아주 다르다. 그래서 오늘은 오후에 신정숙이 옆에 있는 자리에서 연우한테도 단단히 말해 주었다. 그런 어학연수에는 너를 보낼 수 없고, 돈도 없다고.

밤에 이 일기를 오랜만에 쓰면서 좀 힘이 든다. 이만 써야지.

1995년 12월 17일 일요일 맑음

어제 아침에 일어나니 왼쪽 엄지손가락 끝 가운데가 동그란

쌀알 크기로 붉게 되어 있는데, 손을 대니 좀 아프다. 그 전날 못을 칠 때, 어디 박혀 있던 못을 손으로 빼려고 했던 생각이 나서 그 때문이겠다 싶어, 별생각 안 하고 두었더니 낮에는 거기가 자꾸 이상해지더니 피까지 나려 했다. 그래서 저녁때는 파스를 붙여 두었다.

그런데 오늘 아침에 일어나 보니 역시 왼쪽 가운데손가락 끝 마디 가운데가 또 그렇게 되었다. 참으로 이상하다. 이것은 아무래도 몸에 이상이 있다는 신호라 생각되어 일본 책《요법전서(療法全書)》를 찾아보아도 없었다. 할 수 없이 오늘은 무명 장갑을 끼고 있다가 저녁에는 또 파스를 거기도 붙였다. 그 자리를 그리면 다음과 같다.

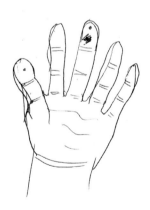

파스를 바르고 장갑을 끼고 있었더니 엄지손가락 붉은 점(상처)이 저녁에는 좀 아무는 것 같았다.

어제저녁에 감자 세 개 먹고 배 한 개 먹으니 배가 아주 불렀

는데, 밤에 잘 때는 한밤쯤부터 배가 고프고 허기가 났다. 그
래 새벽까지 허기가 났지만 참고 있으니 아침에 일어나니 괜
찮았다.

 그래도 점심때까지 기다릴 것 없어서 9시에 밥을 먹었다. 그
리고 점심은 1시 반쯤에 감자를 세 개 쪄 먹고, 사과 한 개를
먹었더니 저녁은 6시가 되어도 배가 고프지 않았다. 그래도 밖
에 나가 뒷산 기슭으로 해서 한 바퀴 산책을 하고(추웠다) 나
서 들어올 때 청국장을 고등어와 함께 사 와서 버섯도 넣고 해
서 끓여 밥 한 그릇을 잘 먹었다. 고등어는 이제 이런 것 먹어
도 되겠다 싶어 먹었는데, 먹고 나니 며칠 동안 안 나던 기침이
나려고 몸이 간질간질했다. 역시 고등어가 감기에는 나쁜 모
양이다. 그리고 아직도 감기가 완전히 떨어지지는 않았다는
것을 깨달았다.

 오늘은 〈월간 유아〉에 연재할 글을 초안하고, 도서연구회에
서 강의할 준비로 마루벌 그림책을 읽어 놓았다.

1996년 1월 7일 일요일 흐림

어젯밤에는 땅콩과 귤을 많이 먹어서, 아침에 일어나니 눈이 좀 부었다. 잠은 좀 못 잤지만 그런대로 견딜 것 같다.

어제 올 때 버스에서 맨 뒷자리에 앉았는데, 창문을 열어 두어서 찬바람을 맞고, 가스를 많이 마셔서 좋지 않았다. 그래 저녁에 앉아 있는데도 손이 선듯선듯해서 장갑을 끼고 있었는데, 저녁밥 먹고 한참 있으니 손이 선듯하지는 않았다. 밤중에는 잠이 안 왔는데 장갑을 끼고 누우니 잠이 좀 왔다.

아침에 연변에서 온 송춘남 씨가 연변 조선족의 현황을 한 시간 이야기했는데, 그 이야기에서 우리 동포의 문화와 삶의 태도를 말한 것이 마음에 안 들었다. 우리 조선족들이 한족처럼 되지 못하고, 북조선이나 남조선을 따르지도 못하는 것이 문제라면서 보기를 들어 한족은 아이들에게 당시를 외우게 하는데 우리 아이들은 그럴 수 없다고 했다. 그리고 글쓰기에서는 이곳 남쪽처럼 백일장에 상을 받는 것을 목표로 글을 쓰게 하다 보니 글을 머리로 만들고 어른들 글과 다름없는 꾸며 낸 글이 되어 간다고 했다. 그래서 나는, 조선족이 한족을 따라 당시를 외우도록 할 것이 아니고 그래서는 안 된다. 또 북이고 남이고 이곳 고국의 사회를 본받아서도 안 된다. 내가 보기로 연변 조선족이야말로 우리 겨레가 가져야 할 전통과 습관을 가장 잘 보전하고 있으니, 부디 그 문화를 그대로 이어 가도록 해야 한다. 아무리 한족이 다스리는 나라 안에 살더라도 우리 문화를 가지고 있으면 천 년이나 2천 년이 지나도 우리는 살아 있는 민족이 된다. 그리고 이런 문화를 이어 가는 데 글쓰기 교육이 가장 중요한 일을 해, 부디 우리가 하는 삶을 가꾸는 글쓰기 교육의 정신을 참고해서 그곳에서도 참된 인간 교육을 글쓰기로 하여 우리 문화를 창조해 주기 바란다……. 이렇게 말해 주었다.

오늘은 글쓰기 회원들이 써낸 여러 가지 글을 가지고 오전과 오후에 여러 반을 나누어 합평을 했다. 글을 읽어 보니 참 좋은 글이 많아서 반가웠다. 그런데 글쓰기회에 처음부터 참여하면서도 여러 개의 현상 모집에 글이 당선되어 문단에 나왔다는 사람의 글이 뜻밖에도 엉터리 글을 썼다. 이것을 보면 사이비 글쓰기회원이 저절로 드러나게 되었다.

저녁에는 총회를 열었다.

1년 동안 한 일에 대해 여러 가지 반성을 하는 가운데 나도 많이 비판하고, 새로운 길을 열어 가도록 말했다.

사실은 이번에 이 모임에서 "나는 이제부터 모든 단체에서 벗어나기로 했고, 글쓰기회에서도 물러나겠다"고 말하기로 하고 왔다. 그래서 글쓰기회 1년 동안에 회원들이 한 일을 비판하고, 회보를 비판하고, 이제는 이런 비판 소리 듣지 않고 여러분들끼리 잘해 보시오, 이렇게 말할 생각으로 왔는데, 와서 사람들 만나니 그렇게 안 된다. 인정이란 이런 것인가 보다. 더구나 이상석 씨 글을 읽으니 글쓰기로 하는 교육이 얼마나 훌륭한가 하는 것을 새삼 느낄 수 있어 이 젊은이들을 더 믿고 함께 해 나가야 되겠구나 싶었다.

1996년 1월 20일 토요일 맑음

어젯밤에는 10시 반에 누웠다. 곧 잠이 들었는데 아주 흉한 꿈을 꾸다가 깨어나서는 한숨을 쉬었다. 시계를 보니 1시 반쯤 됐을까.

그 꿈이란 것은 내가 아주 못된 죄를, 사회로서나 도덕으로서나 도무지 말할 수 없는 죄를 지은 것이 드러나 잡혀가면서 자살까지 생각해 보다가 깨어난 것이다. 꿈이 너무 생생하고 괴로워서, 깨어나서도 한참 생각했다. 그러다가 '이것은 틀림없이 내가 사람으로 바르고 깨끗하게 살아가지 못하고 있는 것을 하느님께서 벌주시려고 하시는 것이다' 하고 깨달았다. 그래서 지금까지 자주 미뤄 오던 단식을 당장 해야겠다고 생각했다. 먹는 것에 대한 욕망을 이겨 내는 것이 내가 앞으로 바르고 깨끗하게, 그래서 건강하게 살아가는 데 가장 중요한 일이라고 깨달은 것이다. 그래서 곧 꿇어앉아 내일 당장 단식하기로 하고 그 결심을 기도로 드리고, 아침에 일어나면 또 혹시 잊을까 봐 종이 한 장 꺼내어 거기에 빨간 색연필로 "단식"이라 써서 바로 옆에 두고 잤다.

아침에 일어나 신문 보고 오늘, 사무실 쓰는 자민련 앞으로 보낼 3차 통고서를 써 놓고, 순환 단식을 하는데 며칠씩 건너서 하는지, 단식하는 날은 숯가루도 안 먹어야 하는지를 알아보려고 안화순 씨한테 전화를 걸었지만 안 받았다. 집에 없는 모양이었다. 아무튼 오늘은 안 먹기로 하고, 자매부동산에 갔더니 어제 그 사무실에서 와서 방을 다른 사람에게 내주도록 해 달라고 하더라 했다. 그러면서 "정보지 내는 곳에서 월세 백만 원에 들어오려고 하니 계약을 하시지요" 했다. 나는 "의논해 보고 오늘 중에 알리겠다"고 하고 돌아오니 곧 안화순 씨가 왔다. 그래서 부항도 뜨고 단식에 대해서도 여러 가지를 들었다. 부항은 한 이틀 쉬었더니 한결 견디기가 나았다. 안화순 씨도 "상태가 아주 좋아요" 했다.

안 씨를 보내고 나니 1시 반이 되었다. 곧 한길사에 가서 《우리 글 바로 쓰기 3》 2쇄 나온 것 두 권 받고 인세 관계 알아보고 왔다. 한길사 김언호 사장은 내가 이번 감기에서 가장 크게 발견한 것이 책의 공해라 했더니 "정말 책이 이제는 큰 공해물이 됐어요" 하면서 "책을 만들어 팔고 남은 것을 보관할 곳이 없고, 어디 갖다 줄 곳도 없고, 받아 갈 사람도 없어요" 했다.

그러면서 책 창고 때문에 고생하는 얘기를 한참 했다. 한길사 김 사장은 내가 말하는 공해와는 또 다른 면에서 생긴 공해를 말하는구나 싶어, 이러고 보니 책의 공해가 참으로 여러 가지로 생겨난다는 것을 알게 되었다.

오늘은 숯가루와 비타민제 몇 알만 먹었다. 그리고 오전에도 나가고, 오후에도 나가서 걸음을 제법 많이 걸었지만, 몸이 가볍고 마음이 편하고, 머리도 맑아 참 좋다. 단식이 이렇게 좋구나. 진작 할 것을 하는 생각이 들었다.

1996년 1월 31일 수요일 낮 한때 눈

오늘 한 것은 어느 독자 앞으로 편지 한 통 쓴 것과 현덕 동화집 읽은 것이다. 현덕이 쓴 노마 이야기 연작 동화는 뛰어난 유년 동화다. 이만한 유년 동화가 해방 후 50년 동안에도 나온 것이 없겠다는 생각이 든다. 이 동화를 요즘 아이들이 읽을 수 있도록 말과 문장을 잘 다듬고, 또 어른들이 입으로 구연해 줄 수 있도록 하면 좋겠다는 생각이 들었다.

내일은 정우가 책을 실어 나르러 오기로 했다. 그 차 타고 무너미 가서 며칠 동안 있어야겠다.

저녁에 한지흔 씨가 전화로 안부를 물으면서, 간밤에 꾼 꿈 얘기를 했다. 화장실 수도꼭지에서 물이 흘러나오는 것을 잠 갔는데, 꿈에 물을 보면 좋은 일이 있다는데 오늘 좋은 소식 있었습니까, 했다. 글쎄요, 내일 무너미 아이가 올라 한 것이 좋은 소식이지요, 했더니, 또 책 얘기를 하면서 내 책을 무너미로 가져가는 꿈도 꾸었다고 했다. 한 선생은 더러 아주 잘 맞히는 꿈 이야기를 한다. 참 재미있는 사람이란 생각을 또 했다.

1996년 3월 11일 월요일 맑음

오늘은 여러 날 미뤄 두었던 현덕 동화집《너하고 안 놀아》를 논평하는 글을 다시 꺼내어 한 꼭지를 썼다.

아침에 니시 가쓰조의 책을 읽는데 '기억력 감퇴'란 대문에서 자기는 지금 70세가 지났는데도 아직 기억력이 젊었을 때와 다름이 없다면서, 피부를 튼튼하게 할 것과 비타민시를 많이 먹도록 하라고 했다. 그리고 난 다음 책을 읽고서 잘 외울 수 있는 방법을 말했는데, 알렌이란 사람이 출입의 법칙이란 것을 말했다면서 그것을 소개했다. 무엇을 읽거나 듣는 것은 들어오는 것이고, 이렇게 들어온 것을 지출해서 내보내지 않으면 머리가 꽉 차서 그다음에 무엇을 읽거나 듣거나 해도 들어올 자리가 없다는 것이다. 내보내는 방법은 그것을 누구한테 말해 버리는 것이라 했다. 나는 이것을 읽고, 내가 여러 해 전부터 글에도 쓰고 말로도 해 온 생명 성장의 원리란 것과 어쩌면 그렇게 같은가 싶어 반가웠다. 아이들이고 어른이고 무엇을 보고 듣고 하여 어떤 지식이나 생각을 받아들였으면 반드시 그만큼 또 자기 자신을 표현해서 내보내야 하고, 이렇게 받아들이는 것과 내보내는 것의 수지가 될 수 있는 대로 0의 상태가 될 때 사람은 건강하게 자라날 수 있다는 것이다. 사람의 본성으로 좋은 생각을 하면 동서와 고금을 뛰어넘어서 그 생각을 같이하는 사람이 뜻밖에 많겠다는 것을 이로서 깨닫게 되어 여간 기쁘지 않다.

1996년 3월 27일 수요일 맑음

이대입구역 가까이 있는 김지영내과에 간 것이 11시가 가까웠다. 접수를 했는데, 기다리는 사람이 여럿 있는데도 나를 먼저 들어오라 해서 미안했다. 잠시 몇 가지 묻는데 대답하고 곧 피검사, 소변검사, 그리고 가슴 사진을 찍었다. 그다음 혈압 재고, 누워서 원장님이 배에다 무엇을 대고 여기저기 누르고 했다. 마치니 12시가 안 되었다. 내시경검사는 안 했다. 위장이 별 탈이 있는 것도 아니고, 그것 검사하는 것은 좀 아프기도 해서 안 해도 되겠다고 원장님도 말했다. 그런데 혈액과 소변 검사는 내일인가 모레라야 결과가 나온다면서, 여기까지 오실 것 없고 전화 주시면 알려 드리겠다고 했다. 혈압은 100/70이라 했다. 가슴 사진을 보더니 "언젠가 결핵을 좀 앓았습니까?" 했다. "그런 적 없습니다" 하니 "사진에 약간 그 흔적이 있는데, 아마 모르고 지나간 모양입니다" 했다. 10년쯤 전에 과천 처음 온 해던가, 노인들 모두 검사할 때 안양 가서 사진을 찍었더니, 결핵인지 모르니 더 정밀한 사진을 찍어야 한다면서 또 찍게 했던 것이 생각난다. 그때 다시 찍었더니 아무 이상 없다고 나왔다. 아마 그것이 그대로 나타난 것 같다. 그리고 다 괜찮으니 혈액과 소변 검사 결과나 기다려 봅시다, 하고 가라 해서 나왔는데, 접수에서 진료비를 물었더니 안 내도 된다면서 그냥 가시라, 했다. 이래서 안 되는데, 하니 아가씨가 "다 그래요" 했다. 무슨 말인가? 아마도 노인들은 모두 무료로 진료해 주는 모양인가 싶었다. 그래 가지고 병원을 어떻게 유지하나? 미안했지만 그냥 나왔다.

오다가 영등포역으로 가서 롯데백화점에 들렀는데, 전에 있던 수수떡이 없었다. 그래 아무것도 사지 않고 돌아와서, 점심을 우리 밀 라면(전에 사 둔 것)을 끓여 먹었다.

걱정했던 병원 진찰은 이 정도로 다른 큰 병은 없는 모양이라 마음이 놓였다. 소변검사 결과야 전부터 신장이 좋지 않았고 당뇨도 나왔으니 나쁘게 나와도 예상한 대로다. 그런데 기침과 가래, 숨쉬기 이상 증세, 이것은 왜 이런가. 아무래도 내 요량으로 치료하는 수밖에 없다.

점심을 늦게 먹다 보니 오후 시간은 잠시 누워 쉬고 나니 다 가 버리고 밤에는 보리에서 보낸 노동 문학에 관한 글(전에 내가 잡지에 연재한 글)을 교정했다. 이걸 가지고 윤구병 선생 글과 같이 엮어서 책으로 낼 모양이다.

1996년 3월 28일 목요일 맑음

어제 하던 교정 일 오전에 다 마치고 오후에는 신문 보고, 좀 쉬었다가 저녁때부터 교총에서 내는 중학생 방학책에 실을 원고 쓸 준비를 했다. 이것은 1, 2, 3학년 것 각 한 편씩 써야 한다.

저녁때 병원에 전화를 걸었더니 김 원장이 "콩팥이 좋지 않는데요" 했다. "단백뇨가 많이 나옵니까?" 물으니 "피는 안 나오는데 단백뇨가 많이 나옵니다" 했다. 그러면서 간을 많이 제한하고, 기름을 적게 먹고 다른 약도 먹지 않는 것이 좋다면서 다음 주 다시 한번 검사해 보자고 했다. 역시 내가 짐작한 그대로 신장 탈이구나 깨달았다. 무너미에 전화를 걸었다. 내일 정우가 와서 화장실도 고치고 책도 가지고 가기로 했다. 나도 같이 가서 한 이틀 있다가 와야겠다.

1996년 4월 27일 토요일 맑음

여러 날 원고를 안 쓰다가 새로 쓰려니 얼른 쓰이지 않는다. 쓰이지 않는다기보다 자꾸 뒤로 미루고 만다. 의욕이란 것이 줄어들어서 그런 것 같기도 하다. 이래서는 안 되지, 사람이 이러다가 차츰 일을 놓게 되고, 그래서 정신이고 육체고 시들어 버려서 죽게 되겠지 하는 생각도 든다. 원고 쓰는 준비를 한다고 몇 시간 자료를 모으고 하다가 밤이 되어서야 몇 줄 시작했다.

이렇게 시작해 놓으면 그다음은 자꾸 써 나가게 되는 것이다.

오전에 은행 볼일을 보고, 저녁때는 신문 사고, 복사도 하고 해서 나갔다가 왔다.

내일은 어떻게 해서라도 원고를 다 쓰고 싶다.

1996년 4월 28일 일요일 맑음

종일 원고를 썼다. 쓰기 시작하니 길이 나서 자꾸 쓰게 된다. 지금은 밤 11시가 지났으니 그만 써야지.

무엇이든지 이렇게 열중한다는 것은 나이가 많을수록 중요하구나 싶다. 열중하면 힘이 생긴다. 일을 안 하고 가만있으면 몸이 저절로 사그라진다. 내가 건강을 이어 가는 길은 다만 일을 하는 것뿐이란 생각이 든다.

1996년 5월 7일 화요일 흐림

오후 2시에 안양 YMCA에서 주로 어머니들이 나오는 '글쓰기 지도와 독서 강좌'의 특강으로 4시까지 두 시간 동안 하고 왔다. 그런데 강의를 거의 다 해 나갈 때 좀 몸에 땀이 나고 힘들다 싶더니, 올 때는 머리가 약간 어지럽고 허리도 무겁고 아팠다. 이런 강의를 앞으로는 함부로 맡아서는 안 되겠구나 싶었다.

오늘 모인 사람이 60명쯤 되었을까. 내가 말하기 전에 질문부터 먼저 받았다. 묻고 싶은 것, 듣고 싶은 것 있으면 미리 말해 달라고 했더니, 자기 집 아이가 지금 1학년인데 글쓰기를 할 줄 모른다면서 어떻게 가르쳐야 하느냐, 자기 집 아이는 일주일에 책을 여덟 권 읽는데 글을 못 쓴다면서 어떻게 해야 하느냐…… 따위로 모두가 책 읽고 글 쓰는 짓을 아이들에게 억지로 시키려고 하는 어머니들이었다. 그래서 그만 아주 열이 올라서 처음부터 "우리 나라 어른들이 모두 아이들 잡아 족치려고 머리가 돌았어요. 어째서 그렇게 일찍부터 책만 읽히고, 글쓰기만 시키려 합니까. 그러니까 아이들이 자라나서 어른이 되면 그 지긋지긋한 책을 다시는 안 읽고, 글도 안 씁니다. 아이들 제발 좀 밖에서 뛰놀게 해 주세요. 그래야 몸도 마음도 건강해지고, 지능도 발달되고 창조력도 뻗어 납니다. 방 안에 갇혀 책만 읽고 글만 쓰면 모두 바보가 되고 병신이 됩니다" 하고 야단을 치듯이 이야기를 해 나갔다. 그러다 보니 힘이 너무 들었던 것 같다.

정말 요즘 어머니들 큰 문제다. 이래서는 아이들 다 잡게 되었으니 이 일을 어떻게 하나. 우리 나라 앞날이 말이 아니다.

1996년 5월 9일 목요일 맑음

〈영남일보〉에 연재했던 두 번째 원고, 그것을 엮어서 사이사이 해설을 써 넣고 하는 일을 밤 11시 40분까지 해서 다 마쳤다. 내일 이재복 씨가 가지러 오기로 한 것이다.

　오후에 김천에서 박정숙이라면서 전화를 걸어 왔다. 청리학교서 배웠다면서 오늘 15일 동창생들이 청리학교에 모이기로 했단다. KBS에서 연락이 와서 의논했는데, 방송국에는 임순천이와 김순옥이 둘이 나가고, 다른 동창들은 학교에 가서 방송국에서 나온 취재반들을 만나게 된다는 것이다. 내가 방송국에 말했더니 그동안에 이렇게 의논이 된 모양이다. 박정숙이는 그때, 그러니까 1963년이니 33년 전이다. 그때 이후 한번도 못 만났다. 이런 얘기를 전화로 해서 웃었다. "선생님, 그때 학교 앞 마을 ○○네 집 방에 계셨잖아요. 한번은 골목을 가는데 제가 골덴 바지를 뒤에 바느질해서 떼운 것을 입고 가니까 선생님이 '정숙이 너 궁둥이에 해바라기꽃 폈구나' 하신 것 생각나셔요?", "그런 일이 있었던가?" 정숙이는 키가 좀 작고 눈이 크고 눈썹이 새까만 아이였던 것 같다. 정숙이는 또 "이영희는 수상 살아요. 그날 올라 했어요" 했다. 수상은 청리면에 있는 마을이다. 고향에 그대로 사는 아이가 있었구나. 조그만 아이 이영희……

　아무튼 15일이 기다려진다.

1996년 5월 14일 화요일 맑음

　성남에 가서 수진초등학교 강당에서 어머니교실 회원(120명쯤 됐을까)들에게 '책 읽기와 글쓰기'란 제목으로 10시 20분부터 두 시간 동안 이야기했다. 주최는 성남신용협동조합과 성남생활협동조합이 한 것인데, 지난겨울에 한다고 약속한 것을 그때 아파서 못 하고 이번에 간 것이다.

마치고 거기 일하는 분들과 점심을 같이 먹고 돌아오니 오후 3시가 지났다. 갈 때와 올 때 모두 여기 1단지에 사는 어느 어머니가 운전하는 차를 타서 쉽게 다녀왔다. 그 어머니는 성남에 있을 때 주민교회에 다녔는데, 몇 달 전에 이곳 과천으로 이사를 왔지만 아직도 주민교회에 나간다면서, 그 교회에서 외국 근로자를 도와주는 이야기를 해서 아주 감동했다. 오늘 갈 때도 그 사람들 위해 김치를 담아서 갖다 주었다고 했다. 이해학 목사님은 역시 훌륭한 분이구나 싶었다.

돌아와서 신문 보다가 빨래를 했다.

밤에는《일하는 아이들》과《우리도 크면 농부가 되겠지》에 나오는 청리학교 아이들의 이름과 글 제목을 모두 뽑으면서 그때 아이들 이름을 한눈으로 볼 수 있게 적어 놓았다. 이것은 내일 방송국에 가서 얘기할 때 참고가 될 것 같기 때문이다. 저녁때 방송국에서 전화가 왔는데, 내일 방송국에 박선용 군과 김순옥 둘이 나온다고 했다. 33년 동안 못 만났던 아이들을 만나게 되었으니 여간 큰 사건이 아니다. 두 사람이 어떻게 달라졌을까? 만나면 무슨 얘기가 나올까? 그저 우리끼리 만나면 좋은데, 방송국에 가서 만나는 것을 모두 내보이는 것이 마음

편치 못하고 싫다. 그러나 어쩔 수 없다.

1996년 5월 15일 수요일 맑음

　오전에 한겨레문화센터에 가서 아동문학 강좌 실기 지도를
했다. 오늘은 네 사람이 나왔다.
　신정숙 씨가 왔기에 회보〈우리 말 우리 글〉 원고를 주고 문화센터
수강생들이 준 꽃다발을 주어서 사무실에 가져가 꽂아 놓으라
고 하고 점심을 같이 먹었다.
　오후에 KBS 방송국에 가는데 신정숙 씨도 따라온다고 해서
같이 갔다.
　오늘 방송은 〈선생님을 찾습니다〉는 프로인데 2시부터 4시
까지라 무엇을 하는지 궁금했지만 선용이와 순옥이를 만나게
되는 것이 반갑고 기다려졌다.
　그런데 가 보니 무슨 사람들이 아주 많이 와 있었고, 나도 그
속에 한 사람으로 2시부터 4시까지 그대로 앉아 기다려 달라
고 했다. 그러니까 이 사람들이 모두 어느 선생님들을 만나도
록 해 달라고 신청해 놓고 기다리는 것이고, 그 가운데서 나는
선생님이 아니라 가르친 사람들을 기다리는 것이다.
　뭔가 마음이 안 놓인다 싶더니 역시 아주 실망했다. 오랫동안
만나지 못한 사람을 방송국에서 주선해서 모두 방송국에 왔는
데도 일부러 숨겨 놓고 못 만나게 해 놓고 그 자리에서 한 사람

씩 무슨 연극처럼 꾸며서 만나게 하는 것인데, 그런 것은 또 그렇게 한다고 하더라도 처음에는 만나는 사람들이 나가서 온갖 이야기를 하도록 해 놓고, 나중에 가서는 시간이 없으니까 할 말도 못 하게 하고, 그저 가슴에 꽃이나 꽂아 주도록 했다. 아무 쓸데없는 것을 지루하게 보여 주고 우스운 짓거리를 보여 주어 웃기는 데 시간 다 보내 놓고 뒤에 가서 시간이 모자라게 했다. 그래 내가 선용이와 순옥이를 만난 것이 마지막에 가서였으니 영 허수아비 노릇을 했다. 방송인들이 이렇게 질이 낮구나 싶어, 다음에는 어떤 일에도 나오지 않겠다고 다짐했다. 그래도 나는 선용이와 순옥이가 쓴 옛날의 시를 읽어 주고, 순옥이 시는 내가 지은 곡으로 한번 부르기도 했다. 다른 얘기는 못 하고 그것밖에 못 했다. 그런데 순옥이와 선용이는 한마디 말도 못 하고 말았으니 참 어이가 없었다.

　마치고 나올 때도 출연료에 대해 아무 말이 없어서, 이 사람들이 사람 대우를 아주 하지 않는구나 싶었다.

　그런데 밖에서 이득훈이, 정명옥, 김경수가 기다리고 있었다. 그래서 신정숙 씨는 보내고, 선용이, 순옥이와 모두 같이 어느 음식점에 가서 저녁을 먹으면서 두 시간 남짓 이런저런 얘기를 하다가 헤어져 왔다. 남은 다섯 사람은 더 얘기가 있을 것 같았다. 올 때 선물을 주는 것을 받아 왔는데, 청리 동창생 일동으로 되어 있는 것은 조그만 통에 무엇이 들어 있는데, 그게 무엇인지 알 수 없었다. 금인가 모르겠다. 또 따로 김순옥이는 상품권을 10만 원짜리 넣어 놓았고, 명옥이는 볼펜 두 자루를 넣어 놓았다. 내가 무슨 스승이라고 이렇게 하는지 그저 부끄러웠다.

이번에 박순천이가 방송국에 나오려고 했지만 중국으로 출장을 갔다고 한다. 그런데 박선용이가 순천이 편지를 주는 것을 가져와 읽어 보니 아주 자상하게 길게 써 놓았다. 곧 청리 동창들 한데 모이도록 하자고 의논을 했으니 올해는 옛날 그 청리 시절을 한번 더 살아 보는 때를 다시 맞을 수 있을 것 같다. 그때는 문집이라도 한 권 만들어 놓아야지.

1996년 5월 18일 토요일 맑음

온종일 신문 자료 카드를 정리했다.

오후 4시쯤에 중앙대학교 학생 둘이 찾아와서 28일에 있을 강연에 대한 것을 물어보고 한 시간쯤 있다가 갔다.

낮에 강재순 군이 전화를 하면서, 우영창 선생이 몇 해 전에 돌아가셨다고 했다. 우 선생이 가다니! 그런 줄도 모르고 나는 한번 마산에 가서 만나야 할 건데, 전화라도 걸어야 하는데, 하고만 생각하고 있었지. 인생이란 이렇게 허무하다. 둘레에서 자꾸 죽어 가니 언제 내 차례가 올지 모른다는 생각이 든다. 그럴수록 건강에 마음을 써서 해야 할 일을 다 하고 가야겠는데 하는 생각이 든다.

저녁에 생감자와 미역과 김치를 김에 싸 먹는데, 아람유치원 박문희 원장이 전화를 걸어 왔다. 자기가 하고 있는 마주이야기 교육을 이제는 학부모들이고 선생들이 아주 신이 나서 자랑스럽게 하고 있고, 교육청 장학사들도 좋아하는데, 관리과 사람들이 너무너무 괴롭혀서 도저히 견딜 수 없다고 했다. 아이들이 자기 유치원에만 오려 하니까 이웃 유치원에서 교육청에 자꾸 밀고를 해서 수없이 교육청에서 조사를 온다는 것은 지금까지 여러 번 들었지만, 이번에는 하도 그러기에 긴 글을 써서(자기의 처지를 밝히는) 보냈더니 아람유치원을 폐쇄 조치한다는 공문이 왔다고 했다. 그래 전부터 이렇게 괴롭힘을 당할 바에야 사단법인을 만들어 어린이집이나 어린이 교육 연구소를 만들어 아이들 가르쳐야겠다고 마음먹고 있기에 폐쇄 조치한다는 공문이 왔지만 조금도 동요하지 않는다고 했다. "이게 모두 선생님 책에서 배운 대로 하다 보니 이렇게 된 것인데, 참 영광으로 알고 있어요." 해서 한바탕 웃었다.

박 원장 얘기에 이런 말도 있었다. 내가 〈월간 유아〉에 연재하던 글을 그만 안 쓰겠다고 해서 그만둔 것을 그 잡지 편집부 사람한테서 들었는데, 잡지에 나오는 글이 조금도 고쳐지지 않는다면서 아주 화를 내셨다고 하더라면서, 그래도 교장 선생님이 그런 데 그렇게 쓰시니까 우리 유치원 선생들은 그걸 가지고 많이 배우고, 이런 말은 이렇게 써야 한다고 저희들끼리 얘기하는 것도 가끔 들었다고 했다. 그리고 자기도 어느 대학에서 네 차례 강의를 해 주도록 요청을 받았는데, 두 번 하고 그만두었다면서, 학생들은 자기 얘기를 아주 귀담아듣고 공감하고 좋아서 못 견디는데, 교수들이 자기 얘기를 듣더니 자꾸 머리를 갸우뚱거리고는 좋지 않게 여기더라고 했다. "그 교수님들은 자기들의 권위가 침해되는 것처럼 느끼는가 봐요" 했다. 그래서 두 번 강의하고는 그만두었다고 했다.

대학교수들이 박 원장 얘기를 듣고 언짢게 여기는 태도가 내 눈에는 환히 보인다. 나도 〈월간 유아〉에 연재하는 맨 첫 번째 글에서 어느 유아교육학과 교수가 쓴 괴상하기 짝이 없는 글을 들어 비판했으니까.

이 사회가 아주 엄청난 혁신이 되지 않고는 교수고 장관이고 이 돌머리들이 언제까지나 아이들과 교육을 짓밟아 깔아뭉개고 있을 것이다.

1996년 6월 6일 목요일 맑음

오전에 청탁 원고 쓸 자료를 준비해 놓고, 오후에 엽서에다가 주소 옮긴다는 편지글을 써서 보낼 준비를 했다. 종이에 써서 복사만 해 놓고 아직 엽서에 붙이지는 안 했다. 밤에는 주소 옮긴다는 연락을 할 곳을 모두 조사해서 주소를 적어 놓았다.

저녁때 부산에서 이주홍 선생 부인이 전화를 걸어 왔는데, 산하에서 가져간 책도 찾고, 책 나온 것도 받기 위해 내일 서울에 오겠다고 했다. 그래서 내일은 내가 지방에 가게 되니까 다음

주에 오시라고 했다. 전화 받고 아주 화가 났다. 아직도 책을
보내지 않았다니!

　6월 7일부터 저의 주소가 아래와 같이 바뀝니다. 그동안 늘 귀
한 자료를 보내 주시고 소식을 주셨지만 아무것도 도와 드리지
못해서 죄송했습니다. 저는 건강을 회복해야 할 일도 있고 해서
10년 동안 살던 과천을 떠납니다. 앞으로 얼마 동안 모든 신문
자료와 홍보물 들을 보지 않기로 하였으니 부디 우송하시는 수
고를 덜어 주시면 서로 다행이겠습니다. 아울러 저의 이름이 회
원으로 올려 있는 모든 문인 단체에서는 부끄러운 저의 이름을
빼어 주시기 바랍니다. 저는 여러분께서 바라신 문학 활동을 하
지 못했고, 앞으로도 할 수 없는 만큼 문인 단체의 회원으로는
어울리지 않을 뿐더러, 무엇보다도 거의 모든 단체에서 저의 뜻
과는 상관없이 이름을 올려놓았기에 이 기회에 모든 문인 단체
에서 벗어나기로 했으니 아무쪼록 양해해 주시기 바랍니다. 앞
으로 남은 삶을 바쳐서 해야 할 일이 저대로 따로 있어서 감히
이런 편지를 드리게 되었으니 부디 용서해 주십시오.

　　　　　　　　　　　　1996년 6월 3일 이오덕 드림

〈옮기는 곳〉
　충북 충주시 신니면 광월리 710번지 수월(무너미) 마을 이오
덕 우편번호 380-890

1996년 7월 9일 화요일 맑음

내일 강의 준비를 하느라 종일 자료를 모으고 정리하고 했다.

오후 신문을 사러 나갔다가 노점 거리에서 유월 콩 한 근(깍지 채로)을 2천 원 주고 샀다. 살구도 2천 원어치(12개) 샀다.

올 때 그 옆 아파트 옆길로 오는데, 어느 아이가 길가 땅바닥을 신발로 콱 쾅 밟고 있었다. 왜 그러나 싶어 보니 개미집이다. 새까만 개미들이 난리가 나서 마구 이리저리 어쩔 바를 모르고 쩔쩔맨다.

"너 왜 개미를 그렇게 죽이나? 이건 개미들이 사는 집이야. 개미도 집을 짓고, 먹이를 찾아다니면서 열심히 살아가는데, 이봐, 네가 밟아서 저렇게 죽고, 또 살라고 몸부림치고 하지. 개미도 사람과 같이 목숨이 있어. 그러면 안 돼."

그 아이는 가만히 듣고 있었다. 나는 그만하면 알아들었겠지, 하고 왔다. 몇 걸음 걸어오다가 돌아보니 또 그 아이가 발로 개미집을 짓밟고 짓이기고 있었다. 다시 돌아가서 "너 내가 한 말 어떻게 생각하나? 너도 누가 와서 발로 마구 짓밟으면 좋으냐? 팔다리가 떨어져 나가고 피가 나고 해도 괜찮으냐?"

고개를 숙이고 아무 말도 없다.

"너 몇 학년이냐?"

"1학년."

"1학년이면 학교에서 이런 것은 배워야 하는데……. 그러지 마라, 응? 개미도 목숨이 있어서 살아가야 하는 거야."

나는 그 아이 머리를 쓰다듬어 주면서 그러지 말라고 달래어 보냈다.

오면서 며칠 전 안동에 갔을 때 권성생 선생이 하던 말이 자꾸 머리에 떠올랐다. 동화고 문학이고 이제는 다 소용없다. 우리 말 살리는 일도 될 수 없다고 한 말이다. 아, 절망, 절망밖에 없는 세상, 이제는 그저 사는 데까지 살아가는 수밖에 없는 세상이 된 것이다. 개미를 짓밟는 그 아이를 내가 어떻게 바로잡겠는가? 뺨을 한 대 후려갈겨 놓고 아프다고 울고불고하면 "그봐라, 뺨 한번 얻어맞았다고 우는데, 손가락이 떨어져 나가고 팔다리가 떨어져 나가고 허리가 부러지면 얼마나 아프겠는가? 개미도 사람과 마찬가지로 살아갈 권리가 있는 거야" 하고 말해 주면 될 것인가? 안 될 것이다. 그 아이는 그다음 어디서 개미를 만나면, 전에 뺨을 얻어맞았으니 그 앙갚음으로 개미들을 더 모질게 밟아 죽일지 모른다. 아마도 그럴 것이다. 오직 자기밖에 모르는 이 사람이라는 괴상한 동물은 다만 멸망을 기다리는 시간밖에 아무것도 남지 않은 것이다. 멸망밖에!

오늘 다시 아침을 먹었다. 그런데 소변이 잘 나왔다. 아무래도 먹는 것이 좋을 것 같다. 그 대신 양을 적게 먹도록 해야지. 아침은 감자 같은 것으로, 가볍고 소화 잘되는 것으로 먹기로 해야겠다.

1996년 7월 17일 수요일 오전 비, 오후 흐림

오늘은 남북 어린이 어깨동무 캠페인을 추진하는 곳에서 어느 공원으로 행사를 한다고 오라 했지만 바쁜 일이 있어 못 간다고 했다. 바쁘기도 하지만 내가 거기 가서 할 수 있는 일이 있을 것 같지 않아서다. 그 대신 전교조에는 가기로 했다. 전교조에도 내가 할 수 있는 일이 있을 것 같지 않지만 워낙 오래 안 가서 사무실이 어디 있는지도 모르고 어떤 사람이 일하고 있는지도 모르기에 한번 가서 분위기라도 알아 두고 싶었던 것이다. 두 곳 다 내가 자문위원인가 하는 것으로 되어 있다.

12시에 당산역 가까이 있는 전교조 사무실에 갔더니 모두 먼저 와서 기다리고 있었다. 자문위원, 지도위원, 지방에서 무슨 일을 맡고 있는 분들, 모두 여남은 사람이었는데, 광주서 윤영규 씨가 왔고, 이규삼 선생도 왔고, 이규호 선생도 오랜만에 만났다. 목포, 대구서도 왔다. 점심을 같이 먹고 사무실 한쪽 넓은 방에 앉아서 금년도 사업 목표와 전반기에 한 일, 후반기에 할 것들을 이야기하는 것을 들었다. 그리고 나서 지도위원, 자문위원들의 의견을 물었다. 두세 분이 의견을 말했다. 나도 한 가지 이야기했는데, 그것은 "지금 정부에서 노동문제에 관한 시책을 좀 고치려고 하고 법 개정도 추진하려고 하면서 교원노조를 인정하는 방향으로 가려고 하는 듯한데, 여기에 대한 반대 세력도 만만하지 않은 것 같아요. 그런데 올해 추진 목표를 보니 거의 모두 교원들의 처우 개선에 집중해 있는 것 같습니다. 교원 노조가 교원들의 처우 개선에 힘쓰는 것은 당연하지만, 지금 노동법을 고치려고 하고 있으니까 학부모와 일반 국민들, 국회의원이나 정부 시책 추진자들이 노조가 정말 아이들 위해 참된 교육을 하려 하고 있구나 하는 생각을 가지게 되도록, 그래서 법 개정에서 유리한 자리를 얻게 되도록 하기 위해, 노조가 이권만 추구하는 집단이 아니란 것을 보이기 위해서도 아이들 문제를 해결하는 일을 한두 가지 들고 나서는 것이 좋겠어요. 가령 '촌지' 문제도 있고, 또 요즘 신문에 날마다 보도되는 폭력 사건, 폭력 문제도 있지요. 그런 문제를 깊이 있게 연구하고 해결하려고 하는 노력을 해서 신문에도 보도되고 하면 일반 국민들의 인식이 아주 달라질 겁니다……" 이렇게 말했던 것이다.

내 말이 끝나자 이영희 부위원장이 "좋은 의견이니 참고하겠습니다"고 했다. 그런데 마지막에 정해숙 위원장이 인사 겸 결론을 말하는데, "아이들 폭력 문제 같은 것은 그 근원을 따지면 결국 노태우, 전두환 같은 폭력을 휘두르는 권력자들 때문에 그런 것이고 그런 근원이 되는 문제가 해결이 되지 않으면 안 되는 문제입니다" 하고 말해서 아주 실망했다. 그렇다면 교육 운동 같은 것 무엇 때문에 하나? 다 치워 버리고 정권 타도 싸움이나 벌이지. 그뿐 아니라 정해숙 위원장은 말을 아주 많이 해서 지루했고, 좀 실망했다. 오늘 내가 공연히 왔구나 하는 생각이 들었다. 저런 태도라면 자문위원은 무엇 때문에 있는가?

그 모임이 끝나고 사무실에 가서 또 이런저런 얘기를 하도록 자리를 마련했지만, 나는 그만 먼저 나와 버렸다. 과천 오니 6시. 아침 10시 반에 나가서 온종일 그만 다른 일도 못 한 것이다. 더구나 아침에는 비가 오기에 양복에 넥타이까지 매고 갔더니, 올 때는 더워서 땀이 나고, 아주 혼이 났다.

아파트 상가 옆으로 들어오는데, 어느 아이가 내 앞에서 손에 든 무엇을 땅바닥 물이 고인 데다 팽개치면서 "개미가 헤엄 잘 친다 말이야" 하고, 저쪽으로 갔다. 보니 제법 커다란 개미 한 마리가 물에 빠져 마구마구 몸부림치고 있다. 내가 짚고 가던 우산 끝을 그 개미 있는 데 갖다 대어 개미를 땅으로 나오게 했다. 그것을 아까 그 아이가 돌아보더니 도로 달려와서 "뭘 하세요?" 했다. "이봐, 이 개미가 물에 빠져 죽을라 하는 걸 내가 살려 줬어. 넌 왜 그 개미를 물에 던져 죽일라 했나?" 했다. 그랬더니 "개미가 헤엄을 잘 쳐요. 난 개미 잘 잡아요. 거미도 잘 잡는걸요" 하고 자랑하듯 말했다. 참 어이가 없었다. 이 아이 엄마는 아이가 개미 같은 것을 잡으면 틀림없이 잘한다, 개미를 다 잡을 줄 아네! 하고 칭찬한 것 같다. 이런 아이가 커서 어떤 사람이 되겠는가? 산에 다니면서 온갖 사냥을 다 즐기고, 외국에 가서는 곰 잡아 쓸개 먹고 하는 추악한 인간들이 다 이래서 나오는 것이 아닌가. 나는 그 아이를 타이르려고 했지만 자전거를 타고 횡 가 버렸다. 듣는 둥 만 둥이었다.

이런 아이들 커 가는 꼴도 전두환이 노태우 때문인가? 그럴 것이다. 그러나 모조리 전두환 노태우한테 미루기만 하면 무슨 해결이 날 것인가? 그리고 아이들을 이 모양 이 꼴로 키우는 것이 사실은 모두가 전두환이요 노태우 같은 추악한 심보를 가졌기 때문이 아니고 무엇인가? 전두환 노태우를 그런 꼴로 만든 것은 누구란 말인가?

나는 오늘 교육 운동을 하는 사람들한테 또 한번 환멸을 느꼈다. 그리고 오늘은 그만 아주 공친 하루가 되었다.

1996년 7월 26일 금요일 흐리고 비, 무너미서는 맑음

〈우리교육〉에 가서 책 표지 그린 것 본다고 하는 일이 예정대로 안 되어 그만 그것은 다음 주에 하기로 하고 오늘 무너미로 가기로 했다. 오전에 은행에 가서 돈을 찾고, 올 때 신문을 사고 뉴코아에서 감자도 좀 샀다. 감자는 12개에 1,800원쯤 되었으니 값이 좀 내린 것이다.

오후에 준비를 해서 동부터미널에 가서 신정숙이 벌써 차표를 사 놓았는데, 강승숙 씨도 같이 가게 되었다. 강승숙 씨는 음성에 있는 동생 집에 가는 길이었다.

갈 때는 비가 마구 쏟아져 내렸다. 그런데 고속도로에서 음성으로 빠지는 길에 나오니 비가 안 오고 하늘 저쪽이 차츰 틔어왔다. 돌아보니 서울 쪽은 시커먼 구름이 덮여 있다. 차가 갈수

록 검은 구름이 사라지고, 뭉게구름이 눈부신 봉우리를 이루면서 푸른 하늘이 보이는데, 그 구름들이 너무나 아름다워 한참 쳐다보며 내가 참 행복하구나, 하고 느꼈다. 옆에 앉은 신정숙이한테 구름을 보라 했더니 자꾸 딴 얘기를 했다. 나는 지금까지 자연을 나만큼 좋아하는 사람을 만난 적이 없다는 생각이 들었다.

무너미에 내리니 아직 저녁밥을 먹을 때가 안 되었다. 가게에서 토끼풀을 뜯어 주고 하다가 저녁을 먹고 내 방에 들어갔는데, 밤새도록 소쩍새가 느티나무에서 울었다.

1996년 8월 1일 목요일

아침 5시 20분, 바로 창 앞 나무에 와서 우는 첫 매미 소리가 이랬다.

이것은 단발성이라고 할까? 맴맴맴…… 하다가 중간에 좀 길고 크게 맴~ 하는 것이 없이 곧 마지막 한 번 길고 좀 세게 맴~ 하고 끝나는 것이다. 그런데 2, 3분 뒤 또 그 매미인 듯, 다시 울었다. 이번에는 이렇다.

　이렇게 중간에 한번 좀 길고 크게 소리 내고, 두 번째로 끝났다. 그리고 잠시 뒤에는 그 "쌕쌕이(대곡 아이들이 붙인 이름)"가 한 마리 와서 한 번 울었다. 일본 말로 "쓰꾸쓰꾸보오시"라고 하는 것이 틀림없이 이 쌕쌕이를 가리키는 매미일 것이다. 그 까닭은 쓰구쓰꾸보오시란 매미 이름이 그 울음소리를 아주 잘 나타낸 것이라 느껴지기 때문이다. 일본 말 매미 이름 "민민세미"는 틀림없이 참매미일 것이다. 그런데 일본 말 "히구라시"를 일한사전에 찾아보니 "쓰르라미"라고 해 놓았다. 히구라시는 매미 소리와는 관계없이 지은 이름이다. 일한사전에서 쓰꾸쓰꾸보오시를 찾으니 "애매미"로 나온다. 그래서 애매미를 우리 말 사전에 찾으니 "기생매미"로 되어 있다. 기생매미, 그 울음소리가 욕하는 소리같이 들려서 이런 이름을 붙인 것이 아닌가 싶다. 애매미란 이름은 그 매미가 아주 작기 때문에 붙인 이름일 것이고 이 쌕쌕이(애매미, 기생매미)는 좀 커다란 쇠파리만 하다. 여기 과천 아파트 사이 나무에서 아주 많이 들을 수 있는 것이 쌕쌕이다.

　쓰르라미를 사전에 찾아보니 쓰름매미가 또 옆에 나온다.

- 쓰르라미＝저녁매미
- 쓰르람 쓰르람＝저녁매미의 울음소리

• 쓰름매미=몸길이 31밀리미터 내외. 몸빛은 어두운 황록색에 검은 얼룩무늬가 있고, 날개는 투명하며 적자색으로 광택이 남. 늦여름에 나타나서 "쓰름쓰름" 하고 욺. 한국, 중국 등지에 분포함.

• 쓰름-쓰름=쓰름매미의 우는 소리 (이상 금성출판사 사전)

• 쓰르라미=매밋과에 딸린 벌레. 몸길이는 암컷이 45밀리미터, 수컷이 50밀리미터쯤이고, 몸은 붉은 갈색 또는 갈색이고 녹색과 검은 아롱무늬가 있다. 자란 벌레는 6~8월에 나타나며, 수컷은 "쓰르람 쓰르람" 하고 운다. 저녁매미. 조진. 한선.

• 쓰르람 쓰르람=쓰르라미가 잇달아 울 때 나는 소리.

• 쓰름매미=매밋과에 딸린 벌레. 몸길이는 날개 끝까지 45밀리미터쯤이고 몸은 어두운 누른 녹색에 검은 아롱무늬가 있고 몸통 가운데 가는 여덟 팔 자 무늬가 있으며, 배 쪽은 검은 갈색이고 날개는 투명하다. 늦여름에 나타나서 "쓰름쓰름" 하고 운다. 우리나라, 중국, 몽고, 일본에 산다.

• 쓰름쓰름=쓰름매미의 우는 소리 (이상 한글학회 사전)

이것을 보며 쓰름매미와 쓰르라미, 두 가지나 나와 있는데, 두 매미의 크기, 색깔이 거의 같다. 우는 소리도 "쓰르람 쓰르람"과 "쓰름쓰름"으로 되어, 이것이 실제로 어떻게 다른지 알 수 없다. 다만 쓰르라미는 6~8월에 저녁에 운다고 했고, 쓰름매미는 늦여름에 운다고 했다.

내가 어렸을 때 들은 시롱매미는 "시이롱시이롱" 하고 울었는데, 늦은 여름 저녁때 슬픈 느낌을 주는 소리로 울었다. 이것을 쓰르라미라 하는가 싶었는데, 사전대로라면 쓰름매미인 것 같다. 그리고 6~8월에 운다는 쓰르라미 소리는 들어 보지 못했다. 그래서 요새 초여름부터 우는 것이 내가 어렸을 때 들었던 그 시롱매미가 생태가 바뀌어 이렇게 일찍이 나타나 소리도 슬픈 느낌이 없이 우는가 했는데, 사전대로 하면 이것이 시롱매미가 아니고 쓰르라미다. 그렇다면 이 쓰르라미가 저녁때 울지 않고 아침에 우는가? 올해도 지난달 초던가 치과에 갔다가 올 때 쓰르라미 소리로 들었는데 그때가 오전 11시쯤 되었을 것이다. 그리고 어제는 밤 10시가 지났는데도 자꾸 울었다.

어쩌면 이렇게 사전에서 두 가지 매미라고 적어 놓은 것이 아주 한 가지 매미인지도 모른다. 더 알아봐야지.

오늘은 《무엇을 어떻게 쓸까》 고침판 보충 원고를 썼다. 원고지 겨우 12장 남짓밖에 못 썼다. 내일은 어떻게 해서라도 다 써야 한다.

낮에 신정숙이를 오라고 했더니 1시 반에야 왔다. 그래 나는 12시에 점심을 먹었다. 미역을 물에 불려서 감자를 생것 그대로 싸서 먹었다. 그리고 달걀 삶은 것도 먹었다. 신정숙이가 와서 내가 먹은 대로 먹으라고 했다.

무너미서 가져온 미숫가루를 반쯤 나눠서, 달걀과 호박과 참기름(이것은 냉장고에 넣어 두었던 것)도 함께 가져가도록 주었다. 신정숙이는 더워서 도서관에 가서 책을 보다가 저녁때 6시쯤 되어서 와서 가지고 갔다. 날씨가 아주 대단히 덥다.

1996년 8월 8일 목요일 낮 한때 비

어제 쓰던 원고를 계속해 썼다.

낮에 방송국에서 전화가 와서 "내일 아침 7시 반에, 남북 학자들이 이번에 우리 말을 통일하는 문제를 가지고 중국에서 회의를 했는데, 그 문제를 가지고 방송을 하게 되니 전화로 좀 의견을 들려주시면 좋겠습니다"고 했다. 오늘 신문에 그 회의 기사가 나갔다면서 그걸 보시면 알 것이니 7분 정도만 얘기해 달라는 것이었다. 할 수 없이 그렇게 하겠다고 해 놓고 오후에 밖에 나가 신문을 다섯 가지나 사 와서 읽다 보니 그만 밤이 다 되어 버렸다. 그 코리안 언어학자 국제 학술회의는 신문마다 기사가 났는데, 맞춤법, 띄어쓰기, 문장부호 같은 것을 의논했지만 합의를 하지 못했고, 그래서 앞으로 '언어의 이질화'를 막기 위해 어문 규칙을 통일이 될 때까지 어느 쪽이든 고치지 않기로 했다는 것이다. 맞춤법, 띄어쓰기 부호 따위가 말이 달라지는 것과 무슨 관계가 있는가? 외국 말, 외국 말법으로 말이 엉망으로 되어 가고 있는데, 그런 것 안 고친다고 말이 달라지는 것을 막을 수 있는가? 그리고 그 회의에 참석했다는 학자들 자신이 우리 말을 어느 정도 쓰고 있는지 조금도 믿기지 않는다. 그런 사람들이 무슨 통일을 한다고 하는가. 참 가관이다.

1996년 8월 13일 화요일 맑음

 낮에 광주MBC에서 8·15 특집을 하는데 우리 말에 남아 있는 일제 말에 대해 전화로 좀 얘기해 달라고 하면서 시간은 10분이라 했다. 그래서 전화로 얘기한다면 하겠다고 했더니 오늘 오후나 내일 중 어느 때로 하면 좋겠냐고 물어서, 내일은 어디 나가니 오늘이 좋겠다고 했다. 그래서 시간은 오후 5시로 정하고, 얘기할 것은 이것저것 각 방면의 전문용어를 들어 말하면서 얘기하면 좋겠다고 해서 내가 "나는 전문용어에는 그다지 관심이 없어요. 그런 것보다 더 급하고 중요한 것은 온 국민이 누구나 쓰는 일상의 말입니다. 우리가 쓰는 일상의 말을 우리 것으로 살려야 하는데 그런 것이 얼마나 많이 일본 말로 오염이 되어 있는지 몰라요. 그러나 10분 동안에 너무 여러 가지를 말하면 듣는 사람이 어리둥절할 것이고 효과도 없으니 몇 가지만 들어서 얘기하지요" 했더니 그게 좋겠다면서 그렇게 하라고 했다. 그래서 오후에는 그것 준비한다고 다른 일을 못 했다.
 그런데 5시가 되어 방송국에서 전화가 왔는데 이번에는 아가씨 말소리였다. 교통 용어에서 잘못된 것이 어떤 것이 있느냐고 물었다. 내가 "많이 있을 겁니다만 지금 얼른 생각이 안 나는데, 내가 관심을 가지고 있고 걱정하는 것은 어떤 특수한 방

면에서만 쓰는 말이 아니라 어른이고 아이고 농촌 사람이고 도시 사람이고 누구나 늘 쓰는 말을 깨끗이 하는 것입니다" 했더니 "그럼 그런 말에 어떤 것이 있는가?" 하고 물었다. 그래서 일상으로 쓰는 말에 일본 말이나 일본 말법으로 되어 있는 것이 아주 많지만 그 가운데서도 신문이나 잡지나 광고 글 같은 데서 가장 많이 써서 일급짜리 오염 말이라 할 수 있는 말이 있는데 그 가운데서 가장 먼저 들고 싶은 것이 '입장', '역할', '그럼에도 불구하고', '~에 있어서' 따위입니다 했다. 그래서 입장, 역할 두 가지 말이 실제로는 어떻게 쓰이고 있는가, 그것을 어떻게 고치면 되는가를 잠시 애기했다.

그랬더니 그런 말이 어째서 바로잡히지 않는가, 그 까닭이 무엇인가 하고 묻기에 거기에 대한 대답을 하는데, 내 말이 끝나기도 전에 저쪽에서 가로막아서 자꾸 말하기에 나도 그대로 말했더니 갑자기 전화가 뚝 끊어져 버렸다. 끊어진 것이 아니라 저쪽에서 끊은 것이다. 한참 기다려도 아무 소식이 없어 그만 신문 사러 밖으로 나가서, 한지흔 씨 가게에 갔지만 한 씨는 없고 윤승병 씨 혼자 있기에 거기서 잠시 애기하다가 왔다.

오늘 오후는 광주MBC 때문에 다른 일도 못 하고, 애기하는 중에 딱 끊어 버려서 몹시 불쾌해서 다음부터는 이런 방송 부탁에 아주 응하지 말아야겠다고 결심했다. 묻는 대로 대답해서는 아무것도 아닌 애기를 하게 되고 내 생각대로 애기는 못 하게 되어 있는 것이 방송이란 것을 뼈아프게 느낀 것이다.

오늘 낮에는 11시쯤에 안양에서 김순이가 딸 셋을 데리고 놀러 왔다. 큰딸은 중2, 둘째 딸은 초2, 셋째 딸은 이제 네 살이라는데, 큰아이는 책을 아주 많이 읽고, 초2짜리는 반장을 한다니 아주 공부를 잘하고 똑똑한 아이들로 자라나는 것 같다. 곰탕을 일부러 끓여 가지고 왔다고 해서 한참 애기해서 그런 것은 내가 먹지 못하니 가져가라고 해서 가져갔다. 미숫가루, 김치는 할 수 없이 받아 놓았다. 점심을 앞 상가 구단지에서 먹었는데, 다 먹고 밥값을 내려고 했더니 벌써 순옥이가 낸 다음이었다. 아이들에게 동화책 세 권을 골라 주어 보냈다.

청리학교 때 이야기는 순옥이가 오늘 또 한 가지 했다. 한번은 시험을 친 다음 선생님이 채점을 해서 내주고는 "모두 자기가 받은 답안지를 보고 내가 매긴 것이 틀림없는지, 만약 잘못 매긴 것이 있으면 말해라" 했단다. 그래서 제 것을 보니까 어디 한 군데 틀린 것을 맞다고 점수를 매겨 놓았더라고 했다. 그래서 아무도 나가지 않는데 어떻게 할까 하다가 나가서 선생님께 보이니 "순옥이는 이렇게 정직하게 나와서 말했으니 그 마음씨만으로도 점수를 받을 만하다. 그대로 가지고 가거라" 하더란다. "그 시험 문제가 어려운 것도 아니고 아주 쉬운 것을 제가 왜 틀리게 썼는지 몰라요. 그리고 그때 선생님이 그런 말씀 하신 것 듣고 얼마나 감동했는지 몰라요. 선생님이 그렇게 늘 정직하게 살아가도록 하신 가르침이 평생 살아가는 길이 됐어요" 했다.

그런 일이 있었는가 하고 새삼 지난 교단생활을 돌아보게 되고, 교육을 잘한다는 것이 얼마나 중요한가를 다시 생각하게 되었다.

1996년 8월 20일 화요일 맑음, 저녁때 잠시 비

오늘은 〈항공〉지 청탁 원고를 썼다.

먹은 것은 무너미서 가져온 옥수수. 어제저녁에도 쪄서 먹고, 낮에 남은 것을 모두 쪄서 먹고, 남겨 두었다가 오후 보리에서 현병호 씨가 왔기에 내놓았더니 맛있게 먹었다. 그래도 남아 있어서 저녁에는 감자를 쪄서 남은 옥수수하고 먹었다.

현병호 씨는 내가 교정하고 보충으로 쓴 원고를 가지러 왔는데, 모두 한 권으로는 너무 많다고 해서 논술에 관한 글을 따로 다시 한 권 만들기로 하고, 전에 낸 책에는 우리 말에 관한 글을 좀 보태어 먼저 내기로 했다. 그런데 논술에 관한 책을 새로 내려면 다시 또 2백 장쯤 더 써야 한다. 이거 야단났다. 더구나 이 책은 빨리 나와야 하니 걱정이다.

밤에는 청리 학생들의 글 원고를 앨범 같은 데다가 넣어 보존하는 수를 궁리해 보았다. 이번 주말에는 그 동창생들이 무너미 올 텐데, 선물로 옛날에 쓴 원고 문집을 만들어 보여 주어야겠다고 생각했다.

낮(점심때가 다 되어)에 창비사에서 아동문고 담당자라는

(박 무어라고 했던가) 아가씨가 전화를 걸어 왔는데, 창비문고를 광고하는 조그만 책자를 낼 계획인데, 문고를 소개하는 글을 원고지 두 장쯤 되는 분량으로 써 달라고 했다. 그래서 내가 못 쓴다고 사절을 했는데, 내가 한 말은 이렇다.

"창비문고라 해서 다 좋은 책만 낼 수 없겠지요. 책을 내다보면 여러 가지 인간관계도 있고 해서 좀 문제가 있는 작품을 내는 수가 있습니다. 그런 정도는 나도 이해합니다. 그런데 내가 문고 책을 알뜰히 읽은 것은 아니지만 어쩌다가 한두 권 보아도 도무지 내 상식으로 이해가 안 되고, 창비문고가 내 생각과는 아주 딴판으로 되어 나온다는 생각을 하게 됩니다. 문학에 대한 생각, 책에 대한 생각은 사람마다 다를 수 있고 달라야 하겠지요. 하지만 문학의 기본이 되고 중심이 되는 문제에서는 마땅히 논의가 되어야 합니다.

우선 얼마 전에 나온 중국 연변의 어떤 분이 쓴 우리 옛이야기(그것은 중국 글로 쓴 것을 우리 말로 옮긴 모양이지요)를 서울의 어느 교수가 번역해서 낸 책이 있었는데, 그러니까 우리 옛이야기를 중국 글로 써서 그것을 다시 우리 말로 바꿨지요. 그 책을 보니 문장이 너무 잘못되었어요. 아이들한테 하는 얘기인데 '그녀'란 말이 수없이 나와요. 어째서 이런 책을 내서 말을 오염시키는지 모르겠어요.

그러면서 얼마 전에 내가 추천한 동화, 그 작품은 내가 어느자리에서 심사해서 뽑은 것인데, 작품이 하도 좋아서 그런 현상 작품에 뽑히거나 뽑은 것을 신이 나서 출판사에 소개한 일이 그때가 처음입니다. 그 추천 동화를 창비 편집부에서 검토하더니 내용이 바람직하지 않고 문장에 문제가 많다고 해서 내지 않았습니다. 나는 그 소식 듣고 참 실망했어요. 나는 우리 나라 소설가고 동화 작가고 시인이고 평론가고 우리 말 제대로 쓰는 사람을 거의 보지 못했습니다. 그런데 그 작품은 참 놀라울 만큼 글을 깨끗하게 썼어요. 내용도 좋았어요. 그래서 아, 이제 창비 편집부가 나오는 문학을 보는 견해가 아주 딴판이 되었구나 싶었습니다.

또 요즘 나온 어느 분의 동화책, 이 동화책 가지고 내일은 어린이문학협의회에서 합평하는 연수회를 가진다고 해서 첫머리 한 편을 읽어 보았는데, 여기서도 실망했습니다. 문고를 소개할라면 진심으로 해야 하고 신이 나야 할 텐데 내 생각이 이러니 어떻게 쓸 수 있습니까? 창비문고 광고 책에 글 쓸 사람이야 얼마든지 있지 않겠습니까. 다른 분에게 부탁해 주세요. 미안합니다."

창비문고를 마주 보고 비판하는 말을 하기는 처음이라 좀 길게 얘기했다. 그런 말을 한참 하고 나니까 속이 시원했다. 물론 저쪽에서는 더 할 말이 없어 전화를 끊었다.

이제 작가회의와도 관계를 끊는 말을 하든지, 백낙청 회장 앞으로 편지를 쓰든지 해야겠다.

저녁때 신문을 사 와서 보니 연세대에 갇혀 있는 학생들이 결국 백기를 올려서 모두 경찰에 잡혀갔다*고 했다. 이래서 역사상 가장 큰 규모로 싸운 학생과 경찰 싸움이 끝난 것이다. 끝까지 남아 항쟁하다가 잡혀간 학생이 2천 명, 경찰은 처음에 5백 명쯤 될 것이라고 보았다는데, 5백 명을 잡기 위해 2천 명의 경찰이 둘러싸고 9일 동안 음식물이고 일용품 가져 들어가는 것을 막고, 수돗물과 전기도 끊으라고 학교 당국에 말했지만 학교 쪽에서 끊기를 거절했다고 한다. 9일간 버티는 동안 학생들이 모두 기진맥진한 상태가 되고, 많은 학생들이 병원에 실려 가고 했는데, 남은 학생들도 거의 모두 드러누워 있는 상태에 또 경찰이 잡아갔다는 것이다.

신문들은 모두 그 학생들이 주사파가 중심이 되어 북한에 동조하는 주장을 했다는 경찰의 발표를 그대로 보도하고 거기에 동조하는 논조를 폈다. 나는 안기부고 경찰의 발표를 안 믿는다. 또 정말 주사파들이 섞여 있다고 하더라도 많은 학생들이 통일 운동을 하는데 그런 특수한 학생들이 아주 섞이지 않고 할 수 있겠는가 하는 생각도 든다. 주사파란 것을 잘 모르지만 내가 보기론 철없는 젊은 학생들의 생각이다. 그런 철부지 학생을 핑계로 해서 통일을 하고 싶어 하는 학생들의 운동을 탄압하고, 더구나 역사에 있어 본 적이 없는 큰 규모로 무슨 큰

* 1996년 8월에 연세대에서 제6차 조국통일범민족청년학생연합 통일 축전과 제7차 범민족대회가 열렸다. 김영삼 정권은 경찰 병력과 헬기를 동원하여 학생 5,713명을 연행했다.

전쟁을 치르듯이 병력과 무기를 동원해서 진압한다는 것은 너무나 잘못된 일이다. 정치를 하는 사람들이 왜 좀 큰 눈으로 보고 큰마음으로 하지 못하는지. 이래서 우리 나라가 어찌 잘되겠는가 답답하기만 하다.

오늘도 여전히 더운 날씨였다.

1996년 8월 25일 일요일

아침에 일어나니 간밤 2시가 지나서 왔다고 하는 사람들이 여럿 되었다. 그중에 김성환, 김준규 두 사람이 있는데, 정달령이가 김성환이를 특별히 소개하면서 "어렸을 때 강냉이죽 먹으면서 똥장군 지고 고생했던 사람"이라고 했다. 성환이를 만날 수 있어서 너무 반가웠다. 달령이는 아침 일찍 내 방문을 두드리면서 올라와서 좀 술이 취한 듯 이런저런 이야기를 하더니 자기가 옛날에 공부도 못하고 구구단도 못 외웠지만 '토끼풀'이란 글이 있다고 했다. 그러면서 주머니를 뒤지더니 돈을 5만 원을 내어 "선생님 음료수라도 사 드리고 싶어서요" 하면서 기어코 쥐여 주었다. 그래 할 수 없이 받았다. 달령이나 또 성환이 얘기를 하면서 "선생님이 달령이를 남달리 생각해 주고 걱정해 주신 것 잘 압니다. 그때 성환이 집에도 찾아가시고 했어요" 했다. 달령이는 "저는 요즘 전화로 일을 합니다. 남들한테 부끄러운 일입니다" 해서 "그것 좋은 일이지. 부끄럽다

276

니……" 했다. 달령이가 "선생님, 이것 절대로 다른 사람한테 얘기해서는 안 됩니다" 했다. 돈을 내 손에 꼭 쥐여 주면서 하는 말이었다.

11시가 되어 모두 모여서 회의를 했는데 동창 동기회 회장을 임순천으로 뽑고, 총무는 상주농협에 있는 정종수로 정하고, 문예부장으로 박선용을 뽑았다. 회 이름을 한참 의논하다가 푸른마음회라 정했다. 회비, 하는 일, 모이는 때와 곳 같은 것을 정하고, 동기생 중 세상을 떠난 세 사람을 위해 묵념도 했다.

나도 인사말이며 의논할 때 도움말을 주면서, 이 모임이 단순한 동창 동기생들의 친목 모임에 그치지 말고 우리 시대를 살아가는 데 모든 사람들 속에서 밝은 등불 노릇을 할 수 있도록 해야 한다고 말했다. 순천이가 기념품이라면서 나한테 상품권(뒤에 펴 보니 신세계 상품권 20만 원이었다)을 주기에 "이런 짓을 다시는 하지 마라"고 나무랐다.

모두 마치고 1시 반이 지나 가게에 점심을 먹으러 갔더니 옥수수와 감자를 삶아 내놓았는데 그것을 모두 맛있게 먹어서 반가웠다. 그리고 우리 밀 국수도 모두 맛있게 먹었지만 나는 옥수수와 감자만 먹었다.

모두 인사를 나누고 떠난 것이 3시쯤이었다. 오늘 모인 사람이 42명, 순천이 말에 48명 앞으로 연락을 했는데 42명이 왔으니 아주 많이 모인 것이라 했다.

떠날 때 순천이가 모두 모인 자리에 오라 해서 며느리한테 인사를 하는데, 이번에 여기 와서 여러 가지 폐를 끼치고, 식대조차 아무리 드려도 안 받는다고 해서 할 수 없이 못 드렸다면서 수고하신 데 대해 박수로 인사나 드리자 해서 박수를 보냈다. 그런데 떠난 다음에 며느리가 박순천이란 분이 식대로 주는 것을 절대로 안 받는다고 했더니 그럼 상품권이라도 받으라고 해서 10만 원짜리 한 장이라 하시고 주는 것을 받았는데, 하면서 나에게 봉투에 든 것을 꺼내 보인다. 내가 그걸 보니 분명히 10만 원이다. 그런데 한 장이 아니고 두 장이었다. 며느리도 놀라서 이럴 줄 몰랐는데 했다. 할 수 없으니 받아 놓고 꼭 요긴한 물건을 사 쓰라고 하고, 순천이한테는 내가 전화로 인사말을 해 놓겠다고 말했다.

어제와 오늘, 청리서 가르쳤던 그 아이들, 이제 인생의 갈 길을 반을 넘어간 사람들…….모두 모여서 내가 들은 것으로는 모든 말들이 어긋나거나 비뚤어진 데가 없고, 착하게 살아가려는 마음이 느껴지고, 노래조차 순박한 노래나 동요를 부르고 하면서 어린아이들 같은 사람들. 정말 내가 그들 앞에서 얘기한 것처럼 어제 오늘 이틀 동안에 이 동창들과 보낸 시간만큼 즐거웠던 날은 지난날에 없었다는 생각이 든다. 캄캄한 세상길에서 이제 한 줄기 빛을 만난 것 같아 여간 기쁘지 않다. 이 '아이들'이 정말 세상의 등불 노릇을 할 수 있게 해야겠다는 생각이 들고, 그 일을 잘할 수 있도록 내가 힘 다하는 대로 도와주어야겠구나 싶었다.

또 하나 생각나는 것이 있다. 서울서 살아간다는 정하우, 글 짓기 원고에 겨우 이름만 써 놓고 그다음에는 낱말 하나도 못 써 놓은 하우도 이번에 왔다. 그런데 오늘 아침에 밖에서 여럿이 서서 이야기하는데, 서울 생활이며 집 이야기가 나왔을 때 하우 말이 이랬다. "나는 흙집을 짓고 살았으면 해요, 내 손으로요(이런 말을 하니까 옆에 있던 누가 '흙집 짓는 게 쉽지 않다. 옛날같이 나무를 구해 와야 한다' 하니까). 농촌에 돌아와서 농사짓고 흙집 짓는 거 힘드는 줄 알아요. 갑자기 지을라니 힘들지. 조금씩 몇 해 걸려 지을 생각으로 하면 되지 뭐 안 될 것 없어. 아이고 도시에 못 살아. 지긋지긋해. 욕심을 안 부리면 되잖아요" 해서, 글 한 줄 못 쓰던 하우가 저렇게 착하고 바르게 아름답게 살아간다 싶으니 마음속에서 눈물이 날 만큼 반갑고 기뻤다. 글쓰기 교육이란 것이 바로 이것이구나 싶었다. 내가 지금까지 하여 온 일이 결코 헛되지 않았구나 싶어 너무너무 기뻤다.

1996년 8월 30일 금요일 흐림

오전에 어제 쓰던 원고를 마저 다 썼다.

오후에 민족문학작가회의에서 주최하는 통일 문제 심포지엄에 갔다. 2시부터 5시 반까지 예정된 이 행사에는 세 사람이 주제 발표를 하고 나서 약정 토론을 또 다른 세 사람이 하고,

그러고 나서 전 〈뉴스위크〉지 동경 특파원이었던 버나드 크리셔 씨가 만든 북한의 실태를 알리는 비디오를 보게 되어 있었다. 출판문화회관 4층 강당이었는데, 자리가 꽉 차게 사람들이 많이 모였다.

처음 주제 발표를 한 제성호(민족통일연구원 연구위원) 씨와 김인회(변호사) 씨는 '남북 교류 협력에 관한 법률'을 중심으로 한 문제를 얘기했고, 그다음 최원식 교수는 우리 나라 문인 단체들이 걸어온 길과 작가회의가 가고 있는 길을 얘기하면서 통일 문제를 아주 폭넓은 눈으로 보는 주제 발표를 해서 나로서는 많은 참고가 되었다.

그리고 약정 토론에 나온 세 사람 가운데 민주주의민족통일 전국연합 대변인으로 있는 한충목 씨가 북한으로 보내는 쌀 모으기 일을 하면서 겪은 감동 깊은 이야기를 했다.

그리고 나서 미국인 버나드 크리셔 씨가 보여 준 북한 기조 실태를 알리는 비디오와 버나드 씨의 얘기는 많은 문제를 생각하게 했다.

버나드 씨는 자기가 모금 모곡 한 많은 쌀을 직접 가져가서 북한 주민들에게 나눠 주었는데, 북한 동포들을 수시로 길에서 아무나 만나서 묻고, 가정도 방문해서 그 생활 모습을 비디오로 담고 했다. 그 사진들에서 보는 북쪽 사람들은 있는 그대로였고, 모두가 착해 보였지만 너무 가난해 보였다. 그리고 무엇보다도 그 어렵고 힘든 일을 해낸 버나드 씨가 보통 사람이 아니란 생각이 들었고, 그 얘기를 듣는 사람들 모두를 부끄럽게 했다. 동족이 죽어 가고 있는데 법이 그 동족을 살리지 못하게 한다면 법을 어겨서라도 동족을 구해야 한다는 말을 마지막으로 했을 때는 우리가 어쩌다가 한 미국 사람에게 이토록 준엄한 가르침을 받게 되는 지경이 되었나 싶었다.

마지막으로 백낙청 선생이 인사말을 하면서 '취중 교류 위반'을 한 김하기 작가 얘기를 했다. 김하기 씨가 평소에 하는 태도를 보아 술 한잔 먹고 그런 짓을 충분히 할 만하다고 하면서, 문학의 해가 다 가기 전에 김하기, 황석영 그리고 박노해 씨들을 풀어 놓아 주기를 바란다고 했다. 그렇게 해서 그들이 더욱 좋은 작품을 써서 우리 문학을 풍성하게 할 수 있을 것이고, 또 그렇게 하는 데서 좋은 뜻으로 남북의 경쟁에도 우리가 유리하게 될 것이라고 했다.

모두 마치니 예정보다 40분도 더 늦었다. 저녁 식사를 하러 간다고 했지만 나는 먼저 와 버렸다.

오늘은 그 행사에 갈까 말까 하다가 하도 꼭 나와 달라고 해서 그동안 너무 작가회의 모임에 안 나가서 미안했기에 억지로 나간 셈인데, 올 때는 참 잘 나갔다는 생각이 들었다.

1996년 9월 24일 화요일 맑음

오전에 권정생 선생이 쓴 이원수 선생의 전기 《내가 살던 고

향은》을 추천하는 글을 쓰고, 오후와 밤에는 백기완 씨의 《이심이 이야기》를 읽었다.

권 선생이 쓴 글은 저학년이 읽도록 쓴 2백 자 원고지 백 장 정도의 글인데, 웅진출판사에서 부탁을 했던 것이다. 다 써 놓고 권 선생한테 전화로 알리고, 권 선생이 쓴 문장에 대한 내 의견도 말해 주었다. 이중 과거형이 한두 군데 있고 그 밖에 한두 가지도 말했더니 내 의견대로 고치겠다고 했다.

백기완 씨 《이심이 이야기》는 "등", "먹거리" 따위 몇 가지를 빼면 아주 구수하고 싱싱한 우리 말이라 반가웠다. 우리 말을 이만큼 자유롭게 쓰는 사람도 없겠다는 생각이 들었다. 그런데 이야기 진행이 느리고 너무 사설이 많아서 아이들은 그다지 좋아하지 않을 것 같다. 어른들이 읽을 동화? 하지만 어른들이 읽기에도 재미가 덜할 것 아닌가 싶다. 아이들에게 하는 말로 된 글을 어른들이 재미있게 읽어 줄 것 같지 않다. 결국 이 작품은 주제와 표현 형식이 좀 안 맞는 것 아닌가 싶다. 이만한 말재주로 어디 아이들이 좋아할 만한 이야기를 쓸 수 없을까? 말재주와 글재주가 아깝다.

누님이 덧버선을 한 켤레 털실로 짜서 주셨다. 며칠 전부터 뜨시는 것을 보았다. 너무 고맙다. 이제 올겨울은 발부터 따뜻한 겨울을 보내게 될 것 같다.

1996년 10월 1일 화요일 맑음

 오후 선릉역 근처에 있는 국립영상제작소지금의 국립영화제작소
에 가서 2시부터 약 한 시간 동안 내가 지금까지 하여 온 글쓰
기 교육과 우리 말 운동에 대해 이야기하는 것을 녹화하고 왔
다. 그것은 한 사람이 묻고 내가 대답하는 형식이었는데, 앞에
는 듣는 사람들이 몇십 명 앉아 있었다. 묻는 사람은 며칠 전
전화로 잠시 얘기해 준 것을 아주 요령 있게 잡아서 잘 질문했
다. 그래서 나도 아주 편안한 마음으로 생각나는 대로 마구 지
껄이다시피 했는데, 대체로 잘 이야기했던 것 같다. 이것은 공
보처 KTV한국정책방송에서 오는 7일부터 나흘 동안 나간다
고 했다. 나올 때 따라 나온 아가씨가 "여기 영상제작소에는
선생님을 알고 있는 사람이 여럿 있고, 모두 선생님 책을 읽고
깊이 공감하는 사람들입니다" 했다. 그렇다면 내가 말을 잘하
지 못해 실망했을는지도 모른다는 생각이 들었다.
 돌아와서 신문을 보고, 우편물을 정리했다.
 저녁에 보리에서 그 젊은이가 내 책 새로 내는 것 교정지를
원고와 함께 가져와서 한참 앉았다가 갔다.
 그리고 아람유치원 원장이 사과와 배를 각각 한 상자 보냈다.
10시경에 전화가 왔는데, 추석 때 전화를 했지만 안 계셔서 이
제 보낸다면서, 요즘은 교육청 장학사 가운데 자기가 하고 있
는 마주이야기 교육을 아주 깊이 공감하는 사람이 있어서 장

학지도도 안 나온다고 하면서 좋아했다.

지금은 11시다. 내일은 한겨레문화센터에 가야 한다.

1996년 10월 5일 토요일 맑음

오전에 신문 사 와서 보고, 은행에 갔다 오고 했다.

오후에 어제 방송국에서 갖다 준 녹화 계획서를 보고, 3시쯤에 시내로 나갔다. 전철역으로 가면서, 며칠 전 한길사에서 갖다 놓은 배를 다섯 개, 한지훈 씨 가게에 갖다 주었다. 연우는 아침에 대구 갔고, 그 배를 안 먹고 두니 자꾸 상해서 감당을 못 하기 때문이다. 오늘 상가에 가 보니 배 한 개에 3천 원이라 했다.

보리출판사에서 5시부터 일하는 사람들의 글쓰기 모임이 있어서 한번 가 봐야겠다고 한 것인데, 좀 일찍 간 것은 한국방송공사 라디오방송부에서 우리 말 살리기에 대한 인터뷰를 해 달라고 자꾸 부탁을 해서 그럼 오늘 오후 5시에 보리출판사로 가니 4시 반까지 거기 오면 만나겠다고 했던 것이다.

보리에 가니 방송국에서 와 있었다. 그래서 딴 방에 가서 잠시 이야기해 주었는데, 30분이라더니 실제로 나가는 시간은 1, 2분이었다. 방송국 아가씨가 마이크를 갖다 대면서 물었다. "오늘날 우리 말을 사용하는 데 있어서 어떤 말이 잘못되었다고 보시는지요?" 그 아가씨는 처음부터 자꾸 "⋯⋯에 있어서", "말을 사용할 때"라고 했다. 그래서 내가 "지금 쓰신 그 말, '사용하는 데 있어서'란 말부터 고치는 것이 가장 급합니다……"
하면서 말해 주었다. 모처럼 애써 찾아왔지만 말버릇을 그렇게
해서라도 안 고치면 안 되겠다고 생각했던 것이다.

일하는 사람들의 글쓰기 모임에는 울산의 이재관 씨가 와 있
었고, 원종찬, 이성인 두 사람, 그 밖에 모두 열 사람은 넘었던
것 같다. 어느 노동자가 쓴 글을 두 편 복사해 가지고 서로 의
견을 말했다. 8시까지 앉았다가 모두 저녁 식사를 주문하는 것
보고, 나는 저녁을 먹을 수 없고 먼저 가야겠다고 하고 나왔다.
앞으로 이 모임을 잘 키워서 우리 나라 글쓰기의 방향을 아주
크게 돌려야겠다고 생각하는데, 정말 그렇게 할 수 있을지 모
르겠다. 오늘 모였던 사람으로는 울산의 이재관 씨와 버스 운
전을 한다는 한 분이 우리 말과 글쓰기에 대해 대단히 좋은 생
각을 가지고 있어서 믿음직했다.

집에 와서, 합정 전철역 들어가는 계단 앞에서 사 가지고 온
옥수수 두 개를 먹고 저녁으로 했다.

1996년 10월 10일 목요일 맑음

오늘은 글쓰기회 회보 원고를 쓰고, 신문을 보고, 신문(어제
한글날 여러 신문들) 오려 붙이기를 하면서 낮을 다 보냈다.

밤에는 내일 강의 준비를 했다. 신정숙이 저녁 7시가 지나 왔
기에 회보 원고를 주어 보냈다. 어제저녁에 올 때 사 온 밤을

쩌서 낮에도 먹고 저녁에도 먹었다.

밤에 우노 치요란 사람이 쓴 글을 아주 재미있게, 감동하면서 읽었는데, 읽다가 새로운 사실을 발견했다. 일본 사람들이 쓴 글은 한문 글자를 섞어 쓰지만 어떤 글도 모두 입으로 하는 말 그대로 되어 있다는 사실이다. 그런데 우리 글은 어떤 글도 입으로 하는 말 그대로 아니다. 입말과는 다른 글말이다. 이것은 아주 놀라운 사실이다. 이 사실을 알아차린 사람이 지금까지 아무도 없었다. 참 어처구니없는 일이다.

그저께 사 온 《뇌내혁명(腦內革命)》은, 우리 말 번역 책도 사 놓았기에 두 책을 견주어 읽어 보았더니 우리 것은 한글로만 썼지만 입말과는 아주 다르다. 이래서 우리 글 문화, 글 교육이 문제가 되지 않을 수 없다. 이 일을 어떻게 하나?

1996년 11월 14일 목요일 맑음

낮에 지식산업사에 가서 추천사 쓴 것을 주었더니 김 사장이 읽어 보고 좋다고 했다. 저자의 머리말은 빼고, 길지만 내 추천 사를 앞에 내기로 했다. 그리고 작품의 문장 다듬은 것을 편집 부장에게 말해서 하나하나 살려서 바로잡도록 했다.

점심을 김 사장과 같이 먹었는데, 전에 한번 갔던 생선구이 집에서 아주 맛있게 먹었다. 오늘 내 생일이라 했더니 김 사장 이 "그러면 아주 좋은 음식점에 갈 것을……" 해서 내가 또 이렇게 말했다. "어제저녁에 딸아이가 '아버지 내일 생신인데 반찬 좀 사 오지요' 하기에 '뭐, 내 생일? 나는 그런 것 모른다. 그리고 나는 남들과 같이 먹지도 않는다. 내가 가장 좋아하는 것은 감자 찐 것, 고구마 찐 것이다. 그런데 내일 생일에는 그것도 안 먹고 하루를 단식할라고 생각한다. 내 생일 생각 마라' 이렇게 말해 주었어요. 신림동 아들놈도, 무너미 정우도 전화가 왔기에 그렇게 말해 주고 아예 오지 말라고 했습니다." 김 사장이 내 말에 "그래요……" 하다가 웃고 말았다. 오늘 정말 굶어야 생일잔치가 되는데, 모처럼 김 사장 만나다 보니 그만 이렇게 너무 잘 먹고 말아서 속된 사람의 생일이 되고 말았다.

지식산업사에서 돌아와, 4시에 김중정 선생을 한지흔 씨 가게에서 만나기로 약속했기에 4시 반쯤 되어 바로 거기 갔더니 기다리고 있었다. 두어 해 전에 한번 인사한 적이 있는데, 오늘은 만나서 "선생님이 갑자생입니까? 을축생입니까?" 하고 묻기에 "을축생"이라 대답했더니 "그럼 저보다 한 살 아래네요" 해서 놀랐다. 아무리 보아도 50세 정도밖에 안 되어 보이기 때문이다. 머리도 아주 새까맣다. 옆에 있던 윤팔병 씨가 "선생님, 머리 염색하셨습니까?" 하니 "염색한 게 아닙니다" 했다. 장기수로 있다가 나온 사람들이 한결같이 젊어 보이지만, 이김 선생의 경우는 유달리 젊어 보이는 것이다.

김 선생은 또 두어 해 전에 만났을 때와 마찬가지로 여러 곳의 땅 이름 이야기를 열심히 했다. 내가 듣기로 그 견해가 아주 독창성이 있고, 우리 역사를 새롭게 보는 넓은 시야를 틔워 주는 매우 값진 연구라 생각되었는데, 학계에서 조금도 인정해 주지 않아서 책도 못 내고 있다고 했다. 오늘 나를 만나려고 한 볼일은, 자기가 '독도'란 이름에 대해 연구한 것을 쓴 글이 있어 복사해 왔는데, 이것 좀 보고 어디 발표할 만한 것이라 생각되면 문장을 좀 다듬어 달라는 것이었다. 이것은 〈신동아〉에 가져가서 실어 달라고 했더니, 어느 대학교수의 추천을 받아 오라고 하더라 했다. 그래서 발표도 못 하고 있으니 발표할 자리라도 좀 주선해 주었으면 하는 말을 하고 싶은 것 같았다.

한참 얘기하고 있는데, 또 한 분(이분도 아마 장기수로 고생하다가 나온 듯했다)이 와서 다시 더 앉아 있다가, 일을 해야 된다고 나왔다.

나와서 뉴코아에 가서 감자를 살까 했는데, 감자 모양이 아주 맛이 없어 보여서, 그만 밤을 52개 비닐봉지에 넣어 달았더니 7,300몇십 원이나 되었다. 너무 비싸다 싶었지만 그대로 사 와서 쪘더니 아주 맛이 있어서 연우도 잘 먹었다.

오늘 생일은 낮에도 잘 먹고 밤에도 잘 먹었다. 오늘이 그러니까 만 70세가 되는 셈이다. 만 70세를 내가 살았으니 이제 살 만큼은 살았다. 그러나 아직 해야 할 일이 너무 많다. 앞으로 적어도 10년은 더 살아야 할 일을 대강이라도 다 할 수 있겠다 싶은데, 하느님은 내게 그런 건강을 허락하실지 모르겠다. 아무튼 생식이라도 해서 목숨을 아끼고 지켜야 할 것이다.

1996년 11월 17일 일요일 흐리고 비

오전에 어제 쓰던 원고를 마저 써 놓았다.

오후에는 신정숙, 원종찬, 박숙경 씨 세 사람이 와서 아동문학 얘기를 했다. 원종찬 씨가 인천 겨레아동문학회에서 모아 놓은 일제시대 작품 복사한 자료들을 여러 권 가져와서, 앞으로 보리에서 작품 선집을 열 권 내기로 했다면서 그 계획을 설명해 주었다. 나도 못 보던 자료, 보고 싶었던 자료가 많아서 참 반갑고 고마웠다. 원종찬 씨가 참 일을 잘한다. 이런 젊은이가 있어서 큰 다행이란 생각이 들었다. 박숙경 씨는 어느 대학원에서 공부하고 있는데, 아동문학 평론에 관심이 있는 모양이었다.

세 사람하고 이야기하고 있는데, 현우 내외가 와서, 먼저 온 사람들은 나가고 현우 내외하고 한참 얘기하다가 보냈다. 원종찬 씨도 배를 사 가지고 왔는데, 현우네가 또 배 한 상자를 가지고 왔다. 현우가 갈 때. 지난번 무너미에서 받아 놓은 상품권 10만 원짜리 두 장을 현우한테 주었다. 박경선 씨가 준 7만 원짜리 상품권은 연우한테 주었다.

1996년 12월 2일 월요일 맑음

오후에 동사무소에 가서 인감증명서를 한 장 떼어 왔다. 글쓰기회에서 사단법인 서류를 내는 데 갖추어야 하기 때문이다.

동사무소에서 나와 뒷길로 해서 구세군 앞을 지나 상가 거리까지 가서 신문을 사 왔다. 추위가 조금은 물러간 듯 싶은데, 땅바닥이 얼어붙어 걷기가 아주 조심이 되었다. 더구나 다리에 힘이 영 빠진 것 같아, 이제 산에도 오르지 못하겠구나 싶어 서글퍼졌다. 나도 벌써 이런 몸이 되었다고 생각하니 마음이 초조해진다. 어떻게 해서라도 건강을 다시 찾아야 하는 것이 가장 큰 목표가 되어야 한다.

오늘도 온종일 유엔아동권리협약 조문을 다듬어 썼다. 밤까지 애써 겨우 30조를 마쳤다. 유니세프 한국위원회에서 번역해 놓은 문장이 아주 엉망이라 여간 힘드는 일이 아니다.

1996년 12월 29일 일요일 맑음

'쉬운 우리 말로 회의를 합시다' 원고를 썼다. 나도 회의하는 방법이며 회의하는 말을 모르면서 이 글을 썼다. 모르니까 쉬운 말로 하자고 쓰는 것이고, 공부하는 마음으로 썼다. 내일까지면 다 쓸 것 같다. 낮에 마하고 감자 찐 것 먹고, 저녁에는 잡곡밥을 먹었다. 오늘은 한 번도 밖에 안 나갔다.

3부

1997년부터
1998년까지

1997년 1월 1일 수요일 오전에 비, 오후 눈

　어젯밤에는 글을 쓰다가 11시 반이 지나 누웠는데, 잠은 12시 반이 되어서야 든 것 같다. 그런데 오늘 새벽에는 웬일로 또 다른 날보다 더 일찍 깨어났다. 5시가 좀 지나서 깨었다.

　6시쯤 되었을까. 이불을 덮고 누워 있는데 갑자기 밖에서 큰 소리가 울렸다. 천둥소리였다. 우르르르쾅 하고 한 번 엄청나게 큰 소리가 났다. 가만히 귀를 기울여 보니 비가 오는 것 같았다. 정월 초하룻날 새벽에 천둥소리라니, 이 무슨 변괴인가? 세상이 어지럽고 난장판이 되니 자연도 사람의 앞날을 경고하는 것 아닐까? 어쩌면 올해는 아주 불길한 일이 일어나는지도 모른다는 생각이 들었다.

　아침에 일어나 늘 하는 손발 운동을 하고, 목욕을 하고 빨래까지 하고서 한참 쉬었다.

　오늘은 연우한테 상규가 좋은 아이 같다고 말하고, 더구나 네 오빠가 잘 아는 친구고, 머리도 좋고 행실도 훌륭하고 나무랄 것이 없다고, 이제 너도 대학원 입학하는 목적도 이뤘으니 기회 놓치지 말고 결혼하는 것이 좋겠다고 처음으로 권했다. 그런데 연우는 아무 말을 안 했다.

점심 먹고 한 시간쯤 앉았다가 현우 차로 왔다.

집에 와서 또 빨래 두 가지를 하고, 신문 사 온 것을 보고 신춘문에 작품 실린 것을 따로 모아 정리했다. 동아, 조선, 중앙, 한국, 문화, 경향, 서울 이렇게 샀는데, 중앙은 현우가 받아 보는 것을 가져왔다. 그런데 중앙을 아무리 찾아보아도 없다. 차에 두고 왔구나 싶었다. 어떻게 하나? 오늘 못 사면 아주 살 수 없게 될 것 같았다. 그래서 눈이 오는데 우산을 쓰고 나가니 바람이 어찌나 센지, 땅에 눈은 쌓였고, 눈 밑에는 오전에 온 비가 얼어서 빙판이 되어 자칫하면 넘어질 지경이라 무척 힘들었다. 바람이 세고 차서 전화국 앞까지 가는데 애먹었다. 그렇잖아도 걸어가면 다리가 후들후들 떨리는데 괜히 나왔구나, 현우한테 전화 걸어 연우 편에 찾아 보내라 할 것을 하고 후회했다.

그런데 버스표 파는 곳이 이쪽이고 저쪽이고 다 문이 닫혀 있고, 신문 파는 데가 없었다. 후회를 자꾸 하면서 또 고생 고생하면서 돌아왔다.

와서 방바닥을 정리하면서 보니 현우한테서 가지고 온 〈중앙일보〉가 있었다! 이거, 이래 놓고 내가 헛고생했구나. 나도 참 이래 가지고 뭘 하겠나. 좀 무엇이나 천천히, 침착하게, 차분하게 살펴보고 해야 하는데, 이래 놓고 그 고생했으니!

저녁에 감자를 쪄서 뜨끈뜨끈한 것을 먹었더니 몸이 따뜻해서 살아난 기분이 들었다.

오늘 저녁은 일찍 자도록 해야겠다.

1997년 1월 2일 목요일 맑음

오전에 송복녀 씨가 보내 준 장편 동화를 읽다가 그만두었다. 많이 기대를 했는데, 재미가 없고, 옛날 농촌 아이들 이야기를 늘 하는 꼴로, 어설프게 써 놓았다.

어제 모아 두었던 신문을 읽고, 신춘문예 당선 소설을 첫머리만 조금씩 읽고, 동시와 시조도 읽어 보았다. 소설은 문장이 여전히 잘못되어 있었고, 동시와 시조는 실감이 없이 말만 가지고 써 놓았다. 문학이 사람을 떠나 제멋대로 겉돌고 있는 것이라 할 밖에 없다.

오후에 유엔아동권리협약 다듬어 놓은 것 가운데, 두어 군데 알 수 없는 조문이 있는 것을 영문 원본을 찾아 바로잡으려고 했는데, 한 군데는 끝내 알 수 없어 그만두었다. 문장이 복잡한 데다가 사전에도 없는 낱말이 적혀 있었다.

저녁에 권정생 선생이 전화를 걸어 왔다. 권 선생은 내 건강 걱정을 하면서 가끔 전화를 건다. 내가 "왜 그런지 다리에 힘이 없고, 다리가 무겁고 해서 걸어 다니기가 어렵게 되었어요" 했더니 "신장염 환자들은 그렇답니다" 했다. 또 "어제 밤에 신문 사러 나갔다가 찬바람 맞고 혼이 났어요" 했더니 "신장염은 무엇보다도 감기에 조심해야 된답니다" 했다.

어제는 그래서 걱정이 돼서 일찍 잤는데, 다행히 감기에 안 걸리고 오늘은 무사했다. 권 선생은 "아프면 자기밖에 아무도 없어요. 남들 다 소용없어요, 부디 안정하시고, 추운데 나가지 마세요" 했다.

그래도 이렇게 전화를 걸어 주는 사람은 권 선생밖에 없다. 자신도 어찌할 수 없는 몸으로 투병하면서 이렇게 전화를 걸어 주니, 이런 사람이 세상에 어디 있을까? 이런 사람이 있어 나는 행복하다.

1997년 1월 7일 화요일 오전에 눈 오후 흐림

오전에 원고를 좀 쓰고, 오후에는 신문 보고, 좀 누워 있고 하니 저녁이 되었다. 하루가 이렇게 물 흐르듯 지나간다.

저녁때 부산에서 이상석 씨가 전화를 했다. 사단법인 서류 낸 것에 대해 문화체육부에서 회신 공문이 왔는데, 그런 사업을 하기에는 재원이 모자란다면서 등록해 줄 수 없다는 내용이라고 했다. 단순히 재원 문제라면 창동 사무실을 글쓰기회에 기증해서 해결할 수도 있다. 내가 보기로는 아무래도 그들이 말하는 대로 "정책상의 고려" 때문인 것 같다. 우리 글쓰기회 회보를 모두 내놓았으니 그걸 대강 살펴보았을 것이고, 그래서 우리가 하는 일이 아무래도 정부 시책을 비판하는 쪽이란 것을 판단했을 것이다. 재정에 대해서는 지금까지 법인 신청을 해서 등록한 곳 몇 군데서도 알아보았지만, 사무실 임대해 들어간 전세 2, 3천만 원만 해도 된다고 들었던 것이다. 우리는 6, 7천만 원이나 되는데 재원이 모자란다니 무슨 말인가? 또 사단법인은 회원들의 회비로 일하는 곳이 아닌가.

이 정부 밑에서는 사단법인 등록을 할 생각은 말아야겠다는 생각을 했다.

1997년 1월 21일 화요일 맑음

오늘은 방에 앉아 있어도 바깥 날씨가 예사로 춥지 않다는 것을 느꼈다. 오후 4시쯤 신문 사러 나갔더니 정말 바람이 칼날 같았다. 신문을 보니 아침 기온이 영하 10도이었는데, 체감온도는 영하 24도라던가 했다.

내일은 영하 9도로 되어 있는데, 실제로 어떻게 추울지 모르겠다.

《우리들의 하느님》을 읽었다. 권 선생이 동화에서 다 하지 못하는 말을 여기서 해 놓았다. 글마다 잘못되어 가는 사회, 병들어 가는 사람들을 따지고 한탄하고 경고해 놓았다. 자신은 병든 몸으로 겨우 하루하루를 살아가면서 마음은 온통 세상 걱정으로 꽉 찼다. 그렇다. 죽어도 이 세상이 망하지 않아야 눈 감고 편히 죽을 것 아닌가.

1997년 1월 25일 토요일 맑음

오전에 은행에 갔다 와서 책 좀 보다가, 점심을 먹고 곧 작가 회의 이사회에 갔다.

작가회의 이사회는 지난 한 해 동안 한 번도 못 나갔는데, 그러니까 1년도 더 넘게 안 나간 것이다.

지난날 생각하니 나가 봤자 별로 할 일이 없고, 회의 일도 그다지 잘하는 것 같지 않아, 이제 그만 고문 자리도 회원도 다 버리고 나와야겠다 생각했는데, 백낙청 선생이 회장이 되고부터 지난 한 해 동안은 여러 가지 일들이 제대로 되는 것 같고 많이 발전한 것이 눈에 띄게 나타났다. 그래 탈퇴하려던 생각을 그만두고 이제는 나가서 격려도 하고 일이 있으면 내 힘대로 도와주어야겠다고 마음먹었다. 그런데 정작 나가고 싶었던 지난 한 해 동안에는 몸이 영 시원찮아서 마음대로 안 되었다. 거기다가 이사회가 있을 때마다 그날은 또 다른 일이 생겨서 못 나가게 되었다. 이래서 오늘은 어떻게 해서라도 나가겠다고 별렀던 것이다.

2시 반부터 4시 20분까지 회의를 했는데, 백 선생이 사회해서 아주 잘 진행되었다. 모두 마치고 술과 안주, 다과로 또 한참 얘기했는데, 나는 좀 일찍이 나왔다.

집에 와서 감자를 쪄 먹고, 신문을 보고 나니 9시 반이 되었다. 책을 좀 보다가 자야겠다.

1997년 1월 26일 맑음

《우리들의 하느님》을 오후에 다 읽었다. 저녁에 권 선생한테 전화를 걸었더니 "그런 글이 무슨 책이 될까 싶어 안 내겠다고 했는데도 녹색평론에서 굳이 말해서 할 수 없이 냈지요. 지금도 남부끄럽다는 생각이 들어요. 동화는 쓰면 힘들어도 마음이 맑아지는데, 그런 글은 쉽게 써지면서 대수롭잖게 생각돼요." 그래서 내가 "동화 못 쓰시면 이런 글이라도 조금씩 쓰시는 게 좋겠어요. 힘들면 길게 쓰지 마시고 짤막짤막한 글이라도요" 했다. 그리고 작가회의며 글쓰기회 이야기, 우리 말 살리는 문제 같은 것을 한참 이야기하다가 끊었다.

또 저녁에 박경선 선생이 전화를 해서, 내일 서울 가는데 저녁에 만나서 식사 대접을 하고 싶다고 했다. 나는 내일 저녁에는 만화가 최정현 씨를 만나기로 약속을 해서 안 된다고 했더니, 그러면 화요일 점심때로 해 달라고 했다. 만나는 것은 반갑지만 점심을 같이 먹어야 하는 것이 걱정스럽다. 먹는 것을 조심해야 하는데 어떻게 하나?

1997년 2월 1일 토요일 맑음

오후에 신정숙이 왔다가 갔다. 내가 회보글쓰기회 빠진 것을 좀 가져오라 했고, 앞으로 할 일에 대해서 의논을 하고 보냈다.

6시에 보리에서 노동자 글쓰기 모임이 있어서 간다고 했다.

오늘은 출판사 등록을 해서 책을 우리가 만드는 일을 해야 되겠구나 하는 생각을 했다. 글쓰기회 이름으로 등록을 하면 잘하면 그것으로 자립을 할 수도 있다. 글쓰기회에서 안 하면 우리 말 연구소에서라도 해야겠다는 생각이 들었다. 우선 내 책만이라도 내가 바라는 대로 마음에 들게 만들고 싶고, 우리 말 살리는 일을 책을 내면서 해야겠다는 생각이 들었다. 이건 꼭 해야겠구나 싶었다.

오늘은 글쓰기회 겨울 연수 자료집에 실려 있는 글을 읽는 데 하루를 보냈다.

1997년 2월 3일 월요일 맑음

오전에는, 〈신동아〉에 실린 어느 고등학생의 글을 읽었다. 부모 따라 미국에 가서 소학교 공부를 하다가 돌아와 초등 4년에 들어가 고등학교 2학년까지 공부하면서 온갖 일을 당하는 이야기인데, 폭력 학생과 폭력 교사에게 당하고, 집단 수용소 같은 학교에서 온갖 체험을 하면서 폭력과 거짓말과 욕설을 전공으로, 선택으로 배우게 되는 어처구니없는 학교의 실태가 잘 나타나 있다. 결국 이 학생은 학교를 자퇴하고 해방이 되고는 혼자 공부해서 1년 만에 검정고시에 합격해서, 지금은 미국에 가서 공부하고 있다고 했다. 이런 아이들이 어찌 한둘뿐이겠는가? 모든 대한민국의 학생들이 죄다 이 지경에 빠져 있는데, 권력을 잡은 놈들은 도적질이나 하기에 정신을 팔고 있으니 이 나라가 어찌 앞날이 있다 하겠는가.

오후에 지식산업사에 가서, 최정현 씨가 준 그림을 전하고, 표지에 대해서도 의논했다.

어젯밤에는 일찍 자야겠다고 누워 있는데, 기침까지 나고 해서 걱정이 되었다. 그래서 이불을 푹 덮어쓰고 땀을 내고, 잠을 푹 잤더니 아침에 무사히 일어날 수 있었다. 잘못하면 감기라도 걸렸겠다 싶어, 마음을 놓았다. 오늘은 어제보다 날씨가 덜 추웠지만 옷을 아주 단단히 입고 가서, 아무 탈 없이 올 수 있었다.

1997년 2월 25일 화요일 비

권정생 선생이 올해로 회갑이다. 무슨 기념행사 같은 것은 본인에게 폐가 될 것 같고, 속된 짓은 나도 마음이 내키지 않는다. 그래도 그처럼 어렵고 외롭게 살아온 사람이 회갑을 맞는데 그냥 있을 수가 없기에 권 선생에게는 조금도 관계시키지 말고 둘레 사람들만 모여 좌담을 하든지 글을 써 모아 봐야겠다. 그런 일을 내가 해야겠다고 진작부터 생각했지만 이것저것 바쁘게 쫓겨 못 하다가, 오늘은 그럴 것이 아니라 이것을 글쓰기회 일로 회원들에게 숙제를 내주어서 권 선생의 책을 모두 읽어서 글을 써내도록 해서 그걸 모아서 회보 특집도 꾸미고 책도 내어 보는 것이 좋겠다는 생각이 들어, 오늘은 오전에 그 계획을 세웠다. 여름에는 좌담회도 하기로 계획했다.

오후에 합정동 글쓰기회 사무실에 갔더니 속초의 황시백 선생이 가족과 함께 와 있었다. 원종찬, 이성인 두 사람한테 내가 계획한 것을 말하고 대강 적은 것을 내주었더니 그렇게 회보에 광고를 내겠다고 했다.

글쓰기회 사무실에서 나와, 지식산업사에 가니, 지난번 내준 《우리 말로 살려 놓은 민주주의》책 교정지가 나왔기에 받아 가지고, 조계종 옆 산중다방에 갔다. 거기서 오는 3·1절에 있는 만해 백일장 준비 모임이 있어 6시에 모이기로 한 것이다. 내가 갔더니 벌써 모여 기다리고 있었다. 신경림 씨, 민영 씨, 그리고 불교청년회 두 사람이다.

백일장 제목을 정하는데, 신경림 씨가 미리 생각해 온 것을 대강 그대로 하기로 했다. 나는, 그날 온 학생들이 모두 뭔가 보람 있는 날을 보냈다는 생각이 들도록 작품집을 만들어 준다든지, 상도 장려상 같은 것을 좀 더 많이 주는 방향으로 운영하는 것이 좋겠다는 의견을 냈더니 그렇게 되도록 노력하겠다고 했다.

저녁을 먹고 돌아오니 9시 반이 넘었다. 오늘은 나가서 빵을 먹고 차를 마시고 또 저녁을 먹고 해서 음식을 조심 없이 먹었다. 이래서는 안 되는데……

1997년 4월 12일 토요일 맑음

정우가 도배하는 사람을 둘, 그리고 그저께와 어제 같이 일한 사람 이렇게 세 사람을 데리고 와서 도배를 다하고, 오후 3시쯤 돌아갔다.

나는 아침에 정우가 왔을 때, 가지고 있던 돈을 50만 원 주고, 다시 또 은행에 가서 돈을 찾아 오후에 백만 원을 주어 보냈다. 은행에서 찾은 돈으로 상가 관리비 29만 원도 냈다.

그런데 오늘 정우가 아침에 와서 전화를 거는데, 그 말이 좀 이상하다 싶어 물어보려고 했더니 정우가 먼저 말했다. "이 얘기는 아버지한테 안 할라고 했는데, 아무래도 말씀드려야 되겠어요" 하면서 하는데, 임길택 선생이 올여름에 미국에 가려고 해서 신체검사를 했는데, 뜻밖에도 '폐암' 진단이 내렸다는 것, 그것도 정도가 심해서 달리 치료를 할 수도 없으니 어떤 일이 일어나더라도 그렇게 각오하라는 말을 의사가 가족에 하더란다. 병원도 두 번째 간 곳은 임길택 선생이 잘 아는 의사가 원장으로 있는 광주의 어느 병원이란다. 그런 소식을 주중식 선생이 전화로 알려 주면서, 병원에서는 그런 선고가 내렸으니 이제는 한원식 씨가 하는 자연요법 같은 방법에 희망을 거는 수밖에 없지 않겠나 하기에, 생각해 보니 임 선생이 평소에 담배도 술도 안 하고, 오염 식품도 먹지 않는데, 한원식 씨보다는 활원 운동요법으로 하는 것이 더 좋을 것 같아 환기한테 방

금 전화를 건 것이라 했다. 그런데 환기가 보름쯤 뒤라야 지금
짓는 집이 다 되어 무너미로 올 수 있고, 그때는 임 선생을 우
리 집에라도 오게 해서 한 해쯤 치료를 받게 하면 되겠는데, 보
름 동안에는 환기가 있는 의정부에 가까운 창동 사무실(오피
스텔)에 있을 수 있도록 할 수 없습니까, 신정숙이는 여기 연
우하고 그동안 같이 있도록 해서요, 했다. 그래서 그렇게 할 수
있고, 해야 되겠지, 하고 임길택 선생 집으로 잘 연락해서 의논
해 보라고 했다.

저녁때 거창 주 선생한테 전화를 걸었더니 임 선생은 지금 광
주 어느 병원에 입원해 있다고 했다.

폐암으로 병원에서 손도 못 쓰도록 되면서 본인은 조금도 모
르고 미국으로 여행을 가려 하고, 그러다가 신체검사에서 그
것을 발견하다니!

그 튼튼한 젊은이가 폐암으로 사형선고를 받다니! 참 어이가
없다.

오래오래 살아서 좋은 일 많이 할 사람이 어째서 이렇게 될
까. 사람이 산다는 것이 정말 풀잎에 매달린 이슬방울이구나
하는 생각이 새삼 들었다.

1997년 4월 25일 금요일 맑음

아침부터 서둘렀지만 동부 주차장에서 출발한 것이 12시 반

이었다. 금왕에 2시에 닿았고, 무너미에 오니 2시 20분이 되었다. 금왕서 며느리가 운전하는 차를 타고 오면서 산에 한창 산 벚꽃이 피어 있는 것을 보고, 새잎들이 연둣빛으로 온 산을 물들이고 있는 것을 보면서 '산벚꽃 쳐다보니 눈물이 난다. 새잎들 쳐다보니 눈물이 난다. 아, 너희들, 너희들 여기 이 땅이 조국이라고 또다시 피어났구나' 하는 시를 쓰고 싶어졌다.

보리밥에 두릅나물, 그 밖에 여러 가지 나물로 점심을 맛있게 먹고 정우가 짓고 있는 집(환기 씨 집) 구경을 하고 방에 와서 그동안 쌓인 신문과 우편물을 보고, 저녁은 현미밥에 또 여러 가지 나물과 감자 찐 것을 배불리 먹고, 밤에는 아름드리 아동문고 글다듬기를 하였다.

10시쯤 되어 논산서 지선이가 왔다.

저녁에 임길택 선생한테 전화를 걸어 보았더니, 어제 검사 결과가 나왔는데, 지난번 광주병원의 검사 결과와 다름없이 나왔는데, '선암'이라고 한다면서 암이 여러 군데 전이한 상태지만 어느 곳에 있는지는 모른다고 한다 했다. 그리고 병원에서는 항암 치료를 하라고 하지만 하지 않겠다고 했고, 물을 빼기 위해서 끼웠던 호스를 뽑아냈는데, 그것이 잘못되어 그 구멍으로 공기가 들어가서, 다시 그 호스를 끼우고 있다는 것과 월요일쯤 퇴원하면, 지금 몸이 많이 지친 상태라 집에 가서 며칠 쉬고 싶다고 했다. 나는 "부디 여기 와서 자연요법으로 건강을 찾도록 하라"고 권하고 전화를 끊었다. 정우는 "덕동에라도 가면 치료가 될 건데……" 하고 안타까워했다.

밤에 소쩍새가 자꾸 울었고, 또 무슨 이상한 새소리가 가까이서 났다. 아, 내가 여기 사람 살 곳에 왔구나 싶었다.

1997년 4월 30일 수요일 맑음

저녁 7시에 출판문화회관에서 전태일문학상 시상식이 있어서 갔는데, 두 시간이나 걸려 겨우 마치고 뒤풀이라면서 음식을 나눠 먹고 오니 11시가 지났다. 전태일문학상은 올해 글쓰기 부문이 새로 생겼는데, 그러니까 문학 부문과 글쓰기 부문 두 개가 되었다. 그런데 문학도 글쓰기인데, 어찌 된 것인가? 글쓰기가 문학이 아니라면 문학보다 한 단 아래에 놓인 글인가? 그렇게 모두 생각할 것 같다. 이것은 아무래도 이상하다. 그렇잖아도 일하는 사람들은 문학이라면 특별한 사람이 쓰는 글인 줄 안다. 글쓰기가 문학이 아니라면 전태일문학상에 왜 들어 있는가?

오늘 시상식에 심사 평을 해 달라 해서 나가서 문학과 글쓰기의 관계를 이야기하면서 전태일 글쓰기상이라 해야 할 것 아닌가 하고 말했더니 뒤에 더러 하는 말에 내 생각을 이해하지 못하는 듯한 말이 이 사람 저 사람 입에서 나왔다. 그래도 할 수 없다 싶었다.

아무튼 전태일문학상이 이대로 나가면 별로 기대할 것이 못

된다. 우선 응모자가 얼마 안 된다. 일하는 사람들의 글쓰기인데 문학상이라 하니 못 쓰는 것이다. 전태일 정신과도 어긋나는 방향으로 가는 것이 안타깝다.

1997년 5월 4일 일요일 흐림

오늘 아침에는 좀 일찍 깨어났는데(어제 일찍 자서), 날이 좀 훤하게 밝는다 싶더니 갑자기 또 한밤중처럼 캄캄해졌다. 비는 안 오는데, 어디서 자꾸 천둥소리가 났다. 그리고 오늘은 온종일 흐리고, 검은 구름이 하늘을 덮었다.

지금은 꼭 밤 12시다. 쓰던 원고를 겨우 다 끝냈다. '일하는 사람들은 어떤 글을 써야 하나(전태일문학상이 가야 할 길)'란 제목으로 된 글인데, 2백 자로 꼭 백 장이다.

내일부터 또 다른 일을 해야지.

1997년 5월 28일 수요일 흐린 뒤 비

지금 막 저녁밥을 먹고 앉았다. 7시 10분.

오전과 오후, 두 군데 강의를 무사히 마치고 오기는 했지만 무척 고단하다. 올 때는 다리가 많이 부은 듯, 무거워서 걱정되었지만 그대로 견디어 낸 것이 다행이다.

10시부터 12시까지, 한겨레문화센터에서 한 강의는 아동문학이었는데, 별다른 일 없이 순조롭게 마쳤다. 그러고 나서 이화여대부속고등학교 학생들에게 하는 글쓰기 특강은 3시부터 4시까지 한 시간이었는데, 가니까 1, 2학년 전원(3학년은 무슨 학력검사가 있다던가 해서) 6백 명을 강당에 모아 놓아서 기가 찼다.

더구나 그 강당에는 앞쪽에 연단이 있는데도 학생들과 같은 높이의 마룻바닥에 서서 이야기를 하도록 했다. 그러니 마이크는 쓰지만 앞사람밖에 안 보이고, 말소리도 뒤에는 들리지 않았다. 아무래도 이래서는 안 되겠다 싶어 "제가 단 위에 올라가서 말하도록 해 주세요" 했더니 이번 특강을 주선한 박도 선생이 "저희들은 언제나 이렇게 합니다. 학생들과 같은 높이에서 대하고 말하도록 하는 것이 좋을 것 같아서요" 했다. 같은 높이에 선다는 것은 좋은데, 이래 가지고서야 무슨 강의가 되겠는가? 이것은 학생들의 눈높이에 선다는 겉모양 보이기 위한 것이지, 진짜 학생들의 눈으로 보는 태도는 아니다.

"내가 높은 자리에 올라가고 싶어서 그러는 것이 아닙니다. 뒤의 아이들도 내 말을 들을 수 있고 내 얼굴과 손짓이라도 보게 되도록, 더구나 칠판 글씨를 읽을 수 있도록 해야 되지 않겠나 싶어서요."

그래서 박도 선생이 연구주임 선생과 의논하는 것을 보다가 그만 내가 "됐습니다. 그대로 하지요" 하고 말했다. 학생들 기다리게 하는 것도 좋지 않았고 더구나 그 앞에 커다란 운동기구(농구대였던가)가 있어서 그걸 치우자면 한참 걸리겠다 싶어서다.

이래서 한 시간 동안 고함을 지르면서 간신히 마치고 나니 아주 고단했던 것이다.

그 강당에서 교사들이 아이들에게 고함을 쳐서 구령을 내리고, 또 다 마쳤을 때 내가 인사하고 나왔더니 다시 나와 인사를 받으라 했다. 무슨 인사를 받는가 싶더니 교사가 구령을 불러 "차렷! 경례!" 하는 것이 아닌가. 이러면서 같은 높이에 서서 가르친다는 것이 다 무슨 쓸데가 있는가 싶었다. 교사들이 수업을 이 모양으로 하고 있으니 이것만 보아도 수업의 내용이 어떻겠는가 하는 짐작을 하지 않을 수 없었다.

1997년 5월 31일 토요일 맑음

오늘은 충주KBS 방송국 공개홀에서 권태응문학제가 있다고 해서 가기로 한 날이다. 아침부터 권태응 선생의 생가며 무덤, 노래비 순례 행사가 있었지만 산에는 못 간다니까 오후 방송국에는 와 달라고 도종환 선생이 전화를 걸어 왔던 것이다.

점심을 먹고 잠시 쉬었다가 정우가 차를 운전해서 임길택 선생하고 같이 갔다. 홀에 들어가니까 민영 선생이 먼저 와 있었다. 조금 있으니 양성우 씨가 오고, 신경림 씨가 왔고, 철수도 오고, 유종호 교수도 왔다. 행사는 1부와 2부로 나누었는데, 1

부는 동요를 부르고 권태응 선생의 생애를 슬라이드와 영화로 보여 주는 것이고, 2부는 유종호 교수의 강연이었다.

1부에서 합창단 아이들이 권태응 동요를 불렀는데, 그 가운데 '감자꽃'과 '또랑물'은 벌써 좋은 곡이 있는데도 새 곡을 누가 지어서 그것을 불렀다. 그런데 그렇게 부른 새 곡이 아이들의 노래라기보다 어른의 서정으로 되어 좀 맞지 않았다. 결국 작곡한 사람이 농촌 아이들의 생활 세계와 정서를 알지 못한 데서 이런 곡이 나오게 되었구나 싶었다. 그런데 임영택 씨(글쓰기회원)가 작곡한 여러 편의 곡은 좋았다.

2부에서 유종호 교수가 한 강연은 좀 지루했다. 처음 동시에 대해서 이야기한 것(동요는 쉽게 외우게 되어야 좋은 작품이 된다. 동요 동시는 모든 시의 기원이다)은 참 옳은 생각이구나, 역시 시를 아는 사람이구나 싶었고, 내가 지금까지 말해 온 생각과 꼭 맞았다. 그런데 그 뒤에 윤석중, 박목월 씨의 시를 절찬한 것을 들으니 이분도 역시 시를 삶에서 떼 내어 손으로 만드는 기술로 알고 있구나 싶었다. 그런 생각은 '감자꽃'이나 '고추잠자리' 같은 작품을 이야기하는 말에서도 느낄 수 있었다.

'감자꽃' 이야기를 하면서 유 교수는 "말의 묘미"라든가 "꽃과 씨알의 연속성"이라든가 "자연의 이치" 같은 말을 해서 재미있고 깊이가 있는 시라고 했다. 또 '고추잠자리'에 대해서도 "빨간색에서 연상 작용을 일으킨 것"이라 하는 정도로 보았다.

이것은 유 교수가 농촌 아이들의 생활 세계와 그 정서를 모르고 있다는 것을 잘 말해 주는 것이라 판단되었다.

"농촌에서 좋은 동시가 나오는 까닭은 농촌 아이들의 생활이 그대로 시가 되기 때문입니다."

이런 뜻의 말을 해서, 정말 옳은 말을 하는구나 싶었는데, 그 다음에 말하는 그 농촌 생활이란 것이 이랬다.

"소낙비가 쏟아지면 흔히 장독간에 붕어가 하늘에서 떨어져 내려 퍼덕거리거든요. 이런 일은 사실로 있었던 것입니다. 이런 일이 있기에 농촌에서 시가 나오는 겁니다."

결국 유 교수가 시가 될 만한 농촌의 삶이라고 한 것은 아주 별난 사건이나 거리를 가리킨 것이었다. 그래서 누구든지 농촌에서 겪은 평범한 삶, 그런 삶에서야말로 우리의 정서가 듬뿍 담겨 있고 배어 있는 것을 유 교수는 모르는 것 같았다. 그러니까 '감자꽃'이고 '고추잠자리'고 하는 작품의 생활성과 그 생활 정서를 알 수 없는 것이다.

또 이 '감자꽃'에 관해서 유 교수는 아주 재미있는 이야기, 어처구니없는 이야기를 했다. 자기가 '감자꽃'이 아주 좋은 시라고 했더니 김우창 씨나 또 어느 분이라던가 하는 사람들이 "자주감자는 자주 꽃이 핀다고 한 것은 잘못되었다. 자주감자에 자주 꽃이 필 수 없다"고 하더라는 것이다. 그래서 농사짓는 사람들한테 물어보았더니 농사꾼들도 잘 모르기에 "자주감자에 자주 꽃이 핀다는 말이 틀린 말이라도 이 동요는 훌륭한 동요다"고 말해 주었다고 했다. 참으로 웃기는 이야기다. 우리 문학인들이 이렇게 자연이고 농사일이고 곡식이고 하는 것에 무지하다는 것은 놀랄 일이고, 이런 사람들이 우리 전통을 말하고 정서를 말하고 우리 문화를 얘기하고 있으니 그저 기가 막힐 뿐이다.

유종호 선생은 뒤에 가서 더욱 이상한 소리를 했다. 권태응 선생이 서른몇 살에 돌아가셨는데, 요즘 같으면 약도 많이 나오고 먹을 것도 많고 해서 결코 죽지 않았을 것이라고 한 것까지는 좋았는데, 웬일로 요즘 세상이 참 잘살게 되고 좋은 세상이라는 새 시대 예찬론을 폈다. "이렇게 잘 먹고 잘살게 된 세상을 부정적으로 봐서는 안 된다"는 말을 해서, 전에도 어느 자리에선가 이와 비슷한 말을 하던 것이 생각나서 이 사람이 앞으로 장관이라도 하고 싶어 하는가 하는 느낌이 들었다.

그런데 이 2부에서는 가장 눈살을 찌푸리게 하고 참기 어려웠던 것은 사회를 맡았던 충북대학의 모 교수가 거기 나온 '유명 인사'란 사람들을 소개하면서 한없이 쓸데없는 말을 자꾸 지껄여 대는 것이었다. "여러분, 이 자리에서 지난 80년에 우리 나라 민주 운동의 앞장을 서고…… 가슴을 찌르는 시를 수 없이 발표하고…… 저도 그 시를 읽고…… 국회의원으로 눈부신 활동을 하고…… 이분이 누구신지 아십니까? 바로 그분이 여기 와 계십니다"고 해서 결국 소개한 것이 내 옆에 앉아 있던 양성우 씨였다. 이런 꼴로 신경림, 민영, 유종호 씨들을 소개하는 데 긴 시간을 들이고, 그러고도 다른 유명 인사란 사람들 하나하나 소개했다.

그뿐 아니다. 유종호 교수가 지루한 이야기를 한 다음에는 또 유 교수 얘기를 한참 늘어놓았고, 유 교수를 찬양하면서 이런 좋은 기회가 없으니 무엇이든지 물어보라고 했지만 아무도 묻는 사람이 없었다. 그런데도 또 이 말 저 말 늘어놓더니 그다음에는 또 작곡한 사람 두 사람을 불러내어 한참 소개했고, 그래서 그 두 사람이 또 저마다 이야기를 하도록 했다. 다시 그다음에는 권태응 선생의 유족 소개를 일가친척 여남은 사람을 모두 불러내어 하나하나 이름과 직업과 하는 일을 소개했다. 나는 너무 화가 나서 중간에 그만 나오고 싶은 충동을 몇 번이나 느꼈지만 도종환 씨를 생각해도 그럴 수가 없었고, 또 앉은 자리가 앞줄 가운데라, 나이 많은 사람이 별난 짓을 한다는 눈총도 받고 싶지 않아 억지로 참았다.

다 마치고 어디에 "5백 명이 함께 식사할 수 있는 자리를 마련했으니 꼭……" 하는 인도 말이 있었지만 곧 나와 정우가 기다리는 차를 임 선생하고 타고 왔다. 오면서 "촌놈들은 할 수 없어. 다시는 이런 모임에 안 나가야지" 했다. 정우는 홀에 들어가지도 않고 그동안 차에서 잠을 잔 모양이었다.

무너미에 와서 저녁을 먹고, 방에 와서 김환기 씨도 있는 자리에서 모두 모여 11시까지 건강 얘기를 했는데, 주로 김 씨 얘기를 들었다.

1997년 6월 24일 화요일 맑음

점심을 일찍 먹고 서울대학에 갔다. 전철역에서 택시를 타고 교수회관에 가니 꼭 1시 반이었다. 초등 교장 50명이 3월부터 넉 달(다음 달 초순까지) 동안 교육을 받는 과정인데, 1시 반부터 4시까지, 두 시간으로 나누어, 첫 시간은 글쓰기에 대해, 둘째 시간은 우리 말에 대해 이야기했다. 한 시간 마치고 두 분이 나와서 인사하는데, 한 사람은 함창학교 교장으로 있는데, 1960년대에 청동학교에 근무했다고 했고, 또 한 사람은 여자인데 지금 성주 대가 교장이라 했다.

오늘 강의는 그런대로 잘 마치고 왔다. 날씨가 더운데 넥타이 차림으로 갔더니 땀이 좀 났다.

5시에 돌아와 한 시간 동안 신문을 보면서 잠깐 쉬고, 밥을 좀 먹고 또 나갔다. 7시에 프레스센터에서 한승헌 선생의 책 《불행한 조국의 임상 노트》출판기념회가 있어서 이 자리만은 가 봐야겠다고 해서 하루 두 번이나 서울 나들이를 하게 되어 좀 힘들었지만 간 것이다.

오늘도 김대중 선생이 맨 먼저 축사를 했다. 사람들이 많이 왔다.

1970년대에서 1980년대를 거쳐 1990년대까지, 인권 변호사로 수많은 의인들을 변호하면서 가시밭길을 걸어온 한 변호사는 우리가 살아온 시대에 민주주의를 위하여 싸워 온 가장 올

곧은 투사의 한 분이었다는 생각이 들었다. 지난 30년 동안에 우리 나라 민주 운동에 활약한 사람으로 이름난 사람은 모두 한승헌 변호사의 변호를 받았는데, 그 사람들이 거의 모두 법정에서 유죄 판결을 받았으니 한 변호사가 변호해서 이겨 본 적이 없지만, 한 변호사한테 변호를 받은 사람은 모두가 그를 고마워했다고 축사하는 사람마다 얘기하고, 책을 논평한 리영희 씨도 말했다.

김대중 선생은 "국회의원 하라 해도 안 하고, 도지사 하라 해도 안 하는, 너무나 올곧은 선비"라고 했다.

마치고, 차려 놓은 음식을 좀 먹고 오니 10시가 되었다.

더운 날, 두 번이나 서울 다녀온 것 무사히 넘겨서 이제 푹 쉬어야겠다.

1997년 7월 9일 수요일 맑음

오전에 〈삶과 꿈〉이란 잡지 모아 놓은 것을 꺼내어, 거기 독자들이 투고한 글만 모두 뜯어내어 묶어 놓았다. 이것은 생활글 쓰기 지도에서 좋은 자료가 될 것이다.

저녁때 신문을 사 와서 읽고, 밤에는 〈월간 전생(月刊 全生)〉을 읽었다. 노구치란 사람이 내 마음에 아주 쏙 들었다. 이 책은 지금까지 읽은 다른 어떤 책보다도 나를 깨우치게 한다.

1997년 7월 14일 월요일 맑음

오전에 벽산 사무실 관리비를 내러 갔다가 열쇠를 잘못 가지고 가서 관리비 고지서를 던져 놓은 사무실에 들어가지 못하고 헛걸음하고 신문만 사 왔다.

오후에 '유기법(愉氣法)'을 읽었다.

저녁때 단재상 시상식에 갔다. 올해는 문학 부문에서 《혼불》을 쓴 최명희 씨가 받게 되었다. 최 씨가 한 인사말이 아주 좋았다. 시상식이 끝난 다음 혼불을 생각하는 모임을 결성하는 행사가 있었다.

시상식에 전우익 형이 왔는데, 바로 들어가는 곳에 앉아서 거기 함께 앉았는데, 김언호 사장이 일부러 나와서 둘 다 앞쪽에 빈자리가 많으니 앉아 달라고 자꾸 간청을 해서 함께 앞으로 가자고 아무리 말해도 안 들어 할 수 없이 나만 끌려 앞에 나가 앉았다. 그런데 도중에 보니 전 형은 꾸벅꾸벅 졸고 있더니, 마치고 나가서 아무리 찾아도 없었다. 일찍이 가 버린 모양이었다. 차려 놓은 음식을 배가 차도록 먹고 왔다. 과천 오니 10시 20분.

혼불을 생각하는 모임에서 옻칠을 전문으로 한다는 어느 젊은이가 나와서 얘기하는데 그 소설 열 권을 세 번이나 읽었다고 해서 놀랐다. 그런데 《혼불》은 우리 민족의 정신을 이야기한 소설이라 요즘 젊은이들에게는 그다지 크게 환영받지 못하

는 모양이다. 그럴수록 이 소설을 많이 읽도록 해야겠구나 싶
었다. 나도 꼭 읽고 싶다. 오늘 축하하는 사람 가운데 한 사람
은 이 소설을 잘 번역해서 노벨상을 받도록 하자고 말하기도
했다.

　최명희 씨는 나이 50인데 처녀다. 앞으로 《혼불》은 다섯 권
을 더 쓸 모양이다. 그 소설에 온 정신과 몸을 다 바칠 것 같다.
무슨 암으로 오랫동안 투병을 한다고 하더니 오늘 보기에는
얼굴이 괜찮게 보였다. 내가 건강이 어떤가 하면서 손을 잡았
더니 "아이고 선생님이 저의 작품을 좋게 보시고 격려해 주셔
서 얼마나 힘이 되는지 모릅니다" 했다. 아마 김 사장이 무슨
말을 했던 모양이었다.

　1997년 7월 25일 금요일 맑음

　10시에 프레스센터 커피숍에 가서 기다렸더니 두 자매가 와
서 인사를 하면서 명함을 내주는데 언니는 소진샤 대표 구스
모토 테이아이고 동생은 손정려였다. 동생은 지금 연세대학에
서 우리 말 공부를 하고 있고, 언니는 며칠 전에 왔다가 오늘
일본으로 간다는 것.

　애기는, 몇 해 동안 책을 못 내고 있다가 이제야 다시 일을 시
작했다면서 언젠가 내가 소개해 준 현길언 선생의 제주도 민
요집 번역한 책을 한 권 내주었다. 그리고 원고료를 이제야 드

리게 되어서 미안하다면서 내놓는데, 9만 엔이라 되어 있었다. 그것은 여러 해 전 내가 몇 사람의 작가들을 소개하면서 작품 해설을 쓴 것인데, 일본에서 어렵게 일하고 있는 동포들을 도 와주려고 했을 뿐 고료 같은 것을 바라지도 않아서 아주 잊고 있었던 것이었다. 그런데 이번에 현길언 씨가 고료 이야기를 하면서 아주 화를 내시더라고 하면서, 아마도 현 선생 때문에 이렇게 나까지 고료를 받게 된 모양이었다. 소진사에서는 8월 23일 제주도에서 아동문학 세미나를 연다면서 광고지를 내주 기도 해서 이제부터 의욕을 가지고 일을 할 모양 같았다.

한참 얘기하다가 두 분을 보내고, 다음은 종로 3가에 있는 한 글문화원에 갔다. 거기서 오늘 12시에 이사와 고문들이 모여 점심을 같이 하자고 꼭 나와 달라 해서다. 나는 박용수 씨가 하 는 일이 너무 어설프고 미덥지 못해 거기 잘 안 갔지만, 너무 멀리하는 것도 미안하고 해서 오늘은 나간 김에 한번 가 보자 고 간 것이다.

11쯤에 갔더니 박용수 씨, 유원호 씨 들이 있었다. 나는 유원 호 씨한테 내가 그동안 한 번도 찾아오지 않았던 사정을 얘기 했다. 지금 두 가지 거기서 큰일을 하고 있는데, 그중 아이들 위해 교재를 만든다는 것은 누가 하고 있는지 모르지만 어린 애들에게 우리 말을 가르치는 일이니 부디 잘해 주었으면 좋 겠다고 했고(내가 거기 무슨 고문인가 이사로 되어 있는데 나 한테 그 교재를 보여서 잘못된 것을 바로잡아 달라고 한 적도 없으니 내가 그 모임에서 무슨 할 일이 있는가 하는 말도 하지 않았고, 그런 교재 내용을 제대로 만드는 사람이 없을 텐데 걱정스럽다는 말도 하지 않았다), 그리고 또 한 가지 우리 말 큰사전을 1만 5천 쪽 분량으로 15권이나 되게 만든다는 것도 지금 60퍼센트쯤 일이 진행되고 있다 했는데, 누가 어떻게 그런 일을 했는지, 지금 우리 나라에서 사전 제대로 만들어 낼 사람이 과연 누가 있는지 모르겠다고 하면서, 내가 그런 일을 할 수 없는 처지에 괜히 이름을 얹어 놓고 들락거리는 것이 되지 않는 짓이다 싶어 지금까지 와 보지 않았다고 했다. 그랬더니 유 씨는 앞으로 한글문화원이 주최해서 남북의 학자들이 모여서 우리 말을 바로잡는 문제에 대한 세미나를 하고 그때 가서 사전 문제도 논의한다고 했다. 그래서 나는 남북의 학자들 모여 봤자 제대로 사전 만드는 일을 의논할 수 없다는 것, 사전 만드는 일을 그렇게 사람 모아서 의논해서 될 일이 아니라고도 말 했더니 그다지 좋은 표정이 아니었다.

나는 또 이사장이 정대철 씨로 되어 있는 문제에 대해 좀 미덥지 못하다고 했더니, 내 옆에 있던 한 나이 많은 사람(이름을 말하는데 잊었다. 자기는 여기 이사도 아니고, 미국에 있는데 가끔 온다고 했다)이 정대철 씨가 참 좋은 사람이라면서 여러 가지 이야기를 해 주었다.

12시가 되어 사람들이 여럿 오는데, 송현, 이현배, 임종철, 김녹촌, 박정온…… 씨들이었고, 곧 또 이사장 정대철 씨도 왔다. 그래서 어느 음식점으로 갔는데, 그 음식점은 보신탕과 삼계탕을 전문으로 하는 곳이었다. 방에 들어가자 보신탕 먹을 사람과 삼계탕 먹을 사람, 두 패로 갈라 앉았는데, 곧 또 몇 사람이 더 와서 거의 모두 보신탕 쪽으로 가서 앉고, 삼계탕 자리는 정대철 씨와 미국서 왔다는 분, 그리고 나와 사무실 아가씨 하나, 이렇게 네 사람만 앉았다. 그런 데다 나는 삼계탕도 안 먹겠다고 하고는 그냥 밥하고 김치만 먹었다.

먹으면서 정대철 씨가 보신탕 안 먹는 까닭을 이야기했는데, 자기가 병들어서 한때 보신탕을 아주 많이 먹고 병까지 고쳤지만, 한번은 보신탕집에 갔을 때 같이 간 사람이 개를 끌고 갔다가 피투성이가 된 그 개가 도망을 쳐서 산으로 간 적이 있어, 그 개를 보고는 그만 못 먹게 되었다고 했다. 그 개는 다음 날 또 그 집주인을 찾아왔는데, 집주인은 기어코 그 개를 잡아먹었다는 것이었다. 미국서 온 분은 언젠가 신문에 났던 진돗개 이야기를 했다. 대전까지 팔려 간 진돗개가 한 달 동안 먹지 않고 진도로 옛집을 찾아간 이야기다. 이런 이야기를 듣고 나는 정대철 씨가 참 믿을 만하구나 하는 생각이 들었다.

보신탕 먹는 자리에는 뒤늦게 박석무 선생도 와서 끼었는데, 그 박 선생은 오늘 아침 충남 예산과 포항의 보궐선거 결과 이야기를 하면서 누구하고 말을 주고받다가 흥분해서 큰 소리로 떠드는데, 무슨 말인지 이기택이란 사람의 이름을 여러 번 크게 말하는 소리만 들렸다. 그리고 내 앞에는 문호근 씨가 와서

320

삼계탕을 먹으면서 자기가 어느 방송국에서 음악 프로를 맡아 이야기하면서 음악 용어를 모두 우리 말로 바꿔 얘기했는데도 "글쎄 담당 피디가 그걸 모르고 있더라니까요" 했다. 그런 말을 하면서도 문 씨는 "그럼에도 불구하고……" 어쩌고 하는 것을 내가 한마디 충고를 하려다가 그만두었다. 아까 사무실에서는 편집장이라는 사람이 "원고지 세 매"라 하는 것을 당장 그 자리에서 고쳐 주었는데 거기 모인 이사란 사람들 어느 누구고 한 사람 우리 말 제대로 글로 쓰거나 말로 하는 사람이 없다. 이래서 무슨 우리 말 문화원 일을 하겠다는 것인지 알 수 없다.

나는 오늘 점심을 먹으면서 보신탕도 안 먹고 삼계탕도 안 먹고 김치 같은 것으로 먹은 것이 속으로 자랑스럽고 기쁘게 생각되었다. 그런데 밥 다 먹고 수박이 들어와 그것을 한 조각 정대철 씨가 쥐여 주는 것을 그만 받아먹어서 크게 잘못했다. 그뿐 아니고, 그 음식점에서 나와 김녹촌 씨와 박정온 씨 나 세 사람이 어느 다방에 가서 이번에는 커피가 들어와서 박정온 씨가 "커피는 이뇨제입니다" 하고 말해서 그만 또 마셔 버렸다. 이래서 모처럼 잘 넘긴 점심이 그만 또 실패한 것이다.

돌아오니 4시가 되었다. 신문을 보고 나서 저녁을 먹고 나니 오늘은 아무것도 안 했는데도 고달프고 잠이 자꾸 왔다. 의자에 기대어 한참 있다가 일기를 쓰고, 좀 일찍이 자기로 했다.

소진사에서 받아 온 돈을 봉투에서 내어 보니 81만 원이었다. 일본 돈 9만 엔이 우리 돈으로 이런가 좀 놀랐다. 어쭙잖은 글이었는데, 그리고 어렵게 경영하는 출판사인데 미안한 느낌이 들었다.

1997년 9월 12일 금요일 흐림

오늘 오후 종로성당에서 오후 2시부터 4시 반까지 민주 인사 간담회가 있어서 참석했다. 초청한 사람은 김관석, 박순경, 박영숙, 변형윤, 이돈명 이렇게 다섯 분 이름으로 되어 있는데, 이런 모임에 한 번도 안 가 봐서 앞으로 대통령 선거라는 큰일을 앞두고 모두 어떻게 생각하고 있는지 알고 싶기도 해서 갔던 것이다. 모인 사람은 모두 50명쯤. 자유롭게 말하도록 했지만 처음 몇 사람이 말한 뒤는 모두 말하기를 사양하는 것 같아서 사회하는 사람이 지명을 해서 의견을 말하도록 했는데, 그중에 나도 들어서 이런 얘기를 했다.

"저는 방송도 안 듣고 안 보고 신문만 보는데, 그것도 제목만 보고 대강 세상 돌아가는 것을 짐작합니다. 그래 오늘 여기 온 것도 여러분 이야기나 듣기 위해 왔는데, 들으니까 제가 신문 제목만 훑어보고 짐작했던 것도 다름이 없구나 싶었습니다. 그런데 지금까지 여러분들 이야기하신 것 들으니 대체로 너무 대통령 될 사람에 대한 기대나 욕심이 지나치다는 생각입니다. 저는 우리 역사와 전통으로 보아서 그렇게 큰 기대를 안 합니다. 그저 제발 거짓말 안 하고, 도적질 안 하는 사람, 사람 안 잡는 사람을 대통령으로 뽑을 수 있으면 다행이라 생각합니다. 그래서 어떻게 해서라도 이번에는 정권을 바꿔야 하는데, 정권을 바꾸자면 제1 야당을 내는 수밖에 다른 길이 없다고 봅니다. 노동자들의 정치 세력 만들기도, 전교조 문제도 정권 교체를 하고 나서야 될 수 있다고 봅니다. 그런데 아까 김종철 선생 이야기 들으니 지난 대선 때 김대중 후보 지지한다고 결의한 사람들 가운데 적지 않은 사람이 갈려 나갔다고 했어요. 제가 보기로 우리 정치인들은 나라와 민족을 위해 일하기보다 자기중심으로 행동하는 사람들이 너무 많아요. 그래서 자기가 국회의원 될라고, 앞으로 대통령 될라고 이 당에서 저 당으로 당적을 옮기는 짓도 예사로 하지요. 야당이라 해서 다 깨끗하고 훌륭한 사람은 아니지만 여당에 들어간 사람은 믿을 사람 없다고 봅니다. 그래서 저는 되든지 안 되든지 언제나 야당을 찍고, 제1 야당을 편듭니다. 그래야 정권 교체가 될 것 아닙니까……."

4시 반이 지나서 이돈명 선생이 "지금까지 이야기 나온 것 종합하면 어쨌든 정권 교체를 모두 바란다는 데 의견을 같이한다고 할 수 있습니다. 그렇다면 우리가 앞으로 무엇을 해야 하나, 하는 것이 과제가 되겠습니다. 아무튼 이 간담회는 앞으로도 계속 이어 가야 되겠다고 생각합니다" 하는 말이 있었고, 국민회의 김근태 씨가 김대중 총재가 자민련과 손잡으려 하는 것과 요즘은 안기부 출신까지 손잡으려 하고, 김현철 씨 사면과 두 전직 대통령 사면까지 주장해서 말이 많다는 얘기와, 앞으로 정국의 변화에 따라 여권이 수단 방법을 안 가리고 김 총재를 모해하려 할 것이 예상되는데, 김 총재가 보수 세력들을 끌어 안으려는 것도 김영삼 씨가 앞으로 호남 세력을 고립화시키려 고 하는 데 대비한 어쩔 수 없는 전략이라 보인다는 말을 했다. 그런 얘기를 듣지 않아도 대강 짐작은 했지만, 듣고 보니 새삼 정치 싸움이란 복잡하구나, 우리가 상상하는 것을 훨씬 뛰어넘 어 정치인들의 머리는 움직이고 있구나 싶었다.

종로성당에서 나와, 지식산업사에 가서 김 사장을 만나 한참 얘기하다가, 나올 때 책 인세 45만 원을 받아 왔다.

1997년 9월 23일 화요일 맑음

오후 5시부터 6시 반까지 강남성심병원 15층 강당에서 그곳 간호사, 의사 들(약 4백 명?)에게 '삶을 가꾸는 우리 글 바로 쓰기'란 제목으로 이야기를 하고 왔다. 이 제목은 그곳 병원에 서 강의를 부탁한 사람이 정해 주었던 것인데, 글쓰기의 바른 마음가짐과 글을 평가하는 기준, 그리고 잘못된 글쓰기의 풍 조와 우리 말 살려 쓰기의 기본이 되는 정신이나 방향 같은 것 을 이야기하고 마쳤더니, 병원 원장님이 질문을 하는데 토 "의"와 "와의", "으로부터의" 따위를 어떻게 보고 어떻게 써야 하는지를 얘기해 달라고 해서 시간도 늦고 대강 잠시 얘기해 주었다. 그래서 생각하니 병원에서 듣고 싶어 하는 것이 바로 우리 말을 실제로 보기를 들어서 쓰는 법을 말하는 것이었구나 싶었다. 내 얘기가 좀 빗나간 것이다. 3시 반에 나서서 9시 가까이 되어 왔는데, 힘이 들어 애를 먹었다. 이제 이런 강의나 강연은 아주 나가지 말아야겠다고 결심했다.

저녁에 돌아오니 전깃불이 안 왔다. 오후에 전등불이 깜박거리더니 가고는 안 오는데, 그때는 정전이 됐는가 싶었다. 깜깜한 방에서 더듬어 겨우 촛불을 찾고 라이터를 찾아서 감자를 쪄 먹고, 관리 사무실에 전화를 걸었더니 잠시 후 사람이 와서 한참 조사를 해 보더니, 아무 탈이 없는데 불이 안 들어온다면서, 조금 있다가 지하 계량기 있는데 가 보고 거기가 이상이 있으면 올 것이고, 그렇지 않으면 내일 날이 밝은 다음 봐야겠다고 하고 나가더니 약 20분 뒤에 왔다. "이제 불이 왔을 겁니다" 해서 켜 보니 왔다. "지하에 있는 계량기의 선을 누가 빼 놓았어요. 다른 집의 것은 안 건드렸는데 이 집 것만 누가 손을 댔나 봐요" 했다.

옛날에는 호롱불로 책을 보고 했는데! 지금은 촛불을 켰는데도 왜 그리 답답한지, 잠시 어두운 방에 있었던 것을 한참 생각하게 되었다. 사람이 며칠쯤 전깃불 없이 살아 보는 것도 좋겠는데, 전깃불이 다시 왔으니 여전히 같은 생활, 같은 생각 속에 살아가는 수밖에 없다.

1997년 10월 12일 일요일 맑음

온종일 일제시대 동화 〈근대 아동문학선—동화편〉[*] 2, 3을
읽었다. 지금까지 읽은 작품 가운데 요즘 아이들에게 꼭 읽히
고 싶은 작품이 이태준의 작품들, 최병화의 작품 두 편, 이영철
의 작품 두 편, 주요섭의 〈벼알 삼 형제〉, 박화성의 〈북악산 높
이〉 들이다. 이런 작품들은 교과서에 실어서 읽혔으면 얼마나
좋겠나 싶다.

1997년 10월 13일 월요일 맑음

오늘도 온종일 동화를 읽었다. 다만 오후에는 두세 시간 동안
신문을 읽었다.
오늘 읽은 작품 가운데는 박태원 〈영수증〉이 아주 뛰어난 작
품이라 생각되었다.
이광수 〈다람쥐〉도 좋았는데, 작가와 작품을 어떻게 보아야
할까? 이걸 가지고 얼마 전에도 논란이 있었다는데, 작품이 아
깝다. 한참 생각하다가 이런 생각이 들었다. 마음배가 좋지 못
한 농부가 지은 곡식이 있다고 하자. 그 사람은 고약하지만 그
가 지어 놓은 곡식은 이 땅의 흙과 물과 바람과 해와 모든 정기

● 겨레아동문학연구회에서 엮은 〈겨레 아동문학 선집 1~10〉을 말한다.

를 받아 맺은 열매니 우리는 고맙고 맛있게 먹어야 한다. 작가가 쓴 작품도 그렇게 볼 수 없을까? 이광수란 사람은 몹쓸 사람이지만 그가 지어 놓은 작품 가운데 어쩌다가 괜찮은 작품이 있다면 그것은 이 땅의 전통과 정서와 삶을 나타낸 것으로 받아들일 수 있는 것 아닌가. 다만 그 작자를 비판하는 것만은 어디까지나 철저히 하면서, 그가 남긴 작품 가운데 몇몇 작품은 우리 민족의 것으로 받아들이는 것이 좋지 않겠나 하는 생각을 해 보았다. 우리 아동문학이 너무 빈약한 탓에 이런 생각도 하게 되는 것이다.

1997년 10월 25일 토요일 맑음

오늘은 송복녀 씨 동화집 원고를 읽었는데, 뜻밖에도 아주 형편없는 것이라 놀랐다. 이런 사람이 어째서 신춘문예에 당선되었나 하는 생각이 들었다. 그래 당선작을 다시 읽어 보니 그래도 그것은 나은 편이었다. 결국 당선되었다고 마구잡이로 쓴 것이구나 싶었다. 글을 쓰기 시작하는 젊은이들을 칭찬할 것이 아니란 사실을 새삼 느꼈다.

그래 송 씨 작품 읽는 것을 그만두고 저녁때에는 어제 신정숙이 가져온 〈근대 아동문학선— 동화편〉 6, 7, 8권을 읽기 시작했다. 이걸 읽으니 요즘 당선작자들의 작품과 비교가 된다. 어쩌면 내가 이런 옛날 작품을 읽다가 송 씨 작품을 읽으니 그 잘못된 글이 더 잘 드러났는지도 모른다. 틀림없이 그런 것 같다. 아무튼 한국의 동화 문학은 일제시대와 해방 직후의 작품보다 50년이 지난 오늘날 것이 훨씬 더 수준이 낮고 뒷걸음질 친 것이 분명하다. 참 괴상한 퇴보의 역사를 살고 있는 것이다.

1997년 11월 1일 토요일 맑음

10시 반부터 12시 반까지, 한겨레아동문학작가학교 수강생 세 사람이 와서, 연우 방에서 가지고 온 작품을 읽으면서 의견을 나누고 내 생각을 이야기해 주었다.

오후에는 잠시 누웠다가 신문을 사 와서 보고, 밤에도 9시 반까지 신문을 보았다.

오늘 오후 한길사 행사에는 안 갔다. 전화로 건강이 좋지 않아 못 간다고 연락을 했다. 오늘은 전교조에서도 행사가 있다고 알려 왔고, 작가회의에서도 이사회가 있다고 편지가 오고 전화로도 와 달라고 했지만 못 간다고 했다. 아무래도 문인 단체와는 모든 관계를 끊고 탈퇴를 해야겠다고 생각한다. 그리고 앞으로는 신춘문예 같은 데도 심사하는 일에 아주 관여하지 않아야 되겠다고 마음먹었다. 지금과 같이 잘못된 전통이 이어지고 있는 신춘문예로서는 아동문학의 수준을 점점 더 떨어뜨리게 될 것이 너무나 분명하다. 이런 행사에는 참여하지 말고 아주 경종을 울려 주어야 할 것 같다.

1997년 12월 11일 목요일

12시쯤에 무너미서 정우가 전화를 걸어 왔는데, 11시쯤에 임길택 선생이 돌아가셨다고 했다. 살아나리라고 태산같이 믿고 있었는데, 이렇게 갑자기 죽다니! 임 선생을 봐주고 있던 김환기 씨도 임 선생이 이렇게 될 줄은 몰랐단 말인가? 맥이 탁 풀려서, 〈한국일보〉 신춘문예 작품 심사도 손에 안 걸리고, 작품을 읽어도 머리에 안 들어왔다. 〈문화일보〉 동화 심사는 어떻게 하나? 곧 〈문화일보〉에 전화를 걸어, 심사하기 어려우니 누구 다른 사람에게 맡기든지, 유경환 선생 혼자 맡아 하든지 해 달라고 했더니 그럴 수 없다 한다. 그래 할 수 없이 오늘 무너미로 가야 하니 작품을 복사해 두면 오늘 오후 4시경에 가서 받아 가지고 지방에 가서 보겠다고 했다. 16일 월요일까지 보아서 17일 아주 결정할 수 있게 해 달라고 해서, 그렇게 하겠다고 했다.

오후 3시가 지나서 과천을 나서서 〈문화일보〉에 가니 아직도 복사를 하는 중이었다. 한참 기다려서 복사 원고를 받아 동부 주차장에 갔더니 5시 40분 버스를 탈 수 있었다. 무너미 들어갔더니 7시. 저녁을 먹고 집에 들어가니 사람들이 많이 와 있고, 떠난 사람 방에는 아직 빈소도 차리지 않고 시신을 눕혀 놓았는데, 이불을 덮고 누워 자는 자세로 두었다. 나보다 한 발 앞에 들어간 이가을 씨가 이불을 젖히는데 보니 임 선생 얼굴이 부은 것도 다 빠지고, 아주 고운 본얼굴로 고요히 자는 모습이었다. 방 안이 깨끗하다는 느낌이 들었다. 생전에는 어지럽고 어수선하더니, 죽으니 이렇게 깨끗하구나 하는 느낌이 들었다. 나도 죽으면 깨끗한 자리가 되겠지. 나뿐 아니고 모든 인간은 이렇게 해서 죽어야 비로소 그 자리가 깨끗하게 되겠구나 싶었다.

방 안에 주중식 선생이 먼저 와 있고, 그 밖에 젊은이들 몇이 있기에 형제분인가 싶었더니 고인과 친구들이라 했다. 들으니까 상주가 안 와서 마을 사람들이 염을 할 수 없다고 한 모양이다. 임 선생 부인은 아이들에게 알리지 않았다고 한다. 아들이 오늘 무슨 시험을 친다면서 안 알렸다는데, 염을 못 할 형편이라 늦게 알려서 몇 시간 뒤에 온다고 했다.

그 자리에 한참 앉아 있으니 임 선생 형이란 사람이 들어와 인사를 했다. 그 사람하고 임 선생 친구 둘, 주 선생…… 이렇게 앉아서 임길택 씨 얘기를 하는데, 형 되는 사람이 이런 말을 했다.

"길택이가 너무 깨끗하고 원칙대로 살아가려고 했어요. 강원도 있을 때 아이들 과외지도를 아주 열심히 해서 좋은 성적을 거두었는데, 학부모들이 고맙다고 선물을 가져갔더니 그런 것 절대로 안 받는다고 되돌려 버렸다고 해요. 제수씨가 우리 집에 와서 '세상에 이렇게 하니 너무 팍팍해서 내가 살 수 없다'고 울면서 그런 말을 하잖아요. 길택이가 그렇게 살았어요."

1997년 12월 19일 금요일 맑음

간밤에는 아주 잠을 못 잤다. 12시가 좀 지나서 불을 끄고 누워 있어도 잠이 안 왔다. 발 목욕을 하고 누워 있어도 잠이 안 왔다. 그래 두 번이나 일어나 텔레비전을 켜서 개표 상황을 보고 누워도 여전히 잠은 오지 않아서, 그만 5시 가까이 되어서는 아주 자지 말자고 일어나 버렸다. 개표는 1시 이후로 늘 그 대중으로 김대중 씨가 1.5~1.6퍼센트 앞서 있었고, 결국 그 대중으로 끝까지 가서 당선이 되었다.

김대중 씨가 대통령이 된다고 당장 내가 하는 일에 크게 도움될 것도 없는데, 어째서 그토록 마음이 쓰였을까? 가만히 생각해 보니 이건 내 한 사람의 일이 아니다. 우리 민족이 아주 암흑의 구렁텅이에 빠져 있는데 이제 한 가닥 빛이 보이는 것 같아서 이렇게 내가 잠을 못 잔 것 아닌가 싶다. 그리고 사실 헌정사에서 처음으로 민주 선거로 해낸 정권 바꾸기요, 야당의 승리였던 것이다.

잠을 못 잤지만 여느 때와 같이 운동을 하고, 신문을 사 와서 읽었다.

점심을 좀 일찍이 감자를 쪄서 먹고, 〈한국일보〉에 가서 김종상 선생을 만나, 내가 쓴 심사 평을 보여 주고, 담당 기자한테 넘겼다. 사진을 찍고, 심사료를 받아, 곧 또 전철을 타고 돌아왔다. 지난해에는 심사료가 25만 원이던가, 20만 원이던가 해서 참 적게 준다 싶더니, 올해는 40만 원이었다.

윤동재 씨가 전화를 걸어서, 간밤에 잠을 못 잤다면서 기뻐했다. 지식산업사 김 사장이 또 전화를 걸어서 "축하합니다" 했다. "우리 국민들의 승리입니다" 했다. 사실 나는 오늘 새벽, 텔레비전에서 광주 사람들이 밤중에 금남로에 뛰어나와서 기뻐 춤추고 노래하는 것을 보고 눈물이 났던 것이다.

1997년 12월 31일 수요일 맑음

오전에 신문 사러 나갔다가 책방에 들러 책 두 권을 사고, 뉴코아에 가서 마 세 개를 사 왔다. 마 세 개 값이 9천몇백 원이라 놀랐다.

책은, 박노해가 쓴 《사람만이 희망이다》와 서정주 시집 《80소년 떠돌이의 시(詩)》인데, 둘 다 7천 원씩이다. 136쪽짜리 책이 7천 원이니 참 너무 비싸다.

오후 1시 40분에 창동으로 갔다. 3시부터 5시까지 창동초등학교 강당에서 학급경영연구회가 주최하는 전국 초등학교 선생님들의 수련회에서 '삶을 가꾸는 글쓰기 교육' 이야기를 하게 되어 있기 때문이다. 그 학교에 찾아갔더니 강당에 모인 사람들이 170명이 되었는데, 거의 모두 여선생들이었고, 제주도에서도 왔다고 했다.

다 마치고 나와서, 점보오피스텔 610호에 갔더니 신정숙 씨가 없어서, 관리 사무실에 잠시 들렀다가 왔다. 창동 앞에서 밤 두 되를 3천 원 주고 사 왔다. 내일과 모레, 찾아올 사람들이 있을 것 같아 밤이나 구워 두자고 생각한 것이다.

집에 와서 낮에 쪄 둔 고구마와, 어제 삶아 둔 콩과 팥을 저녁 식사로 먹었다.

올해는 신문 보는 데 너무 시간을 많이 빼앗겼다. 새해에는 단 단히 계획을 세워서 내가 해야 할 일을 꼭 하고 싶다. 일기도 글 을 아주 줄여서 짧게 쓰려고 아주 조그만 일기장을 사 두었다.

1998년 1월 3일 토요일 맑음

오전에 우체국에 가서 빠른우편으로 원고 한 가지를 부치고, 신문을 또 나온 대로 다 사 왔다. 낮에는 그럭저럭 신문 보고 정리하고 오려 두고 하다 보니 다 지났다.

저녁에 《전봇대 아저씨》 작품 평을 잇달아 썼다.

오후에 신문을 보다가 생각난 것이 하나 있다. 그것은, 지금까지 내가 써낸 《우리 글 바로 쓰기》 책과 그 밖에 우리 말 살려 쓰기에 관한 모든 글을 '민주주의를 바로 세우기 위한 우리 말 살려 쓰기'란 관점에서 다시 정리하고 새로 보충해 써야겠다는 것이다. 내가 왜 진작 이런 생각을 못 했나 하고 크게 깨달았다.

1998년 1월 4일 일요일 맑음
신문에 보니 아침은 영하 7도, 낮에는 영하 3도

신춘문예 작품을 자료로 모아 두기 위해 오전에 전화국 앞에 갔더니 버스표 파는 곳은 다 문을 닫았고, 한 군데 가게에 신문을 팔기에 있는 대로 몇 가지 사 왔다. 오후에는 사당역까지 가서 또 두 가지 신문을 샀다. 날씨가 아주 추웠다.

신문 보고, 자료 정리하고 그리고 밤에는《전봇대 아저씨》작품 평론을 어제에 이어 썼다.

오늘 신문을 보다가 김진홍 목사가 쓴 '민족 개조론'을 읽었다. 글 전체에 공감이 갔지만, 이광수의 '민족 개조론'을 긍정하는 태도는 잘못되었다는 생각이 들었다. 그래서 나대로 글을 한 편 쓰고 싶었다. 내가 쓰려고 하는 것은 이광수 따위가 쓴 개조론과는 반대로 '민족 회복론'이다. 이건 꼭 써야겠구나 하고 생각하였다.

1998년 1월 8일 목요일 간밤에 눈이 왔다

아침에 일어나니 바깥은 온통 눈 천지. 눈이 얼마나 쌓여 있는지, 가느다란 나뭇가지도 눈을 잔뜩 이고 있었다. 그런데도 눈이 자꾸 오고 있었다. 어젯밤 11시쯤 연우가 왔는데, 연우가 올 때 눈이 왔다고 하고, 지금 아침에도 오고 있으니 밤새도록 온 것 같다.

10시부터 12시까지 한겨레문화센터에서 글쓰기 교육 강의를 했는데, 이번 강좌에는 사람이 많이 와서 자리가 꼭 찼다. 단한 자리도 비어 있지 않았다. 이것도 실직 사태가 나서 글쓰기 과외지도를 하려는 사람이 이렇게 모여들었나 싶었다.

마치고 돌아와 감자를 쪄 먹었다.

4시 좀 지나서 마산서 고승하란 작곡가가 찾아와서 자기가 하고 있는 동요 부르기 운동과 우리 글쓰기 운동이 서로 손잡고 일하게 되기를 바란다고 해서 그렇게 하자고 한참 그 얘기를 나누었다. 민예총 마창지부에서 지부장 일을 하는 분인데, 참 좋은 일을 하는 분이라 반가웠다.

1998년 1월 27일 화요일 흐림

〈마음에 간직하고 싶은 이야기(心に殘るとっておきの話)〉 제1집을 다 읽었다. 참으로 좋은 책이고, 정말 오랜만에 책을 읽는 기쁨을 맛보았다. 아직 제2집과 제3집이 있어 한동안 책으로 즐거운 시간을 보낼 수 있다.

오늘 저녁때는 양말을 깁기도 했다. 큼직해서 발이 아주 편한 등산 양말인데, 지난해 겨울에도 신고, 올해는 가을부터 신었는데 그만 발뒤꿈치가 구멍이 크게 나 버렸다. 거기 다른 헌 양말을 오려 대어 붙여서 꿰매 놓으니 아주 든든하다. 오늘은 겨우 한 짝만 꿰맸는데, 또 한 짝은 내일 꿰매기로 하고 밤에는 책을 읽은 것이다.

설날인 내일은 양말을 꿰매고, 고구마를 쪄 먹기로 했다.

1998년 2월 4일 수요일 맑음, 아침 영하 7도

〈마음에 간직하고 싶은 이야기〉3집을 다 읽었다. 이래서 이 책은 1집부터 5집까지 다섯 권을 다 읽은 것이다. 이렇게 책 다섯 권을 그 속에 푹 빠져서 읽기로는 몇십 년 만에 처음이다. 지금 내 머릿속에는 이 책에서 읽은 내용으로 꽉 찼다. 내가 앞으로 남은 인생을 살아가는 데도 아주 귀중한 가르침이 되고 큰 힘이 되었다. 참 좋은 책을 읽어서 기쁘다.

어제 우연히 거울을 들여다보다가 아래쪽 앞니 하나가 이뿌리 가까이에 새까맣게 충치같이 되어 있는 것을 발견하고 놀랐다. 분명히 그 이가 탈 날 것 같다. 아직 아프지는 않다. 빨리 치과에 가야지 생각했는데, 오늘은 책 읽는다고 못 갔다. 내일 가기로 했다.

1998년 2월 18일 수요일

2월 25일 대통령 취임식이 있는데, 오늘 등기우편으로 특별 초청장이 왔다. 신문에는 5만 명이 참석한다는 기사도 났던 것 같다. 그런 자리에 내가 가면 뭘 하나. 더구나 국회의사당 바깥 마당이라 날씨도 추운데, 그보다 더 가야 할 자리도 흔히 가지 않았으니 갈 까닭이 없다. 그런데 또 가만히 생각해 보니 이번 만은 가야겠구나 싶다. 내 생전 처음으로, 내 생각대로 뽑힌 야당 후보 대통령 아닌가. 그날 거기 가서 그 수만 명 속에 그저 한 사람으로 축하해 주고 오는 것, 그렇게 평범한 시민의 한 사람 노릇을 하는 것을 즐겁게 여기는 것, 그것이 지금 내게는 즐거움이고 행복이어야 하는 것 아닌가 싶다.

참으로 오랜만에, 내 평생 처음으로 사람다운 사람이 나라를 다스리게 된 기쁨을 국민의 한 사람으로 기뻐하며 그 자리에 가고 싶다.

오늘은 청리 어린이 시집 머리말을 썼다. 초안만 잡았으니 내일 다시 써야겠다.

1998년 2월 22일 일요일 아주 맑고 포근한 날씨

새벽에 잠이 깨어 '오늘 하루를 살다가 죽자. 마지막 이 하루를 기쁘게 즐겁게 살자' 이런 생각을 하니 참 기뻤다. 마음이 편안했다. 내가 해야 할 일, 그까짓 것 다 한들 무엇이 되겠는가. 우리 민족이, 이 인간이, 지구가 무슨 수로 살아나겠는가.

요즘은 과식을 하지도 않는데 몸이 좋지 않다. 소변검사도 하지 않았지만 양이 아주 적고, 다리가 많이 부어 있고, 몸이 온 데가 가렵다. 그래도 알로에를 먹으면서 늘 설사 비슷하게 변을 보니까 그렇게 많이 붓지는 않았다. 그러나 날마다 설사를 하니까 부은 것이 빠져야 하는데 안 빠진다. 자칫하면 숨쉬기도 좀 답답해진다. 왜 이럴까? 가만히 생각해 보니 여러 날 동안 간을 먹은 때문이 아닌가 싶다. 그래서 오늘부터는 조금이라도 간이 들어 있는 것은 안 먹기로 했다. 어쩌면 감자를 먹는 것이 이런 결과가 되었는지도 모른다. 감자도 이제 남아 있는 것 몇 개 먹으면 사지 말아야겠다. 아무튼 소변이 많이 나와야 하는데, 그게 안 된다.

오늘은 낮에 메밀가루와 마 가루로 수제비를 만들어 먹고, 저녁에는 팥을 삶고, 거기에 감자를 두 개 같이 쪄서 먹었다.

원고 두 편 다듬는 일을 했다.

1998년 2월 23일 월요일 맑음

어제저녁에 남기용 씨 편지와 원고를 읽고, 역시 우리 말 살리는 운동 같은 것을 작은 규모로라도 해야겠구나 하고 생각했다. 전에 만들던 〈우리 말 우리 글〉 회보 같은 것이라도 다시 만들어야겠다. 그 정도 같으면 내가 주선하고, 원고 조금만 쓰면 도와주는 사람이 나올 것이니 해 나갈 수 있겠지. 아무튼 몸 건강을 회복하는 일이 가장 급하다.

오늘은 신문 보고 신문 기사 자료 한 것뿐이다. 밤에는 권태응 동요론을 지난번에 쓴 것에 이어 쓰려고 했는데 그만 못 했다. 겨우 논문 쓸 자료를 준비하고, 쓸 내용을 구상했을 뿐이다. 내일은 부산에서 젊은이들이 찾아온다는 전화가 왔으니 또 못 쓸 것이고, 모레는 대통령 취임식에 갔다가 와서는 또 신

정숙이가 오려 해서 시간을 낼 수 없다. 26일은 그다음 날 초
원회 초원봉사회 가서 강의할 준비를 해야 한다. 이럭저럭하다가
세월을 다 흘려보낼 것 같아 애가 탈 지경이다. 몸이 튼튼하다
면 일을 제대로 하겠는데 지금은 지난날의 반도 못 한다. 쉬어
가면서 해야 하니 그렇다.

요즘은 신문을 보면서 갑갑증이 난다. 김대중 씨가 집권하면
나는 다시 야당 편이 돼야지, 했는데, 지금 야당이 하는 꼴이
이전의 여당 때 그대로다. 〈조선일보〉도 그 논조가 아주 비뚤
어진 그대로다. 아직은 김대중 씨가 대통령이 되어도 여전히
야당 같은 태도로 밀고 나가야겠구나, 이건 여당이 야당이고,
야당이 여당이구나 하는 생각이 든다.

1998년 3월 31일 화요일 맑고 포근함

27일 정우가 뒷산에서 캤다면서 조그만 화분에 심은 꽃을 방
에 갖다 놓았다. "이게 할미꽃보다 진달래보다 더 일찍 핍니
다" 했다. 보니 꽃이 꼭 자그만 새가 입을 벌리고 하늘 쳐다보
면서 우는 모양인데, 그런 꽃이 한 대궁이에 다섯~일곱 송이
씩 피었다. 이른 봄 하늘 연파랑 빛이 참 고왔다.

이 꽃이 방 안에서 다음 날까지는 잘도 피어 있었다. 방이 더
운데 저게 견딜까, 자연 속에 그대로 둘 일이지 왜 방에 갖다
놓았나, 죽을 고생하겠다 싶더니 정말 그다음 날, 그러니까 29

일에 보니 아주 폭 시들어 골아서 화분 흙바닥에 쓰러졌다. 그래서 곧 밖에 나가서 앵두나무 옆에 심고 물을 주고는 신문지로 덮어 두었다. 그래 놓고 하루가 또 지난 어제 아침에 보니 꽃이고 잎이고 생기를 찾아 일어나 있어 참 기쁘고 반가웠다. 그런데 꽃대 하나는 어쩌다가 그랬는지 떨어져 나가 죽어 있었다. 이 꽃으로 봐서는 큰 수난을 겪은 셈이다.

이것이 무슨 꽃일까? 이른 봄 가장 일찍이 피는 꽃, 꽃 모양이 지저귀는 새 같은 꽃, 이른 봄 연파랑 하늘빛을 닮은 꽃, 그래서 여기 대강 꽃 모양과 잎 모양과, 정우가 이것이 뿌리입니다고 해서 보여 준 뿌리 모양을 그려 놓는다. 잎은 쑥 잎 모양 같다는 느낌이 든다.

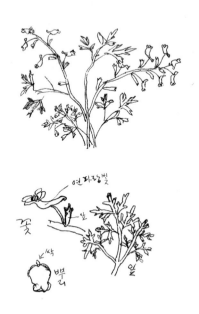

살구꽃 봉오리가 점점 더 방그랗게 되었지만, 아직 한 송이도 피지는 않았다. 신문 보니 서울에는 개나리꽃이 만발했다. 이번에는 살구꽃이 되는 것을 보고 나서 과천 가야 하겠는데, 그렇게 되겠지.

오늘도 《신의 지문》을 읽었다. 일거리가 있는데, 이 책을 읽기 시작하니 다른 일을 할 수 없다. 그렇게 마음이 끌린다. 그런데 번역해 놓은 문장은 아주 잘못되어 있고, 당연히 그려 놓아야 할 지도도 없고, 원본 책에는 있었던 것 같은 사진도 많이 없다. 아주 성의 없이 만들어 놓았다.

1998년 4월 2일 목요일 맑음

간밤에는 방바닥이 너무 더워서 잠을 제대로 못 자고 새벽 일찍 일어났다. 어제에 이어 오늘도 김 선생이 아침에 와서 지압을 해 주고 갔다. 김 선생이 와서 "저기 산봉우리가 하얗게 눈으로 덮였어요" 했다. 창문을 열고 보니 바로 앞 부용산이 머리부터 가슴께쯤까지 하얗게 덮여 눈이 부셨다. 어제 온종일 평지에는 비가 왔는데, 높은 데는 눈으로 내린 것이다.

10시쯤 됐을까, 상준이가 문을 열고는 "할아버지, 밖에 나와 보셨습니까?" 했다.

"왜?"

"산이 하얗게 눈으로 덮였어요."

"그래, 아까 김 선생이 알려 줘서 창문 열고 봤다. 참 눈이 부시게 좋더라."

하도 신 보기가 좋아서 나한테 알리고 싶었던 모양이었다.

오늘도 어제에 이어, 글쓰기회 정관 만들기와 《신의 지문》 읽기를 했다. 《신의 지문》은 갈수록 놀라운 이야기로 되어 간다. 이 책 상, 하 두 권을 다 읽고 나면 나대로 읽은 내용을 정리해서 생각을 적어 보고 싶다. 이 책은 내가 지금까지 두려워하면서 믿고 있던 인간의 앞날보다 훨씬 더 무섭고 확실한 지구의 종말에 대해 의심할 여지가 없는 온갖 정보와 증거를 보여 주고 있다. 이제 내가 생각하고 풀어야 할 모든 과제의 중심은 이 문제가 되어야 하지 않겠나 하는 생각이 든다.

1998년 5월 1일 금요일 흐림

아침에 아람유치원 박 원장한테 전화를 걸어서 내일 유아교육 강좌에 못 나간다고 말해 버렸다. 한 번도 부탁을 안 들어준 적이 없는데, 이번에는 할 수 없었다. 써야 할 글도 있지만, 그보다도 무리해서 걷는 것이 아무래도 안 되겠다 싶었던 것이다. 박 원장은 요즘도 전국을 다니면서 마주이야기 교육 강의를 하고 있는데, 가는 곳마다 엄청난 환영을 받는 모양이다. 박 원장은 "이게 모두 선생님 가르치신 것이래요" 하지만 박 원장의 마음이 바른 것을 받아들이는 깨끗한 바탕을 지녔기 때문이다. 우리 나라 교육혁명이 유치원에서 마주이야기로 시작할 수 있겠구나, 하고 나도 아주 힘이 난다. 그런데 오늘 아침에는 박 원장 말이 또 이랬다. "지난번 대전에 갔는데, 그곳 원장들 말이 '제발 우리한테만 강의해 주시고, 다른 데는 강의하지 말아 주세요', '앞으로 1년 동안이라도 그렇게 해 주세요' 해서 이 문제를 어떻게 하나 고민이래요. 그래서 가는 곳마다 여기서만 하는 강의라고 속이고 있어요" 해서 놀랐다. 좋은 길이면 서로 권해서 함께 가도록 해야 할 것인데, 이런 데서도 우리 나라 사람들의 기막힌 이기주의가 나타나는가 싶어 서글퍼졌다. 박 원장은 이 문제를 풀기 위해 지식산업사 김 사장하고 같이 나한테 의논하러 오겠다고 말했다. 참 별일도 다 있는 나라다.

1998년 5월 5일 화요일 맑음

아침 8시에 전화 신호가 울렸다. 누가 이른 아침에 거나 하고 받으니 또 권정생 선생이다. 권 선생은 흔히 아침에 건다. 권 선생이 말하기 전에 내가 먼저 안부를 물었더니 이번에는 얼굴이 붓고 머리가 아파서 한 보름 동안 아주 힘들었다고 하면서 이제 그 증세는 지나갔다 했다. 그러면서 "선생님도 병원에 한번 가서 신장 기능 검사를 해 보시지요. 신장 기능이 나빠지면 몸이 붓고, 소변 찌꺼기가 몸에 남으면 좋지 않으니 가기 싫더라도 가서 검사해 보시고 약을 자시든지 하시지요" 하고

344

권했다. 그리고 "선생님은 어떻게 해서라도 더 사셔서 우리 아동문학사를 쓰셔야 합니다" 했다. 나도 "할 일이 많은데 더 살아야겠어요. 병원에 가 보겠습니다"고 했지만, 권 선생이 말하는 검사는 두어 시간이면 끝나는 그 정도의 검사였다. 권 선생은 의성 김명원 장로 소식도 전했다. 얼마 전 전화가 왔는데 "이젠 힘이 다 빠져서 할 수 없어요" 하더라면서 그런 분도 더 살아야 하는데…… 하고 서글퍼했다.

아무튼 권 선생은 요즘 내 건강을 무척 걱정하는 것 같아 너무 고맙고, 한편 내가 정말 정신 차려야겠구나 싶다. 그래 전화 끊고 나서 곧 2단지 이동섭 선생한테 전화를 걸어 지난번 보낸 약 먹는 법을 더 자세히 알아봤다. 오늘부터 그 약을 먹어야겠다고 생각했다. 경옥고와 같이 먹어도 되고, 단식 중에 먹어도 된다고 하니 곧 먹어야겠다.

1998년 5월 6일 수요일 맑음(안개 같은 것 끼어 멀리는 안 보임)

아침에 현우가 와서, 봉천동 관악아파트 상가에 있는 박시한 의원에 찾아갔다. 만나 보니 한겨레문화센터에서 아동문학 강좌를 듣던 박철수 씨였다. 손목을 잡고 한참 맥진을 하고, 또 눈 사진을 찍어 들여다보더니 콜레스테롤이 높다고 하고, 간도 좋지 않다고 했다. 그리고 겉보기로는 소음인인 줄 알았는데 검사 결과는 반대로 소양인으로 나왔다면서, 여러 가지 식

품에 대해 먹을 것과 먹지 말아야 할 것을 적은 종이를 내주는
데 뜻밖이었다. 그리고 부종이 다리로 내려가는 것은 쉬운데,
올라오는 것, 배까지 올라오면 힘들다고도 말해 내가 걱정한
대로였다. 한약을 권했지만, 지금 먹고 있는 것이 있어서 그것
다 먹고 부탁하겠다고 하고 왔다. 올 때도 현우 차로 과천까지
왔다. 여러 가지 참고 될 얘기를 들었지만, 부은 것이 몸 위쪽
으로 올라오는 것이 좋지 않다는 사실을 확인해서 무척 걱정
이 되었다.

1998년 5월 17일 일요일 맑음

어제부터 '신채호, 그 사상과 문장'을 읽었다. 어제 우연히
책꽂이에서 20년 전에 나왔던 〈수필문학〉(1978.4.)에 이런 제
목이 특집으로 나와 있는 것을 보고 읽게 된 것이다. 단재 전
집을 가지고 있지만 그것을 거의 읽지 않았고, 내가 단재상까
지 받았는데 단재에 대해서 아는 것이 거의 없던 터라, 이번에
틈을 내어 이 책이나마 읽자고 해서 특집에 나온 글을 다 읽었
다. 참 잘 읽었다는 생각이 들었다.

단재 선생은 역시 훌륭한 분이었다. '조선 역사상 일천년래
제일대 사건'이란 글은 우리 민족의 주체성을 일깨워 주는 뛰
어난 견해다. 역사를 아(我)와 비아(非我)의 투쟁이라고 보았
다는 그 논문을 빨리 읽고 싶다. 어쩌면 내가 주장해 온 우리

말에 관한 생각과 단재 선생의 역사관, 민족관이 아주 맥을 같이하는 것이 되겠다는 생각도 들어 아주 기대가 된다.

그런데 단재 신생의 문장은 너무 우리 말에서 멀어졌다. 그렇게 우리 민족의 주체성을 찾으려 한 분이 어째서 글은 온통 어려운 한자 말투성이인가? 역시 책과 글 속에 파묻혔던 선비요, 지사였구나 싶다. 단재를 이야기한 다른 여러 학자들도 마찬가지인데, 이윤재 선생 글이 그래도 가장 깨끗했다.

1998년 5월 27일 수요일 맑음.

오늘 드디어 일을 시작했다.

우리 말 살리는 모임 발기인 모임을 한다고 모였는데, 모두 창립까지 하자고 해서 회의 운영 기구며 방법, 임원까지 다 정해 버렸다. 모두 40여 명 앞으로 보낸 것 같은데 참가하겠다고 연락한 사람이 30명, 그중에서 오늘 나온 사람이 열 명이었다. 임원은 대표만 둘 뽑아서, 운영위원이며 사무국 실무 일은 모두 대표 두 사람이 사람을 뽑고 실무를 맡기도록 해 달라고 위임했다. 대표 두 사람은 역시 김 사장하고 나하고다. 그리고 사정에 따라 대표를 한두 사람 더 정할 수도 있으니 이 일도 두 사람에게 맡긴다고 했다. 모두 마치고 저녁을 같이 먹고 헤어져 돌아오니 9시가 넘었다.

오늘 무사히 넘겼지만 탈장 증세가 심해서, 갈 때와 올 때 아주 힘들었다. 아무튼 그럭저럭 넘겼으니 마음이 놓인다.

오늘 모인 사람 가운데 마산에서 세 분이 와서 반가웠다. 남기용, 남점성, 고승하 씨들이다. 남점성 씨는 처음 만났는데, 뜻밖에 좀 까다로웠다. 노명환 씨를 오랜만에 만나서 반가웠다.

1998년 6월 4일 목요일 흐림

속초 황시백 선생 앞으로 저녁에 전화. 우리 말 살리는 모임에서 운영위원으로 뽑았으니 부탁한다고 함. 다른 시도에는 다 운영위원이 될 발기인이 있는데, 강원도만 없어서 전화로 부탁한 것이다. "예, 그라지요" 하고 대답함.

10시쯤 되어 신문 사러 나가는 길에 1단지 관리 사무실에 들러서 투표를 했다. 투표장이 가까이 있어서 편리하구나 싶었다.

신문을 보고, 저녁때부터 〈우리 말 우리 얼〉 회보에 낼 글을 쓰려고 했지만 잘 되지 않았다. 저녁 늦게야 겨우 좀 썼다.

오늘 신문에 클린턴 대통령이 연방 정부 모든 관리들에게 행정 문서를 만들 때는 "문장을 짧게, 수동태 문장보다 능동태 문장으로, 낱말은 쉬운 일상의 말을 써라"고 지시했다는 기사가 나왔다. 역시 미국은 다르구나, 클린턴이란 사람을 다시 봐야겠구나 하는 생각이 들었다.

우리는 어떤가? 말 잘하고 책을 많이 읽고, 국제회의에 나가 영어로 연설했다는 김대중 대통령도 일본 사무라이들이나 썼던 '진검 승부'란 말을 하는 판이다. 고은 같은 시인도 '민초'란 말을 즐겨 쓴다. 서정주 시인도 일본 말법을 시에 쓰고 있다. 이게 바로 식민지 백성들의 꼴 아니고 무엇인가?

1998년 6월 21일 일요일 맑음

하루에 몇 번씩 정체 운동을 하고 숨쉬기를 마친 다음 누워 쉬면서 마음 운동(이것을 마음 운동이라 해야 할지, 몸 풀기 운동이라 해야 할지 모르겠다)을 하는 것이 참 즐겁다. 이것을 세 가지로 나눌 수 있는데, 첫째는 몸의 힘을 다 빼고는 하늘에 뜬 구름 기분이 되는 것이다. 이때 내 마음이 몸에서 빠져나와 하늘에 올라 나 자신을 내려다보려고도 애쓰기도 하지만 그것이 좀처럼 잘 안 된다. 안 되지만 자꾸 훈련을 한다. 그렇게 하려는 것으로도 좋다는 생각이다. 다음은 눈앞에 들이나 산이나 바다를 그려 보면서 내가 그 들이나 산이나 골짜기나 강이나 바다로 되고, 나무도 되고 땅이 되어 보는데, 그러면 온몸이 확 풀어져 아주 시원하다. 세 번째는, 이렇게 하는 중에 등이 저절로 따뜻해 와서 내가 땅의 기를 그대로 받고 있는 기분이 되어 땅과 하나가 된다. 참으로 기분이 좋고 즐겁고 온몸이 후끈후끈해 온다. 이 세 가지를 즐기고 있으면 일어나고 싶지 않다. 하품이 자꾸 나오기도 한다. 아직은 신장 기능이 이것으로 회복되는 것 같지는 않지만, 자꾸 이 운동을 하면 틀림없이 좋아지리라 믿어진다. 이보다 더 좋은 운동이 어디 있겠나. 죽을 때도 이런 상태로 즐겁게 죽을 수 있을 것 같고, 그래서 죽은 다음에 내 혼도 참으로 즐거운 그곳으로 갈 것 같다.

저녁때 앵도 씨를 앞뜰 한쪽에 묻어 두었다. 날지 모르지만, 그 앵도가 나서 자라고, 훗날 빨간 열매를 맺을 것을 생각하니 즐겁다. 앵도는 꼭 어린이들이 좋아할 나무요, 꽃이요, 열매요, 잎이다.

오늘도 낮에 창 앞에 달린 오이를 한 개 따 먹었다.

1998년 7월 2일 목요일 비

10시쯤에 신문 사러 나갔다가 은행에 가서 도시가스 사용료를 내고, 뉴코아에 가서 감자하고 완두콩을 사 가지고 오다가 길가에서 또 강낭콩을 꼬투리째 파는 것을 샀다. 그래서 낮에는 쑥 가루와 밀가루를 개어 그 속에 완두콩을 넣어 수제비로 만들어 먹었다.

오후에 신문을 보고 자료를 정리했다. 신문이 제대로 나오지는 않지만, 그러면 그런대로 역시 신문은 사람 세계를 들여다보는 가장 소중한 창이다. 이것은 어떤 사람이 머리로 만들어 낸 글, 소설보다도 더 잘 진리를 보여 주고 사람의 길을 가르쳐 주는 자료가 된다. 나는 역시 신문을 읽을 수밖에 없다. 신문을 읽는 것이 결코 시간을 낭비하는 노릇이 아님을 깨닫는다. 신문에 나오는 구질구질한 기사까지도 나는 거기서 어떤 뜻을 찾아내야 한다. 더구나 우리 말이 잘못 쓰이고 있는 문제는 말할 것도 없다.

김영래 씨가 오후에 걱정이 돼서 전화를 걸어 왔다. 내일쯤 김경희 사장을 찾아가 본다고도 했다. 그런데 김 사장은 아무 소식도 없더니 밤 9시 40분쯤 되어 전화로 내일 찾아오겠다 했다. 나는 오지 말고 김영래 씨 만나 보고 전화나 걸어 달라고 했다.

1998년 7월 5일 일요일 맑음

오늘은 오랜만에 날씨가 좋았지만 밖에 한 번도 나가지 않았다. 회보를 빨리 만들어야 하는데 신정숙이 어디 있는지 알 수 없다. 전화도 안 온다. 나 혼자 이 일만 언제까지 할 수도 없고…… 외롭다는 생각을 지울 수 없다.

〈우리 말 우리 얼〉 회보 빈자리를 채울 글을 쓰고, 또 한 편 글을 썼다. 그리고 저녁에는 〈마음에 간직하고 싶은 이야기〉 4집을 읽었다. 이 책 다섯 권을 다 읽은 줄 알았더니 4집만 읽은 흔적이 없다. 더러 읽은 것도 있지만 안 읽은 글도 있어서 처음부터 한 차례 다시 읽기로 했다. 이 4집만 어디 잘못 두고 잊어버리고 있었던 것 같다.

오후에 권오삼 씨가 전화를 걸어 왔다. 또 교과서가 엉망이라
는 얘기인데, 이번에는 동시 얘기다. 내 작품도 어느 것인가 한
편 실려 있는 모양인데, 자기 것하고 권정생 씨 작품하고 겨우
몇 사람 것 한 편씩 실려 있는 것 빼면 거의 모두 엉터리 작품
이라는 것. 그리고 김종상 씨 동시는 어느 학년에 여덟 편이나
실려 있다고 했다. 또 이렇게 실어 놓고는 지은 사람의 이름을
한 군데도 밝히지 않았다면서, 이런 수가 있습니까, 했다. 지은
이 이름도 안 밝히고, 지은이에게 허락도 안 받고, 그러니 고료
도 줄 리가 없고……. 이런 횡포를 정부가 하고 있으니 참 어
이가 없다. 이것은 도무지 그냥 둘 수 없는 문제구나 싶다. 무
슨 조처를 해야지.

1998년 7월 8일 수요일 비

오전 10시쯤에 신문 사러 나갔다가 오는 길에 노점 거리에서
강낭콩 한 그릇(3천 원)을 사 왔다. 이걸 어떻게 먹을까 생각
하다가 녹두 가루와 밀가루와 쑥 가루, 세 가지를 섞어서 물로
반죽을 한 다음, 여기에 콩을 또 섞어서 반죽을 다시 했다. 이
래서 수제비를 만들어 압력솥에 넣어 쪘더니 맛이 참 좋았다.
낮에 그렇게 쪄 놓은 것을 저녁에도 먹었다. 아직 내일 먹어도
남을 만큼 콩이 있다. 요리란 것은 무엇이든지 이렇게 생각해
서 만들면 되는 것이다. 앞으로도 내 입맛에 맞게 무엇이든 새

것을 만들어 먹는 것도 재미있을 것 같다.

신정숙이 아침에 회보〈우리 말 우리 얼〉를 인쇄소에 가져가서 맡겼다더니, 저녁때는 가져왔다고 했다. 온종일 후덥지근한 날씨에 이따금 줄기줄기 소낙비가 쏟아졌다.

1998년 7월 19일 일요일 오전 맑고 오후 흐림

일요일이라 아무 데서도 전화가 안 와서 좋다. 일요일을 '공일'이라고 하는데, 공일, 그러니까 '빈 날' 참 좋은 말이구나 싶다. 아무것도 없이 비어 있는 시간, 비어 있는 자리, 비어 있는 마음, 그거야말로 내 시간이요, 내 자리요, 나 자신으로 돌아가 나 자신을 만나는 날이 아닌가 싶다.

오늘은 밖에 나가지 않고 온종일 환경 글짓기 작품을 보는 데 시간을 다 보냈다. 지금은 밤 9시 20분, 모두 본 것이 82편이다. 이제 남은 것이 10여 편이다. 아무 재미도 없는 글을 며칠 동안이나 읽으니 진저리가 난다. 몇 편을 억지로 읽다가 신문을 조금 보기도 하고, 어떤 것은 첫머리만 읽어서 던져 버리고 하지만, 그래도 혹시 좋은 말이 나올지도 모른다 싶어 대부분 작품은 끝까지 읽으니 이렇게 힘든다. 아이들 글이란 본래 읽는 것이 재미있어야 하는데, 이렇게 억지로 읽게 되니 이런 글을 쓰는 애들이 얼마나 힘들었겠나, 그리고 억지로 썼겠나! 가엾은 아이들이다.

며칠 전부터 몸살이 자꾸 날 것 같은 상태다. 목, 팔, 등……
같은 뼈가 또 지긋지긋하게 아프다. 움직이니 더 그렇다. 그래
도 아침과 저녁으로 정체 운동을 하는데, 몸이 이런 데다가 억
지로 아이들 글과 씨름하게 되니 참 고단하다. 다음에는 이문
구 선생이 본 것과 서로 바꾸게 되는데, 또 이만큼 많은 글을
읽게 되는가 싶으니 기가 찬다. 그리고 또 있다. 전태일문학상
작품이 한 아름 또 기다린다!

1998년 7월 21일 화요일 흐렸다가 저녁에 비

10시쯤 신문 사러 갔다가 올 때는 전화국 뒤와 옆에 있는 나
무에서 매미가 한창 울었다. 참매미, 말매미, 욕쟁이매미, 이곳
과천서 여름에 들을 수 있는 매미는 다 울어 댔다. 날씨도 아주
한여름 더위구나 싶었다.
그런데 저녁때가 되니 방이 어둑어둑해졌다. 곧 천둥소리가
났다. 비가 후자드는 소리가 났다.
오늘도 몸살이 날 것 같은 느낌이라 원고를 보는데 잠이 오
려 하고 힘들었다. 그래도 글 한 편이 아주 잘 읽히고 내용이
정신을 번쩍 들게 하는 것이 있어 잘 읽었다. 어느 정신대 할
머니가 쓴 수기(구술한 것을 누가 기록했다고도 함)인데, 경
찰한테 납치당해서 중국 만주로 실려 갔다고 했으니 그런 일
이 있었구나 하고 처음 알게 되었다. 참 어처구니없는 수난을

당하고, 탈주해서 살아서 돌아온 경과도 기적 같았다. 모두 270장. 이것 다 읽고, 밤에 다른 글을 읽으니 영 재미없고 읽히지 않고 잠만 왔다. 좋은 글과 좋지 않은 글이 이래서 구분이 되는구나 싶었다.

1998년 7월 27일 월요일 맑음

오늘은 신문 본 시간 말고는 원고, '영어 공용어 주장은 망국론'이란 글을 썼는데, 밤까지 써도 다 끝내지 못해 내일까지 써야 할 것 같다.

이것은 일본 사람 글을 번역하면서 그 앞에 풀이 글을 좀 쓰다가 보니 자꾸 글이 길어져서 그만 풀이 글이라 하기보다는 아주 한 편을 따로 쓰기로 한 것이다. 그리고 이렇게 쓰다가 생각하니 아무래도 다음 회보〈우리 말 우리 얼〉에는 이 문제를 좀 집중해서 논의하는 게 옳겠다 싶어 우선 아침에 김경희 사장한테 전화를 걸어 글을 써 달라고 부탁하고, 저녁에는 진주의 김수업 선생, 부산의 김정섭 선생한테도 이런 특집을 낸다고 알렸다. 이 선생은 벌써 글을 보내 놓았지만 좀 다듬어야 하는 모양이다.

감사원에서 왔던 사람이 또 전화를 걸어 왔다. 지난번 여기 와서 들었던 그 내용을 글로 써 줬으면 하는 말이어서 그렇게 하겠다고 대답했다. 또 8월 하순에 강의를 두어 시간 해 달라고 해서, 한참 생각하다가 가겠다고 했다. 한승헌 감사원장을 도와주고 싶었다.

1998년 8월 1일 토요일 비

10시 반에 한국방송공사에서 이윤신이란 사람과 또 한 사람 여직원(작가인가 방송원인가 들었는데 잊었다)이 찾아왔다. 오전 10시쯤에 주부들이 보는 프로로 '나라 사랑' 어쩌구 하는 것이 있는 모양인데, 시간은 20분쯤, 녹화는 다음 금요일 예정 이라면서 무슨 얘기를 하시겠습니까? 했다. 내가 "나라 사랑 마음을 갖게 하려면 우리가 살고 있는 이 땅, 이 산천, 고향을 사랑하게 되도록 아이들이 자연 속에 즐겁게 놀고 살아가는 교육을 해야 하고, 이웃 사랑하는 마음을 길러야 하고, 우리 얼 이 담겨 있는 말을 살리도록 해야 한다"고 했다. 그런 얘기를 한참 해 줬더니, 지금 국기 달기는 신문사도 방송국도 모두 운 동으로 하고 있으니 그걸 비판하면 안 되고, 우리 말에 대한 얘 기를 중심으로 해 주는 것이 좋겠다고 했다. 그래서 내가 "지 금 모든 분야에서 허풍을 뜯어 고치고 있어서 신문도 독자들 이 기사 비판하는 것 실어요. 방송은 왜 못 합니까?" 했더니 그래도 우리가 그런 말 하도록 계획할 수 없다고 했다.
보낸 뒤 오후에 전화가 왔다. 방송이 연기가 됐다고. 내 말이 반갑지 않았는지도 모르지.

1998년 8월 15일 토요일

낮에 잠시 햇빛 났다가 오후에 여러 차례 소낙비 오고 밤에도 옴

오늘이 8월 15일 해방 기념일이다. 하루를 다 보내 놓고서야
8·15란 것을 깨달았다. 한 해 가운데 민족과 역사를 가장 많이
생각하게 하는 날. 내 젊은 날 가장 큰 감격으로 맞이한 날, 죽
음의 골짜기에서 살아난 날이라. 이날만 되면 시와 삶을 생각
하고, 뜨거운 여름과 다가올 아름다운 가을을 생각했는데, 내
일은 시라도 한 편 써야지. 귀뚜라미가 꿔똘 꿔뜨로 방 한구석
에서 우는구나!

오늘은 지난달 〈조선일보〉에 여러 사람이 써냈던 복거일 씨
의 영어 공용어론에 대한 찬반 토론을 내 나름대로 살펴보는
글을 썼다. 이것은 앞으로 며칠 동안 써야 다 끝날 것 같다.

오늘도 비가 줄기줄기 쏟아졌다. 이러다가는 올해 큰 흉년이
들 것 같다. 지금까지 과실이고 곡식이고 잎채소 말고는 되는
것이 없는데, 신문은 올해 벼농사가 20퍼센트쯤 감소될 것이
라 했지만, 이대로 가면 20퍼센트가 뭔가, 평년작의 50퍼센트
만 건게 되면 다행이겠다는 생각이 든다.

저녁때 잠시 비가 그쳤기에 밖에 나가 보았다. 느티나무 앞
새로 올려 지은 집 옆에 개멀구(개머루)가 새까맣게 익었다.
개멀구를 참 오랜만에 보았다. 어렸을 때 따 먹은 생각이 나서
지금은 어떤 맛일까 따 먹어 보았다. 달근한 맛이 먹을 만했다.

이 개멀구는 신맛이 아주 없다. 저녁에 밥을 먹으면서 개멀구 따 먹었다고 했더니 정우가 개멀구 어디 있던가요, 물었다. "개멀구가 공해를 많이 입는가 봐요. 더구나 농약에 약한 것 같아요. 좀처럼 볼 수 없어요" 했다.

1998년 8월 19일 수요일 맑음

권정생 선생한테서 전화. 수해, 옥산 못 터져서 논밭, 집 많이 떠내려가고 소, 돼지 수없이 떠내려갔으나 죽은 사람은 없다고. 보리에서 내는 문학집에 이광수 작품 빼도록 원종찬 씨에게 부탁하면 좋겠다, 원 선생은 들어줄 것 같으니 양보해서 해결하도록 했으면 하는 말. 그 밖의 이야기 "선생님 책《우리 글 바로 쓰기》읽어 보니 사람들 글이 너무 잘못돼 있어요…… 부디 오래 사셔야 합니다……."

오늘은 참 오랜만에 해가 났다. 이 일기장을 보니 지난달 31일부터 장마가 졌는데, 2일 날 하루만 '맑음'이고 그 밖의 날은 어제까지 잇달아 흐리고 비가 쏟아지고 했다. 2일도 볕이 안 나고 흐린 날씨였는지 모른다. 내가 과천에 있으면 밖에 안 나가고 온종일 방 안에 있어서, 비가 오지 않는 날은 흐렸는지 볕이 났는지 모르는 수가 흔하다. 날이 개었는지 흐렸는지 하늘을 쳐다봐도 뿌연 안개 같은 것으로 덮여 있어서 대체 이런 날씨를 맑음이라고 써야 하는지 흐림이라 써야 하는지 판단을 못 하겠다는 생각을 몇 번이나 했던 것을 알고 있다. 그러니 오늘은 이달 들어서 처음으로 온종일 볕을 보게 된 것이다. 8월 한 달을 거의 20일 동안 날마다 비가 오고 구름이 덮였으니 무슨 곡식이 제대로 될까. 그래도 이렇게 늦게라도 이제부터 해가 바짝 쬐면 굶어 죽지 않을 만큼은 열매가 맺힐까? 아무튼 오늘 하루 볕으로 이 땅에서 몇백만 석의 쌀을 얻게 된 것이고, 살아날 수 있을 것 같다. 저녁때 권정생 선생이 전화를 걸어 왔는데, 거기서도 오랜만에 볕이 나서 빨래를 했다고 했으니 아마도 오늘은 전국이 맑은 하늘로 개었던 것 같다.

오늘은 '고은 선생의 시'란 글을 썼다.

1998년 9월 2일 수요일 맑음(무너미), 흐림(안개? 서울)

아침에 일어나 준비를 하고 있으니 정우가 왔기에 누님한테 인사도 안 하고 와 버렸다. 8시 15분 금왕 출발 버스로 서울 동부터미널에 닿으니 9시 35분이었다. 신문도 사고 해서 천천히 오니 10시 50분에 과천 도착.

점심은 들어오다가 사 온 빵과 옥수수를 먹고, 남아서 저녁에도 감자를 쪄서, 옥수수와 빵을 같이 먹었다.

오후에는 그동안에 연우가 사 놓은 신문과 오늘 신문을 보고 자료도 정리하고, 또 우편물 온 것 보고 정리하느라고 시간을 다 보내고, 그래도 모자라 9시까지 걸렸다.

오늘 우편물에 하현철 선생의 편지가 또 왔는데 일본 음식점에 가서 들은 말을 적어 놓은 글이 재미있었다. 참 부지런하고 열심이고 정성이 대단하다. 이런 분을 만나게 된 것이 여간 다행한 일이 아니다.

또 안영숙이란 이름으로 보낸 편지가 있는데, 뜯어보니 옛날 길산학교 졸업생이었다. 내가 그때 그 아이 글을 보고 '정답다'는 말을 해 준 것이 지금도 잊히지 않는다고 했다. 선생이 학생에게 말 한마디 해 주는 것이 얼마나 큰 영향을 미치는가, 새삼 생각하게 되었다.

1998년 9월 6일 일요일 맑음

낮에 현우가 왔기에 뉴코아에 가서 다리 없는 의자를 사서 차에 싣고 왔다. 이제 집에 있을 동안, 더구나 신문 같은 것 볼 때는 이 의자에 앉아 다리를 뻗고 편하게 시간을 보낼 수 있을 것 같다. 또 글을 쓸 때도 다리를 뻗고 비스듬히 눕듯이 해서 쓰면 좋을 것 같다.

오후 5시에 우리 말 모임 대표단이 만나기로 해서 지식산업사에 갔더니 모두 먼저 와 기다리고 있었다. 오늘 의논은 한글 전용을 반대하고 한자를 모든 글에 섞어 쓰자고 하는 사람들이 정치, 교육, 언론, 학계, 종교…… 각계 원로들을 앞세워 한글 전용 법안을 뜯어고치려고 여러 가지 인쇄물을 만들어 행정부, 입법부에 청원하려는 데 대한 대책을 세우는 일이었다. 우선 한글학회에서 이에 맞서는 운동을 하는데 우리도 힘을 모아 주고, 그리고 우리대로 손을 나누어 그 인쇄물 내용들을 비판하는 글을 4호에 실어서 각 곳에 보내기로 했다.

그 인쇄물을 대강 보았더니 참 어처구니없는 내용이었다. 그들은 한자 쓰기를 주장하는 김종필, 박태준 따위가 정부에 세를 잡고 있을 때 자기주장을 이뤄 보겠다는 마지막 발악을 한다고 우리는 보았다. 그러나 역사를 거꾸로 돌리려는 이런 무리들의 흉계는 결코 이뤄질 수 없을 것이다. 그렇게 되도록 우리도 힘을 다해 우리 주장을 펴면 도리어 우리 말을 살리고 역사를 한 걸음 앞으로 나아가게 하는 좋은 기회가 될 수도 있을 것이라고 모두 이야기를 했다.

마치고 오니 10시가 되었다.

1998년 9월 12일 토요일 맑음

오늘은 서울서 가져온 전국한자교육추진총연합회 이름으로 나온 자료 중 '한글 전용(專用)이 초래(招來)한 오늘의 신문방송(新聞放送) 언어(言語)의 실태(實態)—지식인(知識人)도 알 수 없는 한글 어휘들, 이래도 한글 전용(專用)을 주장(主張)할 수 있을까?'에 적힌 40가지 말들을 가지고, 그것을 한문 글자로 바꿔 써 보고, 다시 우리 말로 옮기는 일을 했다.

이 짓을 하면서 참 속이 상했다. 내가 이 나이에 할 일도 많은데, 어째서 이런 짓에나 매달려 있어야 하나? 이게 모두 한문 글자 때문이고, 한문 글자를 하늘처럼 여기는 어찌할 수 없는 기막힌 동족들 때문이다.

1998년 9월 15일 화요일,
아침에 비가 조금 뿌렸다. 온종일 흐렸다가 저녁때 해가 잠시 났다

감나무 밑에는 홍시가 자꾸 떨어지고, 밤나무 밑에는 밤알이 자꾸 떨어져, 몇 번이나 주워 와서 그것을 먹기도 했다. 이런 과일만 주워 먹어도 요기를 실컷 할 수 있게 되었다. 대추도 익어 간다.

아침 뒷간에 앉아 들은 비둘기 소리

꾸구욱 꾸구욱 꾸구욱 꾸구욱
꾸구욱 꾸구욱 꾸구욱 꾸구욱
꾸구욱 꾸구욱 꾸구욱 꾸구욱

꾸구욱 꾸구욱 꾸구욱 꾸구욱
꾸구욱 꾸구욱 꾸구욱 꾸구욱
꾸구욱 꾸구욱 꾸구욱 꾹

꾸구욱 꾸구욱 꾸구욱 꾸구욱
꾸구욱 꾸구욱 꾸구욱 꾸구욱
꾸구욱 꾸구욱 꾸구욱 꾸구욱

꾸구욱 꾸구욱 꾸구욱 꾸구욱
꾸구욱 꾸구욱 꾸구욱 꾸구욱
꾸구욱 꾸구욱 꾸구욱 구 (1998. 9. 14.)

1998년 10월 9일 금요일 맑음

아침에 광주교통방송에서 전화로 인터뷰를 했다. 그리고 오
후에는 교육방송에서 와서, 이것저것 시시한 질문을 해서 내
가 대답하고 하는 데 한 시간쯤 걸렸다. 그래도 방송국까지 가
지 않고 집에 앉아서 생각나는 대로 말해 주면 되는 이런 것이
라면 가끔 해도 그다지 힘드는 것은 아니라 괜찮겠구나 싶다.
질문하는 사람들의 수준이야 방송국에 가도 그렇고 하니 어쩔
수 없다.

김경희 사장이 어제 진주 가서 우리 말 살리는 모임 결성하는
자리에 참석했던 이야기를 전화로 알려 왔는데, 사람도 많이
모이고 풍물 놀이판도 벌이고 아주 푸짐한 잔치가 되었다고
했다. 저녁때는 김수업 선생도 어제 행사 잘 마쳤다고 알려 왔
다. 내가 몸이 건강하기만 하다면 그런 곳에도 가 보고 얼마나

좋겠나 싶다. 아무튼 이렇게 우리 말 운동이 잘 펼쳐질 것 같아 반갑다.

그런데 오늘 신문을 보니 한글 문제를 걱정해서 사설로 쓴 신문은 〈경향신문〉 하나뿐이었다. 신문이 우리 말 우리 글을 죽이고 있으니!

1998년 10월 10일 토요일 맑음

오전에 권정생 선생하고 전화로 소설 원고에 적힌 지방 말 적는 문제에 대해 한참 의논했다.

이 《한티재 하늘》에는 경상도 북부 지방의 말이 아주 많이 나온다. 그 말은 나도 거의 모두 잘 알고 있다. 그런데 적어 놓은 것을 보니 많이 잘못되었다. 실제 소리 나는 대로 안 적고 이상하게 만들어 적은 것이 있고, 서울 사람들이 괴상하게 흉내 내는 영남 사투리를 그대로 적은 것도 있다. 또 사투리가 아닌데, 요즘 젊은이들이 잘못 쓰는 것을 따라 쓴 것도 더러 있다. 이래서 전화로 물어보니 역시 내가 짐작한 대로 권 선생이 잘못 쓴 것이었다. 한참 이야기 끝에 "선생님 잘 보시고 수고스럽지만 지금 말한 대로 좀 바로잡아 주시면 좋겠습니다" 했다. 나는 오늘은 우선 이만 하고 다음 또 살펴서 더 의논하겠다고 하고 우선 마쳤다.

이걸 어떻게 다 바로잡나? 그러나 이 소설이 이대로 나가면 안동 지방 사투리가 이런 줄 모두 알게 될 것이니 어떻게 해서라도 바로잡아야 한다. 소설이고 뭐고 글이라는 것은 이래서 중요한 것이고, 글을 쓰는 사람은 크나큰 책임을 져야 하는 것이다.

1998년 10월 20일 화요일 맑음

오전에 우체국에 가서 등기우편물을 두 곳에 부치고, 오는 길에 뉴코아에 들러서 지난번에 얻어 놓은 상품권으로 홑이불과 까는 요를 사 왔다.

오후에는 신문 보고, 아이들 우리 말 지도 자료를 찾아 모으고, 권 선생한테 전화 걸어 원고 문장 다듬는 의논을 하고, 우편물을 보고 했다.

밤에도 우리 말 지도 자료 찾아 모으다 보니 10시 반이 되었다.

권 선생 소설 문장 다듬는 의논은 권 선생이 내 의견에 모두 찬성했지만, 내 마음대로 할 수 없어 하나하나 물어서 의논하느라고 지금까지 전화 건 시간이 아마도 몇 시간 되었을 것이다. 이제 대강 끝나서 내일 출판사에 갖다 주게 된다. 그런데 사투리 풀이 사전 같은 것을 만들 일이 또 남았다. 권 선생이 맡아서 해 줘야 하는데, 그렇게 못 하면 내라도 하는 수밖에 없으니 큰일이다.

1998년 11월 12일 목요일 맑음

〈어린이문학〉이 월간으로 첫 호가 나왔다.

거기 실린 동시 가운데 권오삼 씨가 쓴 '어느 개미 가족'이란 작품이 가장 마음에 들었다. 아파트 6층, 부엌 찬장 속에 넣어 둔 꿀 항아리에 개미가 까맣게 빠져 죽은 것 보고, 왜 이렇게 사람 따라와서 살려고 하나, 숲과 흙, 달빛 별빛 있는 너희들 고향으로 찾아가거라 하는 내용이다. 꿀 항아리에 빠져 죽었다는 것이 여러 가지를 생각하게 한다. 정말 개미가 왜 이 아파트에 와서 사나? 지금 내가 앉아 있는 자리도 여기저기 온통 개미가 기어 다닌다. 감자 껍질, 사과 조각, 빵 부스러기가 있으면 언제 왔는지 붙어 있다. 이 개미는 땅에 집을 지어 들어가 있지 않고 이렇게 집도 없이 돌아다니며 사는 것이 분명하다. 생태가 아주 달라진 것이다. 그런데 가만히 생각해 보니 이것도 사람이 한 짓이다. 온통 땅에 약을 뿌려 벌레고 뭐고 먹을 것을 다 죽이고 못 먹게 해 놓았으니 땅에서 살 수가 없다. 그래서 사람 따라 방 안으로 들어온 것이다. 까치도 해로운 새가 되었다고 하는데, 그 까치도 벌레가 없으니 다른 것 찾아 먹는 수밖에 없지.

이래서 사람은 모든 벌레와 새와 짐승을 죽인다. 그리고 스스로 죽을 무덤을 파고 있다. 그러면서 조금도 반성할 줄 모르고 죽음이 기다리고 있다는 사실도 느끼지 못하고 있다!

1998년 11월 15일 일요일 맑음. 날씨가 아주 푸근했다.

낮에 현우 내외가 와서, 가지고 온 점심을 같이 먹고 오후 2시쯤에 현우 차로 광화문까지 갔다. 현우 내외는 교보문고에 책 사러 간다고 했다.

3시부터 지식산업사에서 우리 말 운영위를 열었다. 마치고 저녁을 같이 먹고 돌아오니 8시 40분이 지났다.

어제 〈중앙일보〉 1면 광고란에(동아, 조선에도 났다고 한다) 한자교육추진회에서 정치, 경제, 교육, 학문, 종교, 군사……각계 사람 수백 명 이름으로 한문 글자를 쓰도록 하자는 성명서를 냈다. 거의 모두 보수 우익 쪽에서 돈과 권력을 잡은 사람들인데 더러 민주 운동을 했다는 사람들의 이름도 끼어 있었다. 신경림, 구중서 같은 사람의 이름이 나와 있어 드디어 이런 사람들의 본색이 드러났구나 싶다. 나는 영어나 한자 쓰자고 주장하는 사람은 어떤 사람이든지 믿을 수 없다.

오늘 오후 3시에 지식산업사에서 가졌던 우리 말 살리는 모임 운영위에서는 이 일에 대해서 가장 많이 논의했다. 보수 우익 쪽에서 돈과 권력을 써서 이번에는 아주 일을 크게 벌일 모양이라 우리도 맞서 싸워야 한다고 했지만 힘이 모자라 걱정이다. 아무튼 내일 한글학회에서 모두 모여 같이 의논하기로 했다. 역사를 거꾸로 돌리려고 하는 무지막지한 사람들이 날뛰는 어처구니없는 일이 눈앞에 벌어지고 있으니, 이것도 인간들이 모두 돌아 버린 징조인가 생각된다.

길에 온통 은행잎이 깔려 보기가 좋고 밟고 가니 걸음이 가볍고 기뻤다. 신석정의 '임께서 부르시면' 하는 시가 저절로 입에서 나왔다.

1998년 11월 16일 월요일 흐림

오늘 한글학회에서 한글전용추진위원회 회의가 있으니 꼭 와 달라는 전화가 왔기에 오후 3시에서 5분쯤 늦게 갔더니 벌써 모두 모여 앉아 기다리고 있었다. 이 위원회는 지난번 내가 나가지 않았을 때 만들었던 모양인데, 거기 나도 위원으로 되어 있는 것이다. 위원이 모두 40명인데, 오늘 나온 사람은 30명쯤 된 것 같다.

그런데 회칙 만든 것을 허웅 선생이 설명하고 곧 한자교육추진회에서 하고 있는 일들에 대처하는 일 몇 가지를 허웅 선생이 이야기했는데, 너무 사태를 쉽게 보는 것 같아 답답했다. 허웅 선생은 한글학회에서는 일할 사람이 없다고도 했다. 그래서 여러 위원들이 이것저것 의견을 많이 냈지만 한글학회에서는 할 수가 없다고 하면서 무슨 일이든지 "내가 맡아서 하겠다"고 해야 된다고 했다. 그렇다면 왜 이 일을 한글학회에서 맡아서 하는 것같이 짜 놓았나? 운영위원들 이렇게 모아 놓고 의논한다면 운영위에서 계획하고 실행하도록 해야 할 것 아닌

가. 회칙을 보니 공동대표가 여섯 사람이고, 기획위원회가 일을 기획하는데 그 사람들 모두 한글학회 회장단이고 이사들이다. 그런 기획위에서 기획한 것을 운영위에서는 '지도·감독'만 하는 것으로 되어 있다. 그러고 보니 한글학회에서 하는 속이 들여다보인다. 일은 다른 사람들이 하도록 해 놓고 그 결과와 공은 한글학회가 거두고, 한글학회가 다 한 것처럼 보이려는 것이다. 내가 회칙에 이렇게 되어 있다고 했더니 한 사람이 (학회 사람인 듯) "그렇다고 말 못 할 것 뭐 있어요?" 하고 화난 목소리로 말했다. 그래 나는 더 말하지 않고 참았지만, 이런 자리에 다시 나올 맘이 없었다.

그래도 오늘 모임은 여러 가지 열성을 가진 사람들의 건의로 몇 가지 일을 추진하게 되었다. 천만 명 서명운동은 우리 말 살리는 모임에서 맡아 하기로 했다.

1998년 11월 19일 목요일 맑음 저녁에 눈

어제 쓴 글을 또 고쳐서 새로 썼다. 제목은 '우리 말 우리 글 독립 선언문'이라 해 놓았지만 뭔가 마음에 안 들었다.

낮 11시에 김영래 씨가 왔다. 그저께 수운회관에서 한자교육추진연합회 창립 궐기대회에 갔다 왔다면서 받아 온 자료를 내놓았는데 사람이 5백 명쯤 모였던 모양이다. 인쇄물들이 온통 새까맣게 한자로 되어 있어 참 이상한 느낌이 들었다. 책자에 적혀 있는 발기인 명단에는 8,686명의 이름이 적혀 있었고, 한글전용법 폐기 청원서에 서명했다는 국회의원 명단에는 151명(국민 43, 자유민주 41, 한나라 67)이 나와 있었다. 그리고 모금 운동도 크게 시작할 모양이었다.

이렇게 하고 있는데 한글학회에서는 일할 사람이 없다, 걱정할 필요가 없다고 하면서 다른 사람들이 하려고 하는 일마저 잘 도와주지 않고 도리어 자기들 하는 일처럼 보이기나 하려고 하니 한심하기 짝이 없다. 우리 나라 꼴이 꼭 백 년 전과 같다는 생각이 들었다.

1998년 11월 24일 화요일 흐림

아침에 일어나 오랜만에 목욕을 했다. 왼쪽 발과 다리가 많이 부어 있었다. 일이 많고 힘들수록 몸을 씻고 마음을 새로 가다듬어야겠다는 생각이 들었다.

9시 반에 국민은행에 가서 한글전용법지키기천만인서명운동본부 통장을 내 이름으로 하나 만들었다. 그리고 곧 돌아와 신정숙에게 통장 번호를 전화로 알렸다. 서명 종이 앞에 통장 구좌 번호를 적어 넣고, 전교조에 보낸 그 종이에도 적어 넣도록 급히 연락하게 했다. 그리고 교육부 정책 담당관실에서 보내온 '학생인권선언문'을 다듬는 데 오후 4시 반까지 걸렸다. 5시 반에 나가서 교육부에 가니 6시 반이었다. 1층에서 불러내어 주

고 오려 하는데, 이병현 사무관이 "사무실에 올라갑시다. 과장
님이 하실 얘기가 있다고 합니다" 해서 올라갔더니 사무 보는
분들이 아직도 퇴근하지 않고 모두 일하고 있었다. 저녁 먹고
10시까지 일한다고 해서 놀랐다. 과장이란 사람이 명함을 주는
데 "정책 기획 관리실, 교육 정책 담당관 최수태"라 되어 있었
다. 내가 다듬은 글을 읽어 가면서 고친 부분을 모두 살펴보고
묻기도 했다. "선생님과 저녁 식사 같이 할라고 아직 안 먹고
기다렸는데요" 했지만 곧 만나 의논할 일이 있다고 나와 버렸
다. 그리고 지식산업사에 가서 이대로, 김경희 두 분과 같이 음
식점에 가서 저녁을 먹으면서 앞으로 할 일과 운영 문제를 의
논했다.

마치고 돌아오니 9시 반. 오늘은 참 힘이 들었다.

1998년 11월 27일 금요일 흐림

오늘은 밖에 나가지 않고 서명운동 발대식 준비며 그 밖에 할
일을 여기저기 전화로만 의논했다. 이대로 씨는 오늘도 아예
가게 문을 닫아 놓고 국회에 가서 김한길, 김홍신 같은 의원을
만났다고 했다. 김한길 씨는 문공위에 소속될 것 같다면서, 문
공위에 들게 되면 한글전용법 폐기안이 절대로 상정되지 못하
게 막겠다고 하더라 했고, 김홍신 의원은 소속이 다른 곳이지
만 우리가 하는 일에 깊이 공감하니 앞으로 그럴 기회 있으면

힘껏 돕겠다고 하더라 했다.

춘천교대 총장이 오늘 또 전화를 걸어 왔기에 이번 한자교육 추진연합회에서 하는 일에 대해 대강 설명을 했더니 자기도 신문 광고를 보았다면서 아동문학을 한다는 이재철 씨가 한자 쓰기를 주장하는 것을 듣고 어이가 없었다고 했다. 그리고는 지금 하는 일에서 협조할 일이 있으면 연락해 달라고 해서 곧 자료를 보내 드리겠다고 했다. 참 좋은 분이구나 하는 생각이 들었다.

1998년 12월 3일 목요일 맑음

오늘은 한글전용법 지키기 천만인 서명운동 발대식이 있는 날이다. 오후 3시에 시작하도록 되어 있는데 2시에 가니 김경희, 이대로 두 대표가 먼저 와 있었다. 현수막을 달아 놨는데, 단 값은 어제는 3만 원이라 하더니, 오늘은 웬일로 4만 원이라 했다. 그것도 또 김영래 씨가 그랬다.

3시가 지나서 식이 시작되자 강의실 의자 서른 자리가 겨우 찰 정도로 왔다. 많이 올까 걱정했더니…… 한글학회 쪽에서 여럿이 와서 자리를 채웠다. 식은 예정대로 진행되었는데, 본 부장인 내가 한 인사말이 서툴러서 미안했다. 허웅 선생의 격려사는 한글과 한자가 맞서 싸운 역사를 얘기하고, 한자를 쓰고 싶어 하는 사람들이 친일파들이란 말을 강조했는데, 그 논

리가 잘되었다. 김경희 대표가 선언문을 아주 힘차게 잘 읽었
지만, 어느 학생 대표가 나와서 읽은 결의문은 아주 힘없이 읽
어서 맥이 빠졌다. 국어교사모임에서 준비해 온 성명서는 문
장이 일본 말, 일본 말법투성이였다. 모두 마치고 또 여럿이 남
아서, 지금 국회에서 논의하고 있는 전용법 폐지안 문제가 아
주 걱정스러운 상태라고 해서 여러 가지 의견을 말했다. 무엇
보다도 의원들에게 항의를 많이 하도록 하자고 했다. 오늘 모
금이 30여 만 원이 들어왔다.

1998년 12월 6일 일요일 맑음

아침에 권정생 선생이 전화를 했다. 한참 동안 주로 우리 말
글 문제, 한글전용법 지키기 서명운동 문제에 대한 것인데, 천
년 동안 우리 역사를 끌고 온 한자를 아주 뿌리 뽑기는 힘들지
만, 지금 한글세대가 온 나라에서 일하고 자라고 있으니 길게
보면 절대로 옛날로 돌아갈 수 없는 만큼 너무 걱정하지 마시
고 건강을 생각해 가면서 해 달라는 말이었다. 우리가 보낸 인
쇄물을 보고 그렇게 느꼈던 모양이다.
낮에 〈계몽문화〉 연재 원고를 썼다.
밤에는 시집을 몇 권 찾아내어, 우리 회보에 실을 만한 '우리
말로 쓴 깨끗한 시'를 찾아보았다. 우리 시문학에서 깨끗한 우
리 말로만 쓴 시인은 한 사람도 없다. 그래도 소월 시에서 몇

편, 윤동주 시에서 몇 편을 찾았다. 백석의 시에서는 여러 편을 찾아냈다. 동시 쪽은 이원수, 권태응, 염근수 세 사람의 시에서 많이 나왔다. 지금 살아 있는 사람 가운데는 권정생 정도. 차라리 아이들이 쓴 시가 훨씬 깨끗한 우리 말로 되어 있다.

1998년 12월 12일 토요일 맑음, 서울 아침 영하 4도

오전에 우체국에 가서 〈계몽문화〉 연재 원고를 등기로 부치고, 돌아오는 길에 뉴코아에 가서 공책, 잉크 같은 것 사 가지고 왔다.

겨울 낮이 짧은 것을 새삼 느낀다. 오전에 뭘 잠깐 하다가 나가서 신문을 사고, 그리고 백화점이나 우체국이나 은행에 들렀다가 와서, 방에 앉아 신문을 대강 보고 나면 3시가 넘는다. 그리고 무엇을 먹고 나면 몸이 곤해 의자에 기대어 한참 쉬고 있다가 눈을 뜨면 그만 밤이다. 낮 시간이 참 쥐꼬리만 하다. 그런데 밤이 길어서 좋다. 글을 쓰거나 쓴 것을 정리하는 것은 대개 밤에 하게 된다. 오늘 밤에는 지금까지 써 놓은 시를 새로 정리해서 오늘 사 온 공책에 옮겨 적는 일을 시작했다. 이 일은 며칠만 하면 될 것 같다. 물론 다 적어 모아 보았자 책 한 권은 어림도 없다. 앞으로 부지런히 써서 시집이나 한 권 내고 싶다.

내일 김천 갈 일이 무척 걱정이 된다.

이오덕이 걸어온 길

1925년	11월 14일, 경북 청송군 현서면 덕계리(구석들) 574번지에서 독실한 기독교인 아버지 이규하와 어머니 정작선 사이에서 3녀 1남 가운데 막내로 태어났다.
1933년 8세	4월 1일, 화목공립심상소학교에 들어갔다. 어려서부터 대한예수교장로회 화목교회에 다니며 주일학교에서 '고향의 봄', '반달', '집 보는 아이의 노래' 같은 동요를 배우고, 유년 주일학교에서 동화를 들었다.
1935년 10세	소학교 3학년 때 담임선생님이 읽어 준 빅토르 위고의 《장발장(레미제라블)》에 감동받았다. 어린 시절 염소를 뜯기며 《15소년 표류기》, 《암굴왕(몽테크리스토 백작)》 같은 책을 어두워질 때까지 읽었다.
1939년 14세	3월 8일, 화목소학교를 졸업했다.
1941년 16세	4월 8일, 경북 영덕군 영덕공립농업실수학교에 들어갔다.
1943년 18세	3월 25일, 영덕공립농업실수학교를 졸업했다. 성적이 뛰어나 군청 직원으로 특채되었다. 군청 직원 일을 하면서 학교에서 뛰어노는 아이들을 보고 교사가 천직이라는 생각이 들어서 교사가 되기로 결심하고 독학했다.
1944년 19세	2월 11일, 구제 3종 교원 시험에 합격했다. 4월 7일부터 1945년 12월 30일까지 경북 청송군 부동면 부동공립국민학교에서 훈도를 했다.

교사가 되고 보니 생각했던 것과 달리 일제
식민지 교육에 시달렸다.
강위생과 혼인했다.

1945년 20세	12월 31일부터 1947년 7월 30일까지 경북 청송군 화목공립국민학교에서 가르쳤다.
1946년 21세	화목교회에서 주일학교 교사도 했다. 8월 6일, 맏아들 정우가 태어났다.
1947년 22세	7월 31일부터 1948년 6월 30일까지 경북 청송군 수락공립국민학교에서 가르쳤다.
1948년 23세	7월 15일부터 1951년 8월 30일까지 부산 남부민공립국민학교에서 가르쳤다.
1949년 24세	8월 1일, 국민학교 2급 정교사 자격증을 받았다.
1951년 26세	8월 31일부터 1952년 3월 31일까지 부산 동신국민학교에서 가르쳤다. 4학년을 맡았을 때 처음으로 시를 가르쳤다.
1952년 27세	11월 27일부터 1957년 5월 30일까지 경남 함안군 군북중학교에서 국어와 여러 과목을 가르쳤다. 학생들 글을 모아 문집과 교지를 만들었다.
1954년 29세	1월, 한국아동문학가협회를 만드는 데 함께 했다. 이때 처음 이원수와 만났다.
1955년 30세	이원수가 펴내던 〈소년 세계〉에 동시 '진달래'를 발표하며 아동문학가로 첫발을 내딛었다.

1957년	5월 1일, 군북중학교 교감이 되었는데 한 달	〈새교육〉에 '1학년의 시
32세	만에 사표를 냈다.	지도'를 발표했다.
	6월 20일부터 1959년 3월 30일까지 경북 상	
	주군 청리면 공검국민학교에서 가르쳤다.	
	이때부터 농촌 어린이에게 글짓기를 중심에	
	두고 가르치며 학급 문집을 두 권 펴냈다.	

1959년	국민학교 1급 정교사 자격증을 받았다.	
34세	3월 31일부터 1961년 10월 9일까지 경북 상	
	주군 상주국민학교에서 가르쳤다.	
	상주교육연구소에서 출판 보급 일도 맡았다.	
	강위생과 이혼했다.	

1961년	10월 10일부터 1964년 9월 30일까지 경북	주마다 한 장으로 된 문집
36세	상주군 청리국민학교에서 가르쳤다.	〈흙의 어린이〉를 펴냈다.
	2학년부터 4학년까지 같은 아이들을 담임하	프린트판 어린이 시 모음
	면서 삶을 가꾸는 글쓰기 교육을 연구하고	〈봄이 오면〉과 〈푸른 나무〉
	실천했다. 어린이 미술교육에 관심을 가지고	를 펴냈다.
	그림을 가르쳤다.	
	어린이 잡지와 〈새교실〉을 비롯한 교육 잡지	
	에 글을 실었다.	

| 1963년 | 8월, 경북아동문예연구협회를 만드는 데 함 | |
| 38세 | 께했다. | |

1964년	1월, 국민학교 교감 자격증을 받았다.	2학년 어린이 시 모음 〈유
39세	10월 1일부터 1967년 2월 28일까지 경북	리창〉을 펴냈다.
	상주군 이안서부국민학교에서 교감으로 지	
	냈다.	

1965년	교육을 제대로 할 수 없고, 교감 업무도 마음	《글짓기 교육-이론과 실
40세	에 들지 않아 교육청에 교사 강등 청원서를	제》를 펴냈다.
	냈다.	
	〈새교실〉에 처음으로 우리 말 관련 글, '우리	
	말에 대하여'를 썼다.	

1966년 41세		동시집《별들의 합창》을 펴냈다.
1967년 42세	3월 1일부터 1968년 2월 28일까지 경북 경 주군 경주국민학교에서 가르쳤다. 한국문인협회 회원이 되었다. 이인자와 재혼했다.	
1968년 43세	3월 1일부터 1971년 2월 28일까지 경북 안 동군 임동 동부국민학교 대곡분교에서 가르 쳤다. 둘째 아들 현우가 태어났다.	1970년까지 학교 글쓰기 신문 〈산마을〉을 주마다 펴냈다. 전교생들 시를 모아 〈햇빛 과 바람과 땅〉을 펴냈다.
1969년 44세		동시집《탱자나무 울타리》 를 펴냈다.
1971년 46세	3월 1일부터 31일까지, 대구시 비산국민학 교에서 가르쳤다. 도시 학교에서 지내는 것보다 교감으로라도 산골 학교에 가는 게 좋겠다고 생각해서 교 감 발령을 신청했다. 4월 1일부터 1973년 2월 28일까지 경북 문 경군 김룡국민학교에서 교감으로 지냈다. 〈동아일보〉 신춘문예에 동화 〈꿩〉과 〈한국일 보〉 신춘문예에 수필 〈포플러〉가 당선되었다. 한국아동문학가협회(회장 이원수)를 만드는 데 함께했다. 한국문인협회 안동지부를 만드는 데 함께 했다.	
1972년 47세	교감 자격증을 받았다. 교지 〈김룡문화〉(2호까지)를 펴냈다. 경북수필동인회에 함께했다. 딸 연우가 태어났다.	

1973년 48세	1월 18일, 〈조선일보〉 신춘문예 당선작 〈무 명저고리와 엄마〉를 쓴 작가 권정생을 찾아 가 만났다. 3월 1일부터 1976년 2월 28일까지 경북 봉 화군 삼동국민학교에서 교장으로 지냈다. 한국아동문학가협회 이사가 되었다.	《아동시론》을 펴냈다.
1974년 49세		동시집 《까만 새》를 펴냈 다.
1975년 50세	7월 20일, 한국아동문학가협회에서 펴낸 《동시, 그 시론과 문제성》에 실은 '표절 동시 론'에서 송명호가 모방작을 썼다고 했다. 그 일로 송명호가 명예훼손으로 고소했다. 이 사건은 〈조선일보〉, 〈한국일보〉에 보도되고, 9월 20일에 회장 이원수가 해명서를 신문에 내고, 이오덕이 사과하여 마무리되었다. 12월 5일, 여름방학 때 염무웅한테 월북 작 가 오장환이 번역한 《에세느 시집》과 이용악 시집을 빌려 주었는데, 그것을 복사해 신경 림과 백낙청한테 돌린 것이 걸려서 12월 2일 중앙정보부에 끌려가서 이틀 동안 조사받고 나왔다.	
1976년 51세	3월 1일부터 1979년 2월 28일까지 안동군 길 산국민학교에서 교장으로 지냈다. 어린이문학 평론 '부정의 동시'로 한국아동 문학가협회에서 주는 제2회 한국아동문학상 을 받았다. 창작과비평사에서 펴내는 〈창비아동문고〉 기획 및 선정 위원으로 일했다. 자유실천문인협회(지금의 한국작가회의)에 함께했다. 환경보호연구회에 함께했다. 경북아동문예연구협회 부회장을 지냈다.	

1977년 52세	아동문학평론집《시정신 과 유희정신》과 교육 수필 집《이 아이들을 어쩌할 것 인가》를 펴냈다.
1978년 53세	교육 수필집《삶과 믿음의 교실》과 어린이 시 모음 《일하는 아이들》을 펴냈다.
1979년 54세	3월 1일부터 1982년 2월 28일까지 안동군 대성국민학교에서 교장으로 지냈다. 1985년 8월까지 경북글짓기교육연구회 회 장을 지냈다. 마리스타수도회 안동실기교육원 교육 협의 에 함께했다. 안동 장자연구모임에 함께했다.	학교 문집〈칠기 덩굴〉과 학교 신문〈대성〉을 펴냈다. 어린이 시 모음《우리도 크면 농부가 되겠지》를 펴 냈다. 동시집《꽃 속에 묻힌 집》 을 엮었다.
1980년 55세	한국문인협회 안동지부 지부장과 어린이도 서연구회 지도위원, 한국아동문학가협회 부 회장을 맡았다.	
1981년 56세	10월 16일, 처음으로 '글짓기'라는 말을 '글 쓰기'로 바꿔 쓰기로 했다. 안동 마리스타수도회에서 만난 사람들과 함 께 아동문학연구회와 성서연구회를 만들어 공부했다. 지체부자유아동복지회를 만드는 데 함께하 고 이사가 되었다.	동시집《개구리 울던 마 을》을 펴냈다.
1982년 57세	3월 1일부터 1986년 2월 28일까지 경북 성 주군 대서국민학교에서 교장으로 지냈다. 합동기획출판사에서 어린이책 기획위원으 로 일했다.	동화집《황소 아저씨》를 엮었다.
1983년	8월 20일, 국민학교 교사 46명과 한국글쓰	어린이에게 보내는 편지

58세	기교육연구회를 만들고 대표를 맡았다. 도서출판 인간사 어린이책 기획위원으로 일 했다.	《울면서 하는 숙제》와 수 필집 《거꾸로 사는 재미》 를 펴냈다. 동화집 《까마귀 아저씨》를 엮었다.
1984년 59세	〈이원수 아동문학 전집〉을 기획하고 편집했 다. 경북아동문학연구회를 만들었다.	아동문학 평론집 《어린이 를 지키는 문학》, 어린이 시 모음 《참꽃 피는 마을》, 어린이 글 모음 《우리 반 순덕이》, 《이사 가던 날》, 《나도 쓸모 있을걸》, 《웃음 이 터지는 교실》, 글쓰기 교육 이론서 《삶을 가꾸는 글쓰기 교육》을 펴냈다. 수필집 《산 넘고 물 건너》 를 엮었다. 일본 어린이 시 지도 책 《어 린이 시 지도》를 번역했다. 어린이문학 부정기간행물 〈살아 있는 아동문학〉을 만 들었다.
1985년 60세	7~8월, 《민중교육》 사건과 '창작과 표현의 자유에 대한 문학인 401인 선언'에 참가한 것으로 경찰서 정보계에서 감시당하고, 교육 청 학교 사무 감사를 받았다. 11월, 가까운 이들이 안동에서 이오덕 회갑 모임을 마련했는데 교육청에서 가지 못하게 막았다. 12월 16일, 명예퇴직을 신청하는 서류를 냈 다. 12월 26일, 문공부 산하 도서잡지주간신문 윤리위원회에서 이오덕이 쓴 모든 책을 판매 금지시켰다.	동화집 《구구단과 까치밥》 을 엮었다. 어린이문학 부정기간행물 〈지붕 없는 가게〉를 만들 었다.

어린이를 지키는 문학인 모임을 만들었다.
햇빛출판사에서 어린이책을 기획했다.

1986년 61세	1월 11일, 《개구리 울던 마을》, 《꽃 속에 묻힌 집》 같은 책들을 도서잡지주간신문윤리위원회에서 불건전 아동 도서로 분류했다. 2월 28일, 42년 동안 몸담았던 학교에서 떠났다. 3월, 경기도 과천시 주공아파트 1단지 206호로 이사했다. 한국글쓰기교육연구회 대표로 연임되었다. 민주교육실천협의회를 만드는 데 함께하고, 공동대표를 맡았다. 《어린이와 책》과 이호철 학급 문집, 신현복 일기 《저 하늘에도 슬픔이》를 기획했다.	수필집 《이 땅에 살아갈 아이들 위해》와 글쓰기 지도서 《글쓰기, 이 좋은 공부》를 펴내고, 교육 수필집 《우리 언제쯤 참선생 노릇 한번 해 볼까》를 엮었다. 어린이 글 모음 《봉지 넣는 아이들》(대서초등학교 180명 모두가 쓴 글)과 《신으로 가는 고양이》를 엮었다. 어린이문학 부정기간행물 〈겨레와 어린이〉와 〈우리 모두 손잡고〉를 만들었다. 중고생 백일장 작품집 〈성주의 가을〉을 펴냈다.
1987년 62세	전국초등민주교육협의회를 만드는 데 함께하고, 자문위원을 맡았다. 학급 문집 《꿈이 있는 교실》(유인성), 《들꽃》(주중식), 《해 뜨는 교실》(백영현)을 기획했다.	교육 수필집 《삶, 문학, 교육》, 동화집 《종달새 우는 아침》, 동시집 《언젠가 한번은》을 펴냈다.
1988년 63세	4월, 제3회 단재상을 받았다. 한겨레신문 창간 발기인회 공동 부위원장과 창간위원을 맡았다. 공해반대시민운동협의회 이사, 탁아소연합회 이사장, 공해추방운동연합 지도위원을 맡았다. 일하는 사람들의 글쓰기가 중요하다 여겨 1, 7, 8, 9회 전태일문학상 심사위원을 맡았다.	어린이 글쓰기 지도서 《어린이는 모두 시인이다》를 펴냈다. 《어린이를 하늘처럼 섬기는 교실》을 엮었다.
1989년 64세	아동문학인들과 함께 한국어린이문학협의회를 만들고, 회장을 맡았다.	《우리 글 바로 쓰기》와 《이오덕 교육일기》(1, 2)를 펴

전교조탄압저지와 참교육실현을 위한 범국 민 공동대책위원회 고문을 맡았다. 〈노동문학〉 자문위원과 〈농민〉 지도위원, 사 월혁명기념사업회 지도위원을 맡았다. 어린이문화를 걱정하는 모임을 만들려고 했 으나 뜻을 이루지 못했다.

냈다.
교육 수필집 《탁류 속을 가 는 선생님들》을 엮었다.

1990년 65세	민족문학작가협의회(지금의 한국작가회의) 고문을 하면서 아동문학분과위원회를 꾸렸 다. 한겨레신문 주최 겨레의노래 선정위원을 맡 았다.	교육 수필집 《참교육으로 가는 길》을 펴냈다.
1991년 66세	한국글쓰기교육연구회 회장, 한겨레신문 창 간위원장단 전형위원회 부회장, 과천시민의 모임 공동대표, 월간 〈우리교육〉 편집 자문 위원을 맡았다. 한글학회가 주는 국어운동공로상을 받았다.	민족문학작가회의 회원들 이 쓴 동시집 《통일은 참 쉽다》와 《남북 어린이가 함 께 보는 창작 동화》(1~5) 를 엮고, 어린이 글 모음 《우리 집 토끼》를 펴냈다.
1992년 67세	유치원 교사 박문희가 아이들 말을 들어 주 고 기록한 마주이야기와 그 교육 과정을 책 으로 펴내기 위해 애썼다.	1992년에 펴낸 《우리 말 바로 쓰기》를 다시 고쳐서 《우리 글 바로 쓰기》(1, 2) 를 펴냈다. 《우리 문장 쓰 기》도 펴냈다.
1993년 68세	우리 말 살리는 모임을 만들고 공동대표를 맡고 회보 〈우리 말 우리 글〉을 펴냈다. 경기도 과천에 우리 말 연구소를 열었다. 초원봉사회 고문과 국민학교 이름 고치는 모 임에서 운영위원을 맡았다.	《글쓰기 어떻게 가르칠까》 와 어린이 글쓰기 지도서 《신나는 글쓰기》, 《우리 모두 시를 써요》, 《와아, 쓸 거리도 많네》, 《이렇게 써 보아요》, 《어린이 시 이 야기 열두 마당》, 동화집 《버찌가 익을 무렵》을 펴 냈다.

1994년 69세	7월 1일부터 1996년 6월 30일까지 문광부 국어심의회 국어순화분과위원회 위원을 맡 았다. 과천시민참여 모임 공동대표와 전국교직원 노동조합 자문위원을 맡았다.	어린이를 위한 우리 말 바 로 쓰기 지도서《이오덕 글 이야기》를 펴냈다.
1995년 70세	어린이와 청소년의 권리 지키기 연대회의 공 동대표를 맡았다.	글쓰기 교육 이론서《무엇 을 어떻게 쓸까》를 펴냈다.
1996년 71세	남북어린이어깨동무 자문위원을 맡았다. 동국대학교 만해 백일장 심사위원을 맡았다.	《우리 말 바로쓰기 3》과 노 동자 글쓰기 안내서《일하 는 사람들의 글쓰기》와 교 육 수필집《어린이를 살리 는 글쓰기》를 펴냈다.
1997년 72세	어린이도서연구회 이사와 공정선거민주개 혁국민위원회 창립대회 준비위원회 고문을 맡았다. 마주이야기교육연구소를 만드는 데 도움을 주었다.	어린이를 위한 우리 말 바 로 쓰기 책《우리 말로 살 려 놓은 민주주의》를 펴 냈다.
1998년 73세	교육부에서 펴낸 학생인권선언문을 다듬었 다. 김구 주석 서거 50주년 추모공연 준비위원, 한글학회 한글전용추진위원회 위원, 민족화 해협력범국민협의회 고문을 맡았다.	청리초등학교에서 가르친 어린이 시 모음《허수아비 도 깍꿀로 덕새를 넘고》를 엮었다.
1999년 74세	충북 충주시 신니면 광월리 710번지 무너미 마을로 이사 갔다. 어린이도서연구회 자문위원, 한국글쓰기연 구회 이사장, 국가보안법반대 국민연대 고문 을 맡았다.	
2000년 75세	책을 손수 펴내고 싶어 아리랑나라 출판사를 만들었다.	

새국민정치연구회 고문, 생명사랑실천모임
대표를 맡았다.

2001년 76세		아동문학 평론집 《권태응 동요 이야기-농사꾼 아이 들의 노래》를 펴냈다. 일본 초·중·고등학교 학 생 시를 번역해 《한 사람 의 목숨》으로 엮었다.
2002년 77세	오늘의 정국을 우려하는 지식인 선언에 함께 했다.	아동문학 비평집 《어린이 책 이야기》와 문학과 교육 수필집 《문학의 길 교육의 길》, 수필집 《나무처럼 산 처럼》을 펴냈다.
2003년 78세	8월 25일 새벽 6시 50분쯤에 돌아가시고, 8월 27일 11시에 충북 충주시 무너미 마을 고든 박골에 묻혔다.	

이오덕 일기 4 나를 찾아 나는 가야 한다

1판 1쇄 | 2013년 6월 24일   1판 4쇄 | 2019년 6월 12일

지은이 | 이오덕
펴낸이 | 조재은
편집부 | 박선주 김명옥 육수정
영업관리부 | 조희정 정영주

편집 | 이송희 이혜숙   표지와 본문 디자인 | 오필민

펴낸곳 | (주)양철북출판사
등록 | 2001년 11월 21일 제25100-2002-380호
주소 | 서울시 마포구 양화로8길 17-9
전화 | 02-335-6407   팩스 | 0505-335-6408
전자우편 | tindrum@tindrum.co.kr
ISBN | 978-89-6372-089-0 04810   값 | 14,000원